交通运输企业安全生产标准化考评丛书

港口码头企业安全生产标准化考评指标释义

交通运输部安全监督司 编

人民交通出版社

内 容 提 要

本书为港口码头企业安全生产标准化考评指标释义，由港口客运（滚装码头、渡船渡口）企业安全生产达标考评指标释义、港口普通货物码头企业安全生产达标考评指标释义、港口危险货物码头企业安全生产达标考评指标释义三部分组成。

本书适合港口码头企业安全生产管理人员学习参考，也可供港口码头企业安全生产标准化考评员学习使用。

图书在版编目（CIP）数据

港口码头企业安全生产标准化考评指标释义 / 交通运输部安全监督司编. —北京：人民交通出版社，2012. 8

ISBN 978-7-114-10036-9

Ⅰ. ①港… Ⅱ. ①交… Ⅲ. ①港品－安全生产－安全标准－注释②码头－安全生产－安全标准－注释 Ⅳ. ①U698. 5-65

中国版本图书馆 CIP 数据核字（2012）第 198412 号

Gangkou Matou Qiye Anquan Shengchan Biaozhunhua Kaoping Zhibiao Shiyi

书　　名：**港口码头企业安全生产标准化考评指标释义**
著 作 者：交通运输部安全监督司
责任编辑：林宇峰
出版发行：人民交通出版社
地　　址：（100011）北京市朝阳区安定门外外馆斜街3号
网　　址：http：//www.ccpress.com.cn
销售电话：（010）85285969，85285966
总 经 销：北京金飞图书发行中心
经　　销：各地新华书店
印　　刷：北京交通印务实业公司
开　　本：787×1092　1/16
印　　张：19.25
字　　数：425千
版　　次：2012年8月　第1版
印　　次：2013年3月　第2次印刷
书　　号：ISBN 978-7-114-10036-9
定　　价：68.00元

序 XU

近年来，党和国家越来越重视安全生产工作，把安全生产置于前所未有的高度。交通运输作为国民经济和社会发展的基础和先导性行业，其安全生产是我国安全生产的重要组成部分，直接关系到人民群众生命财产安全，关系到改革发展稳定大局，关系到党和政府形象及声誉。

交通运输部一直高度重视安全生产工作，坚决贯彻党和国家关于安全生产一系列决策部署，坚持科学发展安全发展，坚持以人为本，坚持把安全生产工作放在首位，并作为推进现代交通运输事业发展的重要前提。

企业安全生产标准化是通过建立安全生产责任制，规范生产行为，健全长效管理机制，使各生产环节中的人、机、物、环处于良好状态，并持续改进，从而不断提升企业本质安全生产水平。

为更好地指导和推动全国交通运输企业安全生产标准化建设工作，按照国务院相关部署，交通运输部相继出台了交通运输企业安全生产标准化建设实施方案、考评管理办法、考评发证实施办法、考评机构管理实施办法和考评员管理实施办法，制定了达标考评指标。并组织有关单位和专家编写了交通运输企业安全生产标准化考评丛书。该丛书共13册，主要供各级交通运输主管部门、交通运输企业、考评机构和考评员学习使用。

希望全国交通运输系统各部门、各单位和从事安全生产标准化考评工作的人员按照交通运输部的统一部署，把加强企业安全生产标准化建设工作作为当前和今后一个时期的重要工作任务，抓好抓细抓实、抓出成效，进一步推进交通运输安全生产持续稳定好转。

交通运输部部长 李盛霖

2012年7月27日

交通运输企业安全生产标准化考评丛书

本书编写组

黄世元　陆朝晖　宋宏图　马大为　宋佳森　王新亭　陈佳元
伍　跃　杨云超　吴　冰　戴广超　李少春　张　赫　左良栋
褚冠全　贺　奎

鸣　谢

北京市交通委员会

湖北省交通运输厅

重庆市交通委员会

江苏省交通运输厅

山西省交通运输厅

福建省交通运输厅

江西省交通运输厅

河南省交通运输厅

长江航务管理局

交通运输部水运科学研究院

中国船级社

中国交通建设集团

中远集团

中国外运长航集团

中国交通企业管理协会

北京交运安全卫生技术咨询中心

目　录 MULU

第一篇　港口客运（滚装码头、渡船渡口）企业安全生产达标考评指标释义

第二篇　港口普通货物码头企业安全生产达标考评指标释义

第三篇　港口危险货物码头企业安全生产达标考评指标释义

第一篇 港口客运(滚装码头、渡船渡口)企业安全生产达标考评指标释义

本篇是针对港口客运(滚装码头、渡船渡口)企业安全生产达标考评指标的释义。本释义针对港口客运(滚装码头、渡船渡口)企业安全生产达标考评指标的16个一级元素、52个二级元素、130条考评内容进行了释义。按照16个一级元素进行了章节的划分,指明了16个小节各自所涵盖的内容,对52个二级要素所引用的安全生产法律法规依据进行阐述,对130条考评内容进行了逐条的释义并提出了考评时的要点。

本考评标准所指的港口客运(滚装码头、渡船渡口)企业包括港口客运站企业、重载滚装码头企业、滚装客船码头企业。

第一章　安全目标

本一级要素安全目标,包括4个二级元素、7条考评指标,共35分(其中“★★★”一、二、三级企业必备条件的指标项1条,“★★”一、二级企业必备条件的指标项1条),主要针对企业的安全生产方针、目标制定及执行情况进行考核。

第一节　安全工作方针与目标

【依据】

安全生产方针、目标是整个安全生产标准化工作的前提和基础。《国务院关于进一步加强企业安全生产工作的通知》(国发〔2010〕23号)中要求“严格落实安全目标考核”。《国务院关于坚持科学发展安全发展促进安全生产形势持续稳定好转的意见》(国发〔2011〕40号)中要求“把安全生产考核控制指标纳入经济社会发展考核评价指标体系,加大各级领导干部政绩业绩考核中安全生产的权重和考核力度”。《关于进一步加强安全生产工作的决定》(国发〔2004〕2号)中要求“要制定全国安全生产中长期发展规划,明确年度安全生产控制指标,建立全国和分省(自治区、直辖市)的控制指标体系,对安全生产情况实行定量控制和考核”。

一、制定企业安全生产方针、目标和不低于上级下达的安全控制指标。(★★★)

【释义】

本条是关于安全生产管理方针、目标的考核要求。

我国安全生产法规定,我国安全生产的基本方针是“安全第一,预防为主”,安全生产关系到人民群众生命和财产安全,关系到社会稳定和经济健康发展。“安全第一,预防为主”的方针是我国安全生产工作长期经验的总结。实践证明,要搞好安全生产工作,必须坚定不移地贯彻、执行这一方针。

安全生产方针、目标能够使各级领导及从业人员明确要重点防范的生产安全事故或安全生产工作的努力方向,有利于统一思想、统一调动港口企业的管理和技术资源。实施安全生产目标管理,可以做到责任明确,自觉落实。安全生产方针、目标的确定是港口企业向社会及从业人员作出的承诺,也是港口企业社会责任的一种体现。港口企业的各级人员、各职能管理部门,会更加自觉地根据自身在实现安全生产目标的作用,明确责任,落实到位,形成推动落实安全生产责任制的激励机制。

【要点】

(1)企业应根据国家法律法规和企业自身的实际情况,确定企业的安全生产方针;企业制定安全方针时,应考虑以下因素:

①企业的安全风险。

②法律法规及其他要求。

③企业的安全生产状况、绩效。

④企业安全文化、理念。

(2)企业应根据自身的实际情况制定安全生产目标的管理制度。

(3)企业制定的安全生产目标管理制度中,应明确目标与指标的制定、分解、实施、考核等环节的内容和相应的责任部门,安全生产目标指标的制定、分解、实施、考核一般由安全生产委员会负责,具体工作由安全生产委员会办公室来完成。

(4)各类企业制定目标的原则有一定的差别,但一般需遵循以下几项原则:

①符合性原则。制定的安全生产目标要是贯彻国家安全生产法律法规、方针政策,以及上级有关安全生产的要求,企业制定的安全目标要不低于上级有关部门下达的安全控制指标。

②可行性原则。制定的目标要结合公司的实际情况,依照上级下达指标等综合因素制定。

(5)制定的目标应包括管理类目标、整改类目标和事故类目标。

制定安全生产目标时应考虑以下内容:

①企业安全生产方针。

②管理评审的结果。

③风险评价的结果。

④以往安全生产的绩效。

⑤法律法规与其他要求。

⑥上级单位的指标。

(6)企业年度安全生产目标与指标制定完成后,以企业最高行政文件下发给各基层单位和职能部门,一般以企业年度的第1号通知下发各基层单位和职能部门。

需要注意的是,本条为所有达标企业(一、二、三级企业)必备条件,本条标准不合格时终止考评,企业标准化不达标。

二、制定实现安全工作方针与目标的措施。

【释义】

本条是关于企业实现所制定的安全方针与目标措施的考核要求。

为保障企业制定的安全工作方针与目标能顺利实现,企业在制定安全工作方针与目标时应确定实现该安全工作方针与目标的措施。

【要点】

(1)企业根据基层单位和部门在安全生产中所承担的职能,以及可能面临的风险大小,将企业年度的安全生产目标与指标分解到各个基层单位和部门,成为各个基层单位和部门的年度安全生产目标与指标。

(2)企业应制定保证安全生产目标实现的组织措施和技术措施。

组织措施:加强领导、加强管理;

技术措施:制定安全生产目标指标完成情况的考核办法,严格考核,奖罚分明;企业根据所属基层单位和部门的职能,通过层层签订安全生产目标责任书的方式,逐级明确安全生产目标至班组和岗位。

第二节　中长期规划

【依据】

《关于进一步加强安全生产工作的决定》(国发〔2004〕2 号)中要求"要制定全国安全生产中长期发展规划,明确年度安全生产控制指标,建立全国和分省(区、市)的控制指标体系,对安全生产情况实行定量控制和考核"。为了避免企业重生产、轻安全,一味追求经营效益,忽视安全工作的短期行为,促进企业安全生产工作与企业发展同步规划、同步实施,企业应制定一个可测量的、持续改进的、能够实现的战略目标和中长期安全生产规划。

一、制定和实施企业安全生产中长期规划和跨年度专项工作方案。(★★)

【释义】

本条是关于企业制定和实施安全生产规划和专项工作方案的考核要求。

为了避免企业重生产、轻安全,一味追求经营效益,忽视安全工作的短期行为,促进企业安全生产工作与企业发展同步规划、同步实施,企业应制定一个可测量的、持续改进的、能够实现的战略目标和中长期安全生产规划。

为了指导企业下一年度的安全工作,企业应结合企业当前安全工作的实际制定跨年度专项工作方案。

【要点】

(1)企业制定安全生产中长期规划时,规划的整体性应与阶段性计划相统一,规划针对性强,有配套的措施、检查、考核办法,每年应有诊断总结。

(2)企业制定安全生产中长期规划和跨年度专项工作方案中的目标指标要科学合理,尽可能量化,且有认证分析的支撑材料。

需要注意的是,本条为一、二级标准化达标企业必备条件,本条标准不合格的企业,不能评为一、二级标准化达标企业。

第三节　年度计划

【依据】

工作计划是工作任务的明确。一个企业的计划有年度计划、季度计划、月计划,这些计划明确了我们企业当年要完成什么任务,这个季度要完成什么任务,以及这个月要完成的任务。企业的年度计划应明确企业的安全生产任务、质量任务、管理任务、节资降耗任务等,以便我们的企业在工作中围绕这些任务开展工作。

一、根据中长期规划，制定年度计划和年度专项活动方案，并严格执行。

【释义】

本条是关于企业制定年度计划和年度专项活动方案的考核要求。

年度计划是中长期规划转化而来的一年里的可执行计划，这就从一个比较宏观的角度界定了年度计划的功能。年度计划完整的功能是“承上启下”：承上，承接中长期规划，将长期战略具体到每一年的工作要求明确出来；启下，则是对一年度具体的工作进行细分、制定专项活动的主要依据。年度计划的承上启下的作用将中长期规划落实到每个年度的详细工作计划。

年度计划有四项主要功能。年度计划具有由中长期规划分解到一年的可执行计划为其核心的功能，这项功能从安全业绩考核、安全管理、资源配置的角度，分别可以衍生出不同的功能。从安全业绩考核的角度看，年度计划是各个职能的安全工作及业绩的评价的主要标准。从安全管理的角度看，年度计划是高层管理各个职能的主要手段。从资源配置的角度看，年度计划是向各个职能以及各个职能内配置资源的主要依据。

年度专项活动方案是针对一些特殊的活动制定的专项方案。

【要点】

(1)企业应根据中长期规划结合企业当前的安全工作形势，制定年度计划和年度专项活动方案。

(2)企业制定的年度计划应有规范的文本资料。

(3)企业制定年度计划和年度专项活动方案应以文件的形式发布。

(4)年度计划确定后，企业每年组织专项安全生产检查活动，检查各部门贯彻落实情况，每年组织年中和年底对计划执行情况检查，查找未完成计划的问题和原因，制定改进措施。

第四节　目 标 考 核

【依据】

《国务院关于进一步加强企业安全生产工作的通知》(国发〔2010〕23 号)中要求“严格落实安全目标考核”。

一、将安全生产管理指标进行细化和分解，制定阶段性的安全生产控制指标。

【释义】

本条是关于企业安全生产指标细化、分解的考核要求。

企业安全生产目标管理绩效考核应建立不同层次的安全生产目标及对安全生产指标进行细化、分解到各部门，对各部门的指标完成情况进行考核、奖惩，形成规范化管理体系中一个相对完整的部分。

阶段性的安全生产控制指标是将年度指标进行细分，分成月、季度、半年进行指标的考核，便于及时发现问题，采取补救措施，确保年度安全生产指标的完成。

【要点】

(1)企业应将安全生产管理指标进行细化和分解到各部门。

(2)企业细化和分解的安全生产管理指标的应覆盖公司所有部门。

(3)企业应制定阶段性的安全生产控制指标。

(4)企业应对将细化、分解的安全生产指标及阶段性控制指标以文件的形式发布。

二、制定安全生产目标考核与奖惩办法。

【释义】

本条是关于安全生产目标考核与奖惩的考核要求。

安全生产目标考核与奖惩办法是企业安全管理体系中重要的一个安全管理制度。安全生产目标考核与奖惩办法是对公司各部门、各员工在完成公司制定的安全生产目标,给予奖励和惩罚的规定。安全生产目标考核与奖惩办法要同经济责任制紧密结合,同员工的责、权、利挂钩,充分体现奖优罚劣。

【要点】

(1)企业应结合企业的安全生产实际,制定安全生产目标考核与奖惩办法。

(2)企业制定安全生产目标考核与奖惩办法需要遵循以下原则:

针对达到什么样的目标进行奖励和惩罚,以及奖励和惩罚的方式和程度必须事先进行明确;所制定的奖惩依据必须全面公开,让管理者和被管理者都能准确、全面地把握其具体内涵和要求,以避免发生为了奖励而奖励,为了惩罚而惩罚的无效活动;必须严格明确奖惩的依据,只能对这种依据制定和公布之后,让每个人明确了,才具有约束力。不能把新制定的奖惩依据用于其正式颁布之前的行为上。

三、定期考核年度安全生产目标完成情况,并奖惩兑现。

【释义】

本条是关于安全生产目标考核的考核要求。

安全生产目标考核与奖惩是通过一系列正向刺激和反向刺激的作用,引导和规范员工的行为朝着符合企业安全发展方向发展。对实现目标的行为,公司用奖励进行强化,也就是正向刺激;对未完成目标的行为,利用处罚措施进行约束,也就是反向刺激。二者相辅相成,才会有效促进企业安全生产目标的实现。

【要点】

(1)企业应根据所制定《安全生产目标考核与奖惩办法》的规定,定期对安全生产目标和指标实施计划的完成情况进行考核,并根据考核情况按照规定进行奖惩。

(2)企业应对考核中发现的问题进行积极的整改,若考核指标设置不合理,应及时调整安全生产目标和指标的实施计划。

(3)企业应保存所有有关考核记录资料。

第二章　管理机构和人员

本一级要素管理机构和人员，包括2个二级元素、4条考评指标，共40分（其中“★★★”一、二、三级企业必备条件的指标项2条，“★★”一、二级企业必备条件的指标项1条），主要针对企业的安全管理机构的设置情况和安全管理人员的配置情况进行考核。

第一节　安全管理机构

【依据】

《中华人民共和国安全生产法》（中华人民共和国主席令第70号），以下简称《安全生产法》，第十九条规定，矿山、建筑施工单位和危险物品的生产、经营、储存单位，应当设置安全生产管理机构或者配备专职安全生产管理人员。以外的其他生产经营单位，从业人员超过三百人的，应当设置安全生产管理机构或者配备专职安全生产管理人员；从业人员在三百人以下的，应当配备专职或者兼职的安全生产管理人员，或者委托具有国家规定的相关专业技术资格的工程技术人员提供安全生产管理服务。

一、成立安全生产委员会（或领导小组），下属各分支机构分别成立相应的领导机构。安委会职责明确，实行主要领导负责制。（★★）

【释义】

本条是关于企业安全生产领导机构的考核要求。

安全生产领导机构是企业负责安全生产工作计划、组织、协调、监督、控制必不可少的综合管理职能组织。企业可以结合企业实际设置相应的安全生产领导机构，大中型企业可以设置安全生产委员会，小微型企业可以设置安全生产领导小组。

【要点】

（1）企业应建立“安全生产委员会（或领导小组）”，统一协调企业中的安全生产问题，企业主要负责人同时是“安全生产委员会（或领导小组）”的主要领导。

（2）“安全生产委员会（或领导小组）”应有成员名单、职责和权限、工作制度等内容，且对企业中的重大安全健康问题进行评议、协调和决策。

（3）大型企业集团的各下属各分支机构应分别成立相应的领导机构。

（4）企业成立的安全生产委员会或领导小组，或下属各分支机构成立的相应领导机构应以公司文件的形式发布。

需要注意的是，本条为一、二级标准化达标企业必备条件，本条标准不合格的企业，不能评为一、二级标准化达标企业。

二、按规定设置与企业规模相适应且独立的安全生产管理机构。(★★★)

【释义】

本条是关于企业安全生产管理机构设置的考核要求。

安全生产管理机构指的是企业专门负责安全生产监督管理的内设机构,其工作人员都是专职安全生产管理人员。安全生产管理机构的作用是落实国家有关安全生产法律法规,组织港口企业内部各种安全检查活动,负责日常安全检查,及时整改各种事故隐患,监督安全生产责任制落实等。它是港口企业安全生产的重要组织保证。

根据《安全生产法》的规定,港口企业涉及经营、储存危险物品的单位应设置安全生产管理机构或者配备专职安全生产管理人员。普通货物港口企业从业人员超过三百人的,应当设置安全生产管理机构或者配备专职安全生产管理人员;从业人员在三百人以下的,应当配备专职或者兼职的安全生产管理人员,或者委托具有国家规定的相关专业技术资格的工程技术人员提供安全生产管理服务。

【要点】

(1)企业应按规定设置安全生产管理机构,配备得力的安全管理人员,并保持相对稳定。

(2)企业设置的安全生产管理机构应以公司文件的形式发布。

(3)企业应建立安全管理机构的管理制度,明确安全管理机构的职责。安全生产管理机构的主要职责是落实国家有关安全生产法律法规,组织港口企业内部各种安全检查活动,负责日常安全检查,及时整改各种事故隐患,监督安全生产责任制落实等,其具体的职责如下:

①监督检查企业各部门对国家有关安全生产的方针、政策和法规以及安全措施计划的贯彻执行情况。

②调查研究生产建设中的不安全因素,提出改进意见,督促企业、部门内的有关单位加以解决。

③对特殊工种进行培训,对新工人进行厂级的安全教育。

④制止违章指挥和违章作业,必要时,有权停止作业,并及时报告领导。

⑤参加本单位各种生产会议,对企业的生产计划、组织管理等各项活动提出安全生产的意见和要求。

⑥组织和协调有关部门制定、修订、审查安全生产制度和操作规程、安全技术操作规程等,并经常检查贯彻执行情况。

⑦开展经常性的安全宣传、教育活动。

⑧做好防尘、防毒和防寒工作,参加本单位新建、改建和新工艺的设计审查和竣工验收工作。

⑨编制安全技术措施计划,并负责实施。

⑩组织安全生产大检查和日常现场安全检查,发现影响安全的问题,及时向领导和有关部门报告,并提出处理意见,落实整改措施。

⑪事故的抢救、调查、处理工作,做好伤亡事故的统计、分析和事故档案管理工作,按时上报本单位的伤亡事故报表。

⑫有权拒绝上级不符合安全生产、文明生产的指令和意见。

需要注意的是，本条为所有达标企业（一、二、三级企业）必备条件，本条标准不合格时终止考评，企业标准化不达标。

三、定期召开安全生产委员会会议。安全生产管理机构和下属各分支机构每月至少召开一次安全工作例会。

【释义】

本条是关于企业安全管理机构定期召开安全会议的考核要求。

安委会安全会议是为了加强公司负责人与部门之间安全工作的沟通和推进安全管理，及时了解公司的安全状态，保证公司生产安全正常运行，及时消除生产安全事故隐患，实现公司安全生产目标而要求定期或不定期召开的会议。

【要点】

（1）企业应制定《安全会议制度》，制度中应明确安委会、安全管理机构召开安全会议的相关要求。

（2）安委会或安全生产领导机构每季度应至少召开一次安全专题会，协调解决安全生产问题。

（3）安全会议应有安全会议纪要，会议纪要应归档保存。

第二节　管理人员配备

【依据】

《安全生产法》第十九条规定，矿山、建筑施工单位和危险物品的生产、经营、储存单位，应当设置安全生产管理机构或者配备专职安全生产管理人员。以外的其他生产经营单位，从业人员超过三百人的，应当设置安全生产管理机构或者配备专职安全生产管理人员；从业人员在三百人以下的，应当配备专职或者兼职的安全生产管理人员，或者委托具有国家规定的相关专业技术资格的工程技术人员提供安全生产管理服务。

2004年国发2号文第十条规定，依法加强和改进生产经营单位安全管理。强化生产经营单位安全生产主体地位，进一步明确安全生产责任，全面落实安全保障的各项法律法规。生产经营单位要根据《安全生产法》等有关法律规定，设置安全生产管理机构或者配备专职（或兼职）安全生产管理人员。

《港口危险货物管理规定》第九条规定，从事危险货物港口作业的港口经营人，应当具备以下条件：

（1）至少有一名企业主要负责人应当具备与本单位所从事的危险货物港口作业相关的安全生产知识和管理技能。

（2）配备足够的具有上岗资格证书的管理、作业人员。

一、按规定足额配备专职安全生产和应急管理人员。（★★★）

【释义】

本条是关于安全生产管理人员和应急管理人员配备要求的考核要求。

安全生产管理人员的主要职责是宣传、贯彻、执行"安全第一，预防为主"的安全生产方针、政策、法律、法规和标准；组织制定或修订企业各级安全生产责任制和各项安全规章制度及安全操作规程；履行安全生产监管职责，组织安全检查，注意发现监控重大危险源，督促整改事故隐患，组织开展安全生产宣传教育活动；制止违章作业、违章指挥和不安全行为，监督落实各项安全生产设备、设施的防护措施，对发生的生产安全事故进行报告、调查，采取预防措施。安全生产管理人员在企业安全生产工作中的作用不可忽视。

【要点】

(1)企业应结合自身实际和国家法律法规的要求配备相应的专兼职安全生产和应急管理人员。

(2)企业的各职能部门、各装卸作业泊位应有主管安全的负责人，各职能部门、各装卸作业泊位应有专(兼)职安全员。

(3)负责安全生产的主要管理人员要有通过安全生产法律法规要求的培训证明材料。安全生产管理人员必须具备与本单位所从事的生产经营活动相应的安全生产知识和管理能力。

(4)企业应制定《安全管理人员和应急管理人员的安全管理制度》，制度中应明确安全管理人员和应急管理人员的配备要求，职责、职能及具体工作内容和程序。其职责应能体现"分级管理，分线负责"的原则，涵盖企业生产经营活动及其他活动的全方位、全过程。

(5)企业配置的安全管理人员应以公司文件的形式发布，安全管理人员应持有主管部门考核合格的证书。

需要注意的是，本条为所有达标企业(一、二、三级企业)必备条件，本条标准不合格时终止考评，企业标准化不达标。

第三章　安全责任体系

本一级要素安全责任体系，包括2个二级元素、6条考评指标，共45分（其中“★★★”一、二、三级企业必备条件的指标项1条，“★★”一、二级企业必备条件的指标项2条），主要针对企业的安全责任制的建立情况、安全职责的落实执行情况、考核情况进行考核。

第一节　健全责任制

【依据】

安全生产责任制是企业一项最基本的安全生产制度，是各种职业安全健康制度的核心，它明确规定了企业领导者、管理者及各类人员对安全生产应负的责任、权利和义务。认真贯彻、落实安全生产责任制是搞好安全健康工作的重要环节，是各层次、各类人员在安全生产中分工协作、各负其责的具体体现，也是“分级管理、分线负责”的安全管理体系形成和正常运行的关键。

《安全生产法》第四条规定，生产经营单位必须遵守本法和其他有关安全生产的法律、法规，加强安全生产管理，建立、健全安全生产责任制度，完善安全生产条件，确保安全生产。

《中华人民共和国港口法》第三十二条规定，港口经营人必须依照《安全生产法》等有关法律、法规和国务院交通主管部门有关港口安全作业规则的规定，加强安全生产管理，建立健全安全生产责任制等规章制度，完善安全生产条件，采取保障安全生产的有效措施，确保安全生产。

《港口经营管理规定》第二十六条规定，港口经营人应当依照有关法律、法规和交通运输部有关港口安全作业的规定，加强安全生产管理，完善安全生产条件，建立健全安全生产责任制等规章制度，确保安全生产。

一、企业主要负责人、分管领导、全体员工安全职责明确，制定并落实安全生产责任制，层层签订安全生产责任书，并落实到位。（★★★）

【释义】

本条是关于企业各级人员安全责任制的考核要求。

企业安全生产责任制应涵盖企业的所有部门和人员，按照“横向到边、纵向到底”的原则，建立健全各级各岗位人员的安全生产责任制。通过层层签订安全生产责任书是确保企业各级人员的安全职责能落到实处的有效途径。

【要点】

（1）企业应建立、健全安全生产责任制，明确各级人员的安全生产职责。

（2）企业各级人员的安全职责应悬挂或张贴在相应的岗位上。

(3)企业的各级人员应层层签订安全生产责任书。

(4)企业应定期对各级人员的安全责任落实情况进行考核。

需要注意的是,本条为所有达标企业(一、二、三级企业)必备条件,本条标准不合格时终止考评,企业标准化不达标。

二、主要负责人或实际控制人是安全生产第一责任人,按照安全生产法律法规赋予的职责,对安全生产负全面组织领导、管理责任和法律责任,并履行安全生产的责任和义务。(★★)

【释义】

本条是关于主要负责人安全职责的考核要求。

根据《安全生产法》的规定,生产经营单位的主要负责人对本单位的安全生产工作全面负责,因此企业的主要负责人或实际控制人是安全生产第一责任人,应履行国家相关法律法规规定和要求的安全生产责任和义务。

港口企业的主要负责人是指在港口企业中起决策作用的领导人或领导层,包括厂长、经理以及其他主要的领导人员,如国有港口企业的法定代表人、公司的董事会成员或者有决策权的经理层人员、个人投资港口企业的投资人等。

港口企业的主要负责人具备以下特征:

①是本单位日常生产经营活动的最高负责人,负有生产经营的决策权和指挥权;

②是日常生产经营活动的直接指挥者,也就是港口企业是其日常工作的地点;

③在港口企业日常经营活动中能够有效地实施指挥和决策;

④港口企业的主要负责人可能同时包括几个高层决策者。

由于港口企业的主要负责人在港口企业中处于决策者、指挥者的重要地位,因此,其是否重视安全生产,对本单位的安全生产具有至关重要的意义。为了搞好安全生产,必须明确港口企业的主要负责人是安全生产的第一责任人,对本单位的安全生产全面负责。这样才能促使港口企业的主要负责人切实负起责任,管生产又管安全,而不能重生产、轻安全。单位主要负责人对安全生产工作所承担的职责明确了,对安全生产工作真正重视了,整个单位的安全生产工作在很大程度上就有了保障。

【要点】

(1)企业建立的安全生产责任体制中,应首先明确主要负责人的安全职责。

(2)企业主要负责人应按照安全生产法律法规赋予的职责,全面负责安全生产工作,并履行安全生产义务。主要负责人全面负责安全生产工作,并履行下列主要职责:

①组织建立、健全本单位的安全生产责任制,并保证有效执行。

②组织制定安全生产规章制度和操作规程,并保证其有效实施。

③保证本单位安全生产投入的有效实施。

④督促检查本单位安全生产工作,及时消除生产安全事故隐患。

⑤组织制定并实施本单位的生产安全事故应急救援预案。

⑥及时、如实报告生产安全事故。

(3)港口企业的主要负责人应当具备与所从事生产经营活动相应的安全知识和安全技

能，并按照国家有关规定依法获得任职的资格。港口企业一旦发生生产安全事故，其主要负责人必须如实向有关部门报告，积极组织进行抢救。对事故的发生负有责任的，并根据事故的具体情况，依法承担相应的民事责任、行政责任或者刑事责任。

需要注意的是，本条为一、二级标准化达标企业必备条件，本条标准不合格的企业，不能评为一、二级标准化达标企业。

三、分管安全生产的负责人是安全生产的重要负责人，统筹协调和综合管理企业的安全生产工作，对安全生产负重要管理责任。

【释义】

本条是关于企业分管安全生产责任人安全职责的考核要求。

大中型企业（集团）通常任命有其他人员负责分管具体的安全生产工作，这样分管安全生产的负责人就是公司安全工作的直接负责人，承担着安全管理工作的重要责任，负责统筹协调和综合管理企业的安全生产工作。分管安全生产的负责人虽说是公司安全生产的重要负责人，可以承担或协助第一负责人的安全生产管理工作，但不能代替第一负责人承担国家法律法规赋予第一负责人的法定安全责任与义务。

【要点】

(1)企业建立的安全生产责任体制中，应明确分管安全生产的负责的安全职责。

(2)企业分管安全生产的负责人是安全生产的重要负责人，对安全生产负重要管理责任。应履行以下职责：

①全面贯彻执行安全生产法律法规、国家标准和行业标准；认真贯彻落实上级和本单位关于安全生产工作的部署和要求。

②认真组织实施本单位安全生产责任制、安全生产各项规章制度和操作规程，并严格检查落实。

③受主要领导委托，每个月至少组织召开1次安全生产工作会议；定期不定期召开专题工作会，及时研究和解决本单位安全生产工作存在的问题。

④加强对本单位安全管理机构和安全监管人员的管理，督促其制定完善的工作制度并认真履职。

⑤推行安全性能可靠的新工艺、新技术、新设备和新材料，提高生产装备自动化水平，不断改善安全生产基础设施和条件。

⑥组织实施事故隐患排查、治理、报告制度，落实事故隐患和职业危害的监控防治措施；严格重大危险源管理等。

⑦加强现场安全管理，落实安全防范措施，加强现场检查，提高安全生产管理水平。

⑧本单位发生生产安全事故，立即组织抢救并及时向单位主要负责人汇报。

⑨法律法规明确的其他安全责任。

四、其他负责人和全体员工实行“一岗双责”，对业务范围内的安全生产工作负责。

【释义】

本条是关于安全生产“一岗双责”的考核要求。

"一岗双责"顾名思义就是指一个岗位承担两方面的职责。安全生产"一岗双责",每个岗位人员既要对所在岗位应当承担的具体业务工作负责,又要对所在岗位安全生产工作负责。

安全生产"一岗双责"是指企业及有关部门主要负责人是本企业、本部门职责范围内安全生产工作第一责任人,对安全生产工作负全面领导责任;分管安全生产工作的负责人对安全生产工作负综合监管领导责任;其他负责人对分管业务工作范围内的安全生产工作负直接领导责任;岗位员工对本岗位的安全工作负直接责任。

企业安全生产"一岗双责"制是落实企业安全生产主体责任的重要保证措施之一。

【要点】

(1)企业应建立健全各岗位员工的岗位职责和岗位安全职责,明确各岗位的"一岗双责"。

(2)企业应根据公司安全考核规定,定期对各岗位人员的安全生产职责履行情况进行考核。

(3)企业应将各岗位安全职责应悬挂或张贴在相应的岗位上。

五、安全生产管理机构、各职能部门、生产基层单位的安全职责明确并落实到位。

【释义】

本条是关于企业各级各部门安全责任制的考核要求。

企业安全生产责任制应涵盖企业的所有部门,按照"横向到边、纵向到底"的原则,建立健全各级各部门的安全生产职责。企业的安全生产不只是安全管理部门的事情,应该是全公司所有部门的共同的事情,只有公司上下、所有部门协同才能将安全生产工作做好。

【要点】

(1)企业应建立健全各职能部门的安全责任制,明确安全生产管理机构、各职能部门、生产基层单位的安全职责。

(2)企业应根据公司安全考核规定,定期对各部门的安全生产职责履行情况进行考核。

第二节　责任制考评

【依据】

为增强干部对安全生产管理工作的责任感和使命感,提高干部对企业安全管理工作的积极性,对各部门负责人在安全管理方面的工作进行绩效考评。

一、根据安全生产责任进行定期考核和奖惩,公告考评和奖惩情况。(★★)

【释义】

本条是关于安全生产责任考核的考核要求。

安全生产责任考核是企业为了实现安全生产目的,运用特定的标准和指标,采取科学的方法,针对各岗位各级人员的安全生产职责履行情况,作出判断的过程。

明确这个概念,可以明确安全生产责任考核的目的及重点。企业在制定安全发展规划、战略目标时，为了更好地完成这个目标把目标分阶段分解到各部门，最终落实到每一位员工身上，也就是每个岗位的安全生产职责。安全生产责任考核就是企业对各岗位人员履行安全职责情况的一个跟踪、记录、考评。

安全生产责任考核本质上是一种过程管理，有考核就有奖惩，与利益不挂钩的考核是没有意义的，员工的工资一般都会为两个部分：固定工资和安全绩效工资。安全绩效工资的分配与员工的安全生产职责的考核得分息息相关。

安全生产责任考核目的不是处罚，而是发现问题、解决问题，找到差距进行改进，从而实现企业安全生产的目标。

【要点】

(1)企业应建立健全安全生产责任制的考核机制，制定具体的考核制度、方案和实施细则。

(2)企业应根据考核制度，定期对各级管理部门、各级管理人员及从业人员安全职责的履行情况进行定期考核、根据考核结果按照相关制度规定予以奖惩。

(3)企业应将安全责任制考核和奖惩情况采取有效方式进行公告。

(4)企业应将考核的资料、记录归档保存。

需要注意的是，本条为一、二级标准化达标企业必备条件，本条标准不合格的企业，不能评为一、二级标准化达标企业。

第四章 法规和安全管理制度

本一级要素法规和安全管理制度,包括5个二级元素、12条考评指标,共70分(其中“★★★”一、二、三级企业必备条件的指标项3条),主要针对企业的主体合法情况,国家有关安全生产的法律法规的收集、宣传、学习教育情况,安全管理制度、安全操作规程建立健全情况及制度的执行情况进行考核。

第一节 资 质

【依据】

《港口经营管理规定》第六条规定,从事港口经营,应当申请取得港口经营许可。《港口经营管理规定》第十五条规定,申请人凭港口行政管理部门或者交通运输部核发的《港口经营许可证》到工商管理部门办理工商登记,取得营业执照后方可从事港口业务。

一、《港口经营许可证》、《企业法人营业执照》合法有效,经营范围符合要求。(★★★)

【释义】

本条是关于企业主体合法中经营资质方面的考核要求。

根据《港口经营管理规定》的要求,从事港口经营,应当申请取得港口经营许可。港口经营申请人凭港口行政管理部门或者交通运输部核发的《港口经营许可证》到工商管理部门办理工商登记,取得营业执照后方可从事港口业务。港口经营人应当按照港口行政管理部门许可的经营范围从事港口经营活动。根据《港口危险货物管理规定》,未取得危险货物港口作业资质的,不得从事危险货物港口作业。从事危险货物港口作业的企业应当在危险货物港口作业认可证上核定的危险货物港口作业范围内从事危险货物港口作业活动。港口经营人变更经营范围的,应当就变更事项按照《港口经营管理规定》第十二条或者第十三条规定办理许可手续,并到工商部门办理相应的变更登记手续。港口经营人变更企业法定代表人或者办公地址的,应当向港口行政管理部门备案并换发《港口经营许可证》。

【要点】

(1)港口经营企业应取得《港口经营许可证》,并根据要求进行年审,经营的货物在许可范围内。

(2)港口经营企业应取得《企业法人营业执照》,并根据要求进行年审,经营的货物在营业范围内。

需要注意的是,本条为所有达标企业(一、二、三级企业)必备条件,本条标准不合格时终止考评,企业标准化不达标。

第二节　法　　规

【依据】

《安全生产法》第十六条规定，生产经营单位应当具备本法和有关法律、行政法规和国家标准或者行业标准规定的安全生产条件；不具备安全生产条件的，不得从事生产经营活动。

一、及时识别、获取适用的安全生产法律法规、标准规范。

【释义】

本条是关于收集企业适用的安全生产法律法规的考核要求。

法的概念有广义与狭义之分。广义的法是指国家按照统治阶级的利益和意志制定或者认可，并由国家强制力保证其实施的行为规范的总和。狭义的法是指具体的法律规范，包括宪法、法令、法律、行政法规、地方性法规、行政规章、判例、习惯法等各种成文法和不成文法。

法律规范一般可以分为技术规范和社会规范两大类。法律规范是社会规范的一种。法律规范是国家机关制定或者认可、由国家强制力保证其实施的一般行为规则，它反映由一定的物质生活条件所决定的统治阶级的意志。技术规范是指规定人们支配和使用自然力、劳动工具、劳动对象的行为规则。

安全生产法律体系是社会主义法律体系中的子体系，安全生产立法是社会主义法的重要组成部分。安全生产法律体系是一个包含多种法律形式和法律层次的综合性系统，从法律规范的形式和特点来看，既包括作为整个安全生产法律法规基础的宪法规范，也包括行政法律规范，技术性法律规范，程序性法律规范。

【要点】

(1)企业应建立识别和获取适用的安全生产法律法规、标准规范的制度，明确主管部门，确定获取的渠道、方式，及时识别和获取适用的安全生产法律法规、标准规范。

(2)企业各职能部门应及时识别和获取本部门适用的安全生产法律法规、标准规范，并跟踪、掌握有关法律法规、标准规范的修订情况，及时提供给企业内负责识别和获取适用的安全生产法律法规的主管部门汇总。

(3)企业应按照规定定期识别和获取适用的安全生产法律法规与其他要求，并发布其清单。

(4)企业应广泛获取识别对本单位安全生产有关的安全生产法律法规，根据法律地位及效力同等原则，安全生产法律体系有以下七个门类：

一是宪法：宪法是安全生产法律体系框架的最高层级，“加强劳动保护，改善劳动条件”是有关安全生产方面最高法律效力规定。

二是安全生产方面的法律：有基础法(安全生产法)、专门法律(港口法、消防法、道路交通安全法)、相关法律(涵盖有安全生产内容的法律：劳动法、建筑法、煤炭法、铁路法、工会法；与安全生产监督执法工作有关的法律：刑法、刑事诉讼法、行政处罚法、行政复议法、国家赔偿法、标准化法)；

三是安全生产行政法规：是由国务院组织制定并批准公布，是为实施安全生产法律或规范安全生产监督管理制度而制定并颁布的一系列具体规定(《国务院关于特大安全事故行政责任追究的规定》)；

四是地方性安全生产法规：是由有立法权的地方权力机关——人民代表大会及其常务委员会和地方人民政府制定的安全生产规范性文件；

五是部门安全生产规章、地方政府安全生产规章：根据《立法法》的有关规定，部门规章之间、部门规章与地方政府规章之间具有同等效力，在各自的权限范围内施行；

六是安全生产标准：分为设计规范类、安全生产设备工具类、生产工艺安全卫生、防护用品类四类标准；

七是已批准的国际劳工安全公约：我国政府已批准国际劳工组织(ILO)185 个国际公约中的 23 个，其中 4 个与职业安全卫生相关。

二、将法规标准和相关要求及时转化为本单位的规章制度，贯彻到各项工作中。

【释义】

本条是关于将法律法规和企业安全管理有效结合的考核要求。

企业只有将国家的安全生产法律法规要求融入企业的日常安全管理过程中，才能确保国家的安全生产法律法规得到有效执行，因此要求企业在制定安全管理规章制度时，应将国家的安全生产法规标准和相关要求及时转化为本单位的规章制度。

【要点】

(1)企业在制定安全规章制度时，应充分收集国家法律法规的相关要求，将国家安全生产法规标准和相关要求融入制度中。

(2)企业制定的安全规章制度不得和国家安全生产法律法规相违背、抵触，要求不得低于相关法律法规的基本要求。

(3)企业应组织员工加强安全规章制度的学习和日常安全管理，确保各项安全规章制度得到有效执行。

(4)当法律法规有变更时，企业应及时修订相应安全管理规章制度。

三、执行并落实安全生产法律法规、标准规范。

【释义】

本条是关于执行并落实安全安全生产法律法规、标准规范的考核要求。

安全生产法律法规、标准规范是全面规范安全生产的专门法规体系，是各级政府及有关部门进行监督管理和行政执法的法律依据，也是制裁各种安全生产违法犯罪行为的有力武器，是各类港口企业及其从业人员实现安全生产所必须遵循的行为准则。

【要点】

(1)企业应将各项安全生产法律法规、标准规范贯彻到日常的安全管理工作中。

(2)企业应加强安全管理，对安全生产法律法规、标准、规范的执行、落实情况进行考核，对违反相关法律法规的人员进行处罚。

四、将适用的安全生产法律、法规、标准及其他要求及时对从业人员进行宣传和培训。

【释义】

本条是关于安全生产法律法规的宣传和培训的考核要求。

企业要安全生产发展，企业员工对安全生产法律、法规、标准及其他要求的熟悉掌握尤为重要，因此企业对本单位适用的安全生产法律、法规、标准及其他要求进行宣传和培训十分必要。企业负责人和安全管理部门应充分认识安全生产法律法规的重大意义，提高学习宣传贯彻的主动性和自觉性，把学习宣传活动当作一项重点工作，切实抓紧、抓实、抓好，进一步提高从业人员的安全意识和法律素质，实现企业安全生产的目标。

【要点】

(1)企业应将安全生产法律法规的培训学习要求，纳入到企业制定的安全学习培训制度中。

(2)企业应将适用的安全生产法律法规、标准规范及其他要求及时传达给从业人员。

(3)企业应对新的重要的法律法规进行专门培训，并对学习情况进行考核。

(4)企业应对安全生产法律法规的宣传培训、考核资料归档保存。

第三节　安全管理制度

【依据】

《安全生产法》第八十五条规定，生产经营单位有下列行为之一的，责令限期改正；逾期未改正的，责令停产停业整顿，可以并处二万元以上十万元以下的罚款；造成严重后果，构成犯罪的，依照刑法有关规定追究刑事责任：(一)生产、经营、储存、使用危险物品，未建立专门安全管理制度、未采取可靠的安全措施或者不接受有关主管部门依法实施的监督管理的。

《港口经营管理规定》第七条规定，从事港口经营(港口理货、船舶污染物接收除外)，应当具备下列条件：(四)有健全的经营管理制度和安全管理制度以及生产安全事故应急预案。

一、制定并及时修订安全生产管理制度，包括：1)安全生产责任制；2)安全例会制度；3)文件和档案管理制度；4)安全生产费用提取和使用管理制度；5)设施、设备、货物安全管理制度；6)安全生产培训和教育学习制度；7)安全生产监督检查制度；8)事故统计报告制度；9)安全生产奖惩制度。

【释义】

本条是关于安全管理制度的考核要求。

安全生产管理制度是保证企业生产安全而制定的一系列管理制度和行为规范的总称，是关系企业安全营运保障，其内容包括本单位的安全生产责任制，本单位的安全生产操作规程，本单位的安全生产监督检查制度，本单位的安全生产投入有效实施的制度，本单位的设施、设备管理制度等。

【要点】

(1)企业应按相关规定建立健全安全生产规章制度。

(2)企业制定的安全生产责任制度应当包含以下几个方面的内容:

①明确、具体的安全生产要求,这些安全生产要求主要是为了保证有效地预防生产安全事故的发生。

②明确、具体的安全生产管理程序,即为了安全生产,要进行哪些常规检查和防范工作。

③明确、具体的安全生产管理人员,即哪个岗位由哪个人来负责,责任落实到人。

④明确、具体的安全生产培训要求,包括哪个岗位要经过什么样的安全生产培训,应当具备什么样的安全生产知识等。

⑤明确、具体的安全生产责任,即对安全生产方面存在的问题,具体由谁负责,负什么样的责任等。

⑥确保安全生产的关键是建立健全安全生产责任制度,使安全生产有人管,安全生产责任制的落实有人抓。通过安全生产责任制度的落实,从源头上消除事故隐患,从制度上预防生产安全事故的发生。

(3)企业应对制定的规章制度定期或不定期地进行评审修订,并建立评审修订记录。

二、对从业人员进行安全管理制度的学习和培训。

【释义】

本条是关于安全管理制度的学习、培训的考核要求。

安全管理制度是否能够得到有效的执行,很大程度上取决于从业人员对安全管理制度的熟悉掌握程度,只有从业人员了解和掌握了安全管理规章制度的要求,才可能自觉的遵守安全规章制度。因此企业对从业人员必须进行安全管理制度的学习和培训。

【要点】

(1)企业制定的安全培训学习制度中,应包括安全管理制度的学习和培训内容。

(2)企业应按照制度规定对从业人员进行安全管理制度的学习、培训和考核,并建立相应的学习、培训和考核记录。

(3)企业应将安全生产规章制度发放到相关工作岗位,便于员工学习使用。

(4)企业应将安全管理制度的学习、培训、考核记录归档保存。

第四节　岗位安全生产操作规程

【依据】

《安全生产法》第二十一条规定,生产经营单位应当对从业人员进行安全生产教育和培训,保证从业人员具备必要的安全生产知识,熟悉有关的安全生产规章制度和安全操作规程,掌握本岗位的安全操作技能。未经安全生产教育和培训合格的从业人员,不得上岗作业。第三十六条规定,生产经营单位应当教育和督促从业人员严格执行本单位的安全生产规章制度和安全操作规程;并向从业人员如实告知作业场所和工作岗位存在的危险因素、防范措施以及事故应急措施。

一、制定并及时修订各岗位的安全生产操作规程，并发放到岗位(职工)。(★★★)

【释义】

本条是关于安全操作规程制定和修改的考核要求。

安全生产操作规程是企业根据其自身生产经营范围、危险程度、工作性质及具体工作内容的不同，根据国家有关法律、行政法规、规章和标准，有针对性的规定的、具有可操作性的、保障安全生产的工作运转制度及工作的方式、方法和操作程序。

安全生产操作规程是企业员工在生产工作中必须遵守的操作活动规则，它是员工在劳动生产过程中非常实用且有效的科学管理方法和行为准则，是约束员工在生产过程当中行之有效的防范措施。它是根据企业的生产性质，结合工作特性和技术要求，以具体情况及群众经验为基础制定出的安全操作守则。它要求员工在劳动生产活动中每一环节，都要对自己进行行为的安全性进行检查确认，避免因违章或误操作而引发安全生产事故。

制定《安全生产操作规程》不仅能规范员工的工作行为，同时还能强化员工的安全意识，在实际情况下，员工能够分清什么是正确的，什么是不违章的或者更进一步地说，针对特殊情况或者突发情形时，员工可依据《安全生产操作规程》来确定到底怎么去做才是最合理有效的。

安全操作规程不是死板且一成不变的，随着生产技术日益提升，人们的安全素质也在大幅度提高，生产越来越科学化、系统化，同时必然会要求安全操作规程不断更新和完善。

【要点】

(1)企业应基于岗位生产特点中的特定风险的辨识，编制齐全、适用的岗位安全生产操作规程。

(2)岗位安全生产操作规程应包括：岗位危险源、控制标准、操作中的安全方法和严禁事项，凡有重大或重要危险源的岗位，应有应急救援预案或应急措施。

(3)企业采用新技术、新工艺、新设备在投入使用前，应先制定安全操作规程或安全操作注意事项。

(4)岗位安全生产操作规程应随工艺或设备的变更情况，及时进行更新，且是有效版本。

(5)企业应将各岗位的安全生产操作规程悬挂或张贴在相应的岗位上，便于员工学习和操作。

需要注意的是，本项目为所有达标企业(一、二、三级企业)必备条件，本条标准不合格时终止考评，企业标准化不达标。

二、对从业人员进行安全操作规程的学习和培训；从业人员严格执行本单位的安全操作规程。

【释义】

本条是关于安全操作规程培训学习的考核要求。

安全操作规程是安全生产实践经验的总结，是每个员工为了预防安全生产事故而必须严格遵守的操作规程和程序，是防止伤亡事故的有效方法之一，是属于强制性的，一切人员都必须严格遵守和执行的。

从业人员能否严格遵守和执行安全操作规程，很大程度上取决于从业人员对安全操作规程的熟悉掌握程度,只有从业人员熟练掌握了安全操作规程的要求,才可能自觉的遵守各项安全操作规程。因此企业必须对从业人员进行安全操作规程的学习和培训,从业人员必须严格遵守和执行的公司的安全操作规程。

【要点】

(1)企业制定的安全培训学习制度中,应包括安全操作规程的学习和培训内容。

(2)企业应按照制度规定对从业人员进行安全操作规程的学习、培训和考核,并建立相应的学习、培训和考核记录。

(3)企业应将安全操作规程发放到相关工作岗位,便于员工学习使用。

(4)企业应加强员工的安全管理,对员工违反安全操作规程的行为及时进行制止,对不严格遵守安全操作规程的员工进行处罚。

(5)企业应将安全操作规程的学习、培训、考核记录归档保存。

第五节　制度执行及档案管理

【依据】

《安全生产法》第四十九条规定,从业人员在作业过程中,应当严格遵守本单位的安全生产规章制度和操作规程,服从管理,正确佩戴和使用劳动防护用品。

《中华人民共和国港口法》第三十二条规定,港口经营人必须依照《中华人民共和国安全生产法》等有关法律、法规和国务院交通主管部门有关港口安全作业规则的规定,加强安全生产管理,建立健全安全生产责任制等规章制度,完善安全生产条件,采取保障安全生产的有效措施,确保安全生产。

一、执行国家有关安全生产方针、政策、法规及本单位的安全管理制度和操作规程,依据行业特点,制定企业安全生产管理措施。

【释义】

本条是关于企业安全管理的考核要求。

企业的安全生产管理要坚持"依法治安",即执行国家有关安全生产方针、政策、法规,对本单位制定的安全管理规章制度和操作规程也要严格执行。各个行业都各有的特点,企业应结合自身的特点制定企业的安全生产管理措施。

【要点】

(1)企业的各级各部门各类人员应认真贯彻落实国家有关安全生产的方针、政策、法规。

(2)企业的各级各部门各类人员应严格执行本单位的安全管理制度和操作规程。

(3)企业应根据本行业、本企业的安全生产特点、安全风险,制定相应的安全管理措施。

二、每年至少一次对安全生产法律法规、标准规范、规章制度、操作规程的执行情况进行检查。

【释义】

本条是关于安全生产法律法规、标准规范、规章制度、操作规程的执行情况检查的考核

要求。

安全生产法律法规、标准规范、规章制度、操作规程贵在执行，因此企业应对其执行情况进行定期检查，每年检查次数不得少于一次，如有特殊情况可临时安排检查。

【要点】

(1)企业应每年至少一次对安全生产法律法规、标准规范、规章制度、操作规程的执行情况进行检查评估。

(2)企业应根据检查评估情况、安全检查反馈的问题、生产安全事故案例、绩效评定结果等，对安全生产管理规章制度和操作规程进行修订，确保其有效和适用，保证每个岗位所使用的为最新有效版本。

三、建立和完善各类台账和档案，并按要求及时报送有关资料和信息。(★★★)

【释义】

本条是关于安全生产方面台账、档案管理的考核要求。

台账就是明细记录表，它是企业为了加强某方面的管理和更加详细地了解某方面的信息而设置的一种辅助账簿，没有固定的格式，没有固定的账页，企业可根据实际需要自行设计，尽量详细，以全面反映某方面的信息。

生产安全生产管理方面的台账是反映一个单位安全生产管理的整体情况的资料记录。企业建立健全各类型的安全生产管理台账有如下作用：

(1)在安全生产台账资料的记录、整理和积累过程中起到自我督促、强化安全生产管理的作用。

(2)是企业规范安全管理，提高企业安全管理水平的需要。

(3)对单位和安全管理人员起到了自我保护的作用，对发生安全生产事故后的事故调查提供依据。

档案是组织或个人在以往的社会实践活动中直接形成的清晰的、确定的、具有完整记录作用的固化信息。档案是直接形成的历史纪录，档案来源于文件。档案是由文件有条件地转化而来的，这里的“文件”是指广义文件，即一切由文字、图表、声像等形式形成的各种材料。安全生产档案是指企业在安全生产管理过程中，产生的与安全相关的文字、图表、声像等形式形成的各种材料。

企业安全生产档案是指企业在安全生产活动过程中，形成的具有保存价值的文件材料，是企业档案的一个重要组成部分。在当前竞争激烈的市场经济中，建立完整、准确、系统的安全管理档案，对于全面反映企业的安全生产信息，为领导层的安全决策，制定安全管理目标和措施，摸索安全生产规律，积累经验，全面提高安全管理水平的有力手段。

【要点】

(1)企业应建立和完善各类台账，员工应认真如实地填写台账。比如：设施设备台账、安全管理人员统计台账、特种(设备)作业人员统计台账、安全设施和劳保用品购买、发放登记台账等。

(2)企业应建立文件和档案的管理制度，明确责任部门、人员、流程、形式、权限及各类安全生产档案及保存要求等。

(3)企业应建立主要安全生产过程、事件、活动、检查的安全记录档案,并加强对安全记录的有效管理。安全生产相关的资料主要如下:

①公司安全方针、安全生产管理机构设置、分管安全负责人、安全管理人员任命等文件。

②安全责任书(公司与各部门、各部门与各班组签订的安全生产目标管理责任书)。

③安全生产管理制度(安全生产责任制、安全技术措施计划、安全生产教育、安全生产定期检查、伤亡事故的调查和处理制度等)、安全生产操作规程、事故应急预案及演练等。

④安全生产法律法规、上级有关安全生产管理部门制定和下发的制度性文件、通知、通报等。

⑤安全宣传教育培训、学习、活动资料。

⑥安全生产检查资料。

⑦各类型记录、台账。比如设备维护和校验记录、安全会议记录、三级教育培训记录、劳保用品购买、发放登记台账等。

⑧港口装卸设设备、电气设备等管理资料、技术图纸、安全技术交底资料。

⑨法定检测检验报告,如职业卫生检测报告、特种设备检验报告等。

⑩安全生产事故记录和报告资料,安全事故调查处理资料等。

⑪安全管理人员、特种(设备)作业人员、船员等特殊岗位人员的培训考核合格证或从业资格证书。

⑫安全评价报告、承包商和供应商信息等与安全生产有关的资料。

(4)企业应上级或主管的部门的要求及时报送有关资料和信息。

需要注意的是,本项目为所有达标企业(一、二、三级企业)必备条件,本条标准不合格时终止考评,企业标准化不达标。

第五章 安全投入

本一级要素安全投入,包括2个二级元素、5条考评指标,共45分(其中“★★★”一、二、三级企业必备条件的指标项1条,“★★”一、二级企业必备条件的指标项1条)。主要针对企业的安全资金投入情况和安全投入资金的管理情况进行考核。

第一节 资金投入

【依据】

《安全生产法》第十七条规定,生产经营单位的主要负责人对本单位安全生产工作负有下列职责:保证本单位安全生产投入的有效实施;第十八条规定,生产经营单位应当具备的安全生产条件所必需的资金投入,由生产经营单位的决策机构、主要负责人或者个人经营的投资人予以保证,并对由于安全生产所必需的资金投入不足导致的后果承担责任。

《企业安全生产费用提取和使用管理办法》第九条规定,交通运输企业以上年度实际营业收入为计提依据,按照以下标准平均逐月提取:普通货运业务按照1%提取;客运业务、管道运输、危险品等特殊货运业务按照1.5%提取。

一、按规定足额提取安全生产费用。(★★★)

【释义】

本条是关于安全投入资金提取的考核要求。

安全生产费用是指企业按照规定标准提取在成本中列支,专门用于完善和改进企业或者项目安全生产条件的资金。港口企业应当具备的安全生产条件所必需的资金投入,由港口企业的决策机构、主要负责人或者个人经营的投资人予以保证,并对由于安全生产所必需的资金投入不足导致的后果承担责任。

交通运输企业以上年度实际营业收入为计提依据,按照以下标准平均逐月提取:普通货运业务按照1%提取;客运业务、管道运输、危险品等特殊货运业务按照1.5%提取。

【要点】

(1)企业应建立安全生产投入保障制度,完善和改进安全生产条件,按规定提取安全费用,专项用于安全生产,并建立安全费用台账。

(2)企业应根据财企〔2012〕16号《关于印发〈企业安全生产费用提取和使用管理办法〉的通知》第九条规定进行安全生产专项费用的提取。即交通运输企业以上年度实际营业收入为计提依据,按照以下标准平均逐月提取:普通货运业务按照1%提取;客运业务、管道运输、危险品等特殊货运业务按照1.5%提取。

需要注意的是,本项目为所有达标企业(一、二、三级企业)必备条件,本条标准不合格时终止考评,企业标准化不达标。

二、安全生产经费专款专用,保证安全生产投入的有效实施。(★★)

【释义】

本条是关于安全生产投入经费使用的考核要求。

保证必要的安全生产投入是实现安全生产的重要基础,为保证安全生产费用能足额使用,安全费用实行专户储存,专款专用。《企业安全生产费用提取和使用管理办法》第二十七条规定,企业提取的安全费用应当专户核算,按规定范围安排使用,不得挤占、挪用。年度结余资金结转下年度使用,当年计提安全费用不足的,超出部分按正常成本费用渠道列支。

【要点】

(1)企业财务应建立安全投入资金的专门储存账户,实行专户储存。

(2)企业应根据制定的《安全生产投入保障制度》,保证安全生产费用投入,实行安全生产费用专款专用,并建立安全生产费用使用台账。

(3)安全生产投入相关票据、记录台账应归档保存。

需要注意的是,本项目为一、二级标准化达标企业必备条件,本条标准不合格的企业,不能评为一、二级标准化达标企业。

三、及时投入满足安全生产条件的所需资金。

【释义】

本条是关于安全资金投入时限的考核要求。

安全资金投入是为了改善企业安全生产条件、预防各种事故伤害、消除安全隐患和治理尘毒等有害作业环境的,如果安全资金投入不到位或投入不及时,就可能导致安全隐患得不到及时的消除而引发事故,因此要求安全生产所需的资金必须及时投入。

【要点】

(1)企业应制定安全生产费用的使用计划,并根据计划需求及时投入安全生产所需的资金。

(2)企业应根据安全生产的需要,及时投入满足安全生产条件的所需资金。

第二节　费 用 管 理

【依据】

财企〔2012〕16号《关于印发〈企业安全生产费用提取和使用管理办法〉的通知》第三条规定,本办法所称安全生产费用(以下简称安全费用)是指企业按照规定标准提取在成本中列支,专门用于完善和改进企业或者项目安全生产条件的资金。安全费用按照"企业提取、政府监管、确保需要、规范使用"的原则进行管理。

第二十一条规定,交通运输企业安全费用应当按照以下范围使用:

(1)完善、改造和维护安全防护设施设备支出(不含"三同时"要求初期投入的安全设施),包括道路、水路、铁路、管道运输设施设备和装卸工具安全状况检测及维护系统、运输设施设备和装卸工具附属安全设备等支出。

(2)购置、安装和使用具有行驶记录功能的车辆卫星定位装置、船舶通信导航定位和自动识别系统、电子海图等支出。

(3)配备、维护应急救援器材、设备支出和应急演练支出。

(4)开展重大危险源和事故隐患评估、监控和整改支出。

(5)安全生产检查、评价(不包括新建、改建、扩建项目安全评价)、咨询和标准化建设支出。

(6)配备和更新现场作业人员安全防护用品支出。

(7)安全生产宣传、教育、培训支出。

(8)安全生产适用的新技术、新标准、新工艺、新装备的推广应用支出。

(9)安全设施及特种设备检测检验支出。

(10)其他与安全生产直接相关的支出。

第三十一条规定,企业应当建立健全内部安全费用管理制度,明确安全费用提取和使用的程序、职责及权限,按规定提取和使用安全费用。

第三十二条规定,企业应当加强安全费用管理,编制年度安全费用提取和使用计划,纳入企业财务预算。企业年度安全费用使用计划和上一年安全费用的提取、使用情况按照管理权限报同级财政部门、安全生产监督管理部门和行业主管部门备案。

一、跟踪、监督安全生产专项经费使用情况。

【释义】

本条是关于安全生产专项经费使用情况进行监督管理的考核要求。

为确保安全投入资金真正用于改善安全生产条件上,对安全投入资金使用过程进行跟踪、监督十分必要。

【要点】

(1)企业使用安全生产资金时,应编制计划,及时报企业负责人进行审批,审批权限及资金限额按有关财务制度执行。

(2)企业财务部门应对安全生产资金使用进行统计、汇总、跟踪、监督,安全管理部门应督促相关部门按计划实施,后勤采购部门应掌握采购的安全设施、设备、物资是否合格有效。

(3)企业应按照《企业安全生产费用提取和使用管理办法》规定的范围内使用安全资金,交通运输企业安全费用应当按照以下范围使用:

①完善、改造和维护安全防护设施设备支出(不含“三同时”要求初期投入的安全设施),包括道路、水路、铁路、管道运输设施设备和装卸工具安全状况检测及维护系统、运输设施设备和装卸工具附属安全设备等支出。

②购置、安装和使用具有行驶记录功能的车辆卫星定位装置、船舶通信导航定位和自动识别系统、电子海图等支出。

③配备、维护应急救援器材、设备支出和应急演练支出。

④开展重大危险源和事故隐患评估、监控和整改支出。

⑤安全生产检查、评价(不包括新建、改建、扩建项目安全评价)、咨询和标准化建设支出。

⑥配备和更新现场作业人员安全防护用品支出。

⑦安全生产宣传、教育、培训支出。

⑧安全生产适用的新技术、新标准、新工艺、新装备的推广应用支出。

⑨安全设施及特种设备检测检验支出。

⑩其他与安全生产直接相关的支出。

二、建立安全费用使用台账。

【释义】

本条是关于安全费用使用台账的考核要求。

安全生产费用使用台账是反映一个单位安全投入的整体情况的资料记录,它能反应企业是否进行了安全投入、在哪些方面进行了安全投入等安全投入基本信息统计汇总,便于企业负责人、管理人员掌握本单位的安全投入状况,因此企业应建立安全费用使用台账。

【要点】

(1)企业应建立安全费用使用台账,并明确项目责任人,项目名称,投入金额等。

(2)企业的安全投入台账应认真如实填写,并归档保存。

第六章　装备设施

本一级要素装备设施，包括3个二级元素、12条考评指标，共115分(其中“★★★”一、二、三级企业必备条件的指标项3条，“★”一级企业必备条件的指标项1条)。主要针对企业的设备、设施的本质安全情况及安全管理情况，电气设施的安全管理情况进行考核。

第一节　设　　施

【依据】

《中华人民共和国港口法》第二十三条规定，取得港口经营许可，应当有固定的经营场所，有与经营业务相适应的设施、设备、专业技术人员和管理人员，并应当具备法律、法规规定的其他条件；第四十七条规定，码头或者港口装卸设施、客运设施未经验收合格，擅自投入使用的，由港口行政管理部门责令停止使用，限期改正，可以处五万元以下罚款。

《安全生产法》第二十八条规定，生产经营单位应当在有较大危险因素的生产经营场所和有关设施、设备上，设置明显的安全警示标志。

《港口经营管理规定》第七条规定，从事港口经营(港口理货、船舶污染物接收除外)，应当具备下列条件：

(1)有固定的经营场所。

(2)有与经营范围、规模相适应的港口设施、设备，其中：

①码头、客运站、库场、储罐、污水处理设施等固定设施应当符合港口总体规划和法律、法规及有关技术标准的要求。

②为旅客提供上、下船服务的，应当具备至少能遮蔽风、雨、雪的候船和上、下船设施。

③为国际航线船舶服务的码头(包括过驳锚地、浮筒)，应当具备对外开放资格。

④为船舶提供码头、过驳锚地、浮筒等设施的，应当有相应的船舶污染物、废弃物接收能力和相应污染应急处理能力，包括必要的设施、设备和器材。

一、具备满足安全生产需要的建筑、场地和设施设备，并符合相关安全规范和技术要求。(★★★)

【释义】

本条是关于企业基础设施和设施设备安全要求的考核要求。

港口企业的建筑、场地应满足《建筑抗震设计规范》(GB 50011)、《建筑设计防火规范》(GB 50016)、《河港工程总体设计规范》(JTJ 212)、《海港总平面设计规范》(JTJ 211)、《水运工程抗震设计规范》(JTJ 225)、《港口工程地基规范》(JTS 147)、《港口工程荷载规范》

(JTS 144)、《滚装码头设计规范》(JTS 165)、《港口客运站建筑设计规范》(JGJ 86)等安全技术规范的要求。

港口设施设备应满足《斜坡码头及浮码头设计与施工规范》(JTJ 294)、《码头附属设施设计规范》(JTJ 297)、《港口工程劳动安全卫生设计规定》(JT 320)、《港口防雷与接地技术要求》(JT 556)、《供配电系统设计规范》(GB 50052)、《低电压配电设计规范》(GB 50054)、《通用用电设备配电设计规范》(GB 50055)、《固定式钢梯及平台安全要求》(GB 4053)、《港口保安基本措施和程序》等安全技术规范的要求。

【要点】

(1)滚装码头选址应远离石油化工及其他危险货物码头,有利于车辆和旅客的疏散,在波浪、水流对船舶影响小的水域。

(2)滚装码头应建有固定式斜坡道,配备车辆和乘客上下船设施设备,与进出港船舶和有关部门保持有效联系的通信设备。

(3)水域布置应便于船舶进出港和靠泊作业,陆域布置应便于滚装车辆的集散和乘客上下船。汽车待渡场和汽车停放场宜与前方泊位相对应,布置在港区陆域的前方。

(4)站址与危险品、有毒品、粉尘等污染物作业场地的防护距离,应符合环境保护、安全和卫生等有关规定。客运站站房的布置,应靠近客运码头。

(5)为旅客提供售票、候船、检票服务的房屋,室内装修、装饰,应当按照消防技术标准的要求,使用不燃、难燃材料。

(6)港口客运站站房应按客运站等级设置各类用房,一般由候船、售票、行包、站务用房和上下船廊道等组成。港口客运站站房应功能分区明确,客流、货流安排合理,有利于安全营运和方便使用。

(7)港口客运站站房的建筑空间布局和结构选型应具有适当的灵活性和通用性,且能适应改建和扩建要求。港口客运站站房应设置保障旅客安全和方便的上下船廊道,且应设置方便残疾人使用的相应设施。

需要注意的是,本项目为所有达标企业(一、二、三级企业)必备条件,本条标准不合格时终止考评,企业标准化不达标。

二、按国家有关规定配足有效的安全、消防、救生和环境保护设备及器材。(★★★)

【释义】

本条是关于安全、消防、救生和环境保护设备及器材的考核要求。

港口企业应按《中华人民共和国消防安全法》、《人员密集场所消防安全管理》(GA 654)、《建筑设计防火规范》(GB 50016)、《河港工程总体设计规范》(JTJ 212)、《海港总平面设计规范》(JTJ 211)、《滚装码头设计规范》(JTS 165)、《港口客运站建筑设计规范》(JGJ 86)、《港口工程环境保护设计规范》(JTS 149)等安全法规、技术规范的要求配足有效的安全、消防、救生和环境保护设备及器材。

本条所称"配足"是指,港口经营企业应该配备与经营规模、范围及经营管理形式相关安全和消防设施、设备及器材,保证一旦有事能够及时妥善应对;所称"有效"特指这些设备及器材处于良好状态，能够在出现突发事态时能够发挥出处置危害或危险的作用。

【要点】

(1)旅客通道采用封闭廊道时，应设防火灾自动报警装置和强制通风换气设备。开敞式旅客通道两侧应设置侧墙板、扶手或高护栏，高度不应低于1.1米。接岸设施通道表面应采取防滑措施。接岸设施车辆通道两侧应设置安全护栏或护轮坎。接岸设施应设置警示标志及警示灯。

(2)一、二、三级站应设室内消防给水系统。

(3)滚装码头经营人应建有专用停车场，停车场的规模应满足滚装车辆查验和候船的需求，停车场四周应设有围栏，分设进、出口和应急疏散口，且应符合防火、防爆的安全规定。滚装码头、停车场地面应硬质、防滑，设有明显的交通通行标志和安全警示标志。

(4)室外消火栓有明显漆色标志，所有消防器材完好，消防设施、重要防火部位有明显的消防安全标志，消防通道和应急疏散通道畅通。

需要注意的是，本项目为所有达标企业(一、二、三级企业)必备条件，本条标准不合格时终止考评，企业标准化不达标。

三、设有覆盖安全重点部位视频监控设备，并保持实时监控。

【释义】

本条是关于企业视频监控的考核要求。

视频监控由摄像、传输、控制、显示、记录登记5大部分组成，是安全防范系统的重要组成部分，它是一种防范能力较强的综合系统。视频监控以其直观、准确、及时和信息内容丰富而广泛应用于许多场合。客运码头作为社会人员密集场所和物流货运信息集散中心，加强码头、站场进出通道等重点场所的动态管理十分必要。

本条所称“重点部位”是指旅客进站(港)大厅，旅客候车(船)区，站内通道、售票场所、财务室 、检票出入口，车站、码头与外界相通的出入口，进出码头、车站的主要交通要道、发车(船)位，车辆、渡轮上下客处、行包托运处，行包提取处等港口经营活动频繁地点。所称“实时监控”是指视频监控系统应不间断工作，港口企业应安排专人值守视频监控设备，确保视频监控系统的正常运转，对港口的生产经营活动进行不间断监控，并做好相关记录。

【要点】

(1)滚装码头宜设在现场安全监控系统。

(2)停车场、候船场所应配备齐全的消防设施，摆放有序，并应安装监控装置。

(3)码头的重点部位应设置视频监控设备，应对安全重点部位的视频监控应全覆盖。

(4)视频监控系摄像机的选型、选址与安装除应符合《安全防范工程技术规范》(GB 50348)、《视频安防监控系统工程设计规范》(GB 50395)的相关要求，同时还应符合以下要求：

①公共区域(含正门外)不应出现监控盲区，在面积较大的公共区域(含制高点)宜安装具有转动和变焦放大功能的摄像机或多台摄像机，通过监视屏应能辨别监视范围内的人员

活动情况。

②进站大厅、候车(船)室、售票大厅等人流密集地方根据监控区域需要选择大倍数球机、带云台枪机、吸顶式半球,应满足逆光、夜晚等环境要求。摄像机的安装数量与点位要保证没有监控死角。

③安装于售票处和旅客接待处的摄像机,其监控图像应能清楚显示对来客的接待过程、回放图像应能清晰显示旅客的面部特征和售票交易过程;售票处和旅馆接待处应配置声音复核装置,配置的声音复核装置应与该处安装的摄像机在位置和数量上应一一对应,音视频信号应同步记录,回放时应能清楚辨别客户与服务人员的对话内容。

④与外界相通出入口、监控中心等其他重点部位应选用固定焦距和方向的彩色摄像机。

⑤安装于主要通道(含楼梯口)的摄像机,其监控范围应覆盖主要通道的道口,监控图像应能清晰显示进出道口人员的体貌特征。

⑥机动车出入口、停车场(库)出入口及其他与外界相通的出入口应选用低照度带强光抑制功能的彩色固定摄像机和自动光圈镜头,应能清楚的辨别出入人员的面部特征及机动车牌号。

⑦电梯厅安装的摄像机,其监控范围应能覆盖整个电梯厅,不应有盲区,监控图像应能清晰显示电梯厅内人员的活动情况和体貌特征;当楼梯口与电梯厅处在同一区域且通过同一个进出口时,可通过电梯厅安装的摄像机实施统一监控;电梯轿厢内的摄像机,应安装在电梯厢门的左上方或右上方,其监控图像应叠加楼层显示,视频信号应该采取防干扰措施。

⑧在满足监视目标现场范围的情况下,摄像机安装高度要求:室内离地不宜低于2.5米,室外离地不宜低于3.5米;摄像机安装角度宜减小监控图像俯视程度;室外摄像机如采用立杆安装,立杆的强度和稳定度应满足摄像机的使用及安装场所设备所需的防护等级的要求。

⑨摄像机的安装宜避免或减少逆光对监控图像的影响;摄像机的最低照度应与环境相协调,彩色摄像机的最低照度指标宜大于监控目标区域的最低照度的10倍,黑白摄像机的最低照度指标宜大于监控目标区域的最低照度的100倍。在环境照度较低区域宜采用低照度摄像机或采用补光措施,增设辅助照明后,监控目标区域的最低照度宜高于5勒克斯,但最低不低于3勒克斯。如环境不宜采用补光措施时,可选用红外摄像机。环境照度变化大的区域宜采用宽动态摄像机。

(5)企业应建立视频监控设备的管理制度及台账,岗位人员因认真如实填写相关台账记录。

四、按相关规定设置专用应急通道,并规范标识。(★★★)

【释义】

本条是关于应急通道的考核要求。

应急通道主要是指客运码头为应对突发火灾等事故、人为突发公共事件而专门用于站场内经营车辆器具、人员安全转移疏散的专用通道。港口企业人员密集场所均应设置专用应急通道,并设置指示标识,标识的设置应符合《安全标志及其使用导则》(GB 2894)的要求。

【要点】

(1)旅客通道总长度超过60米时应设紧急出口,并在通道内设在醒目的紧急出口引导标志。相邻进出口之间的距离不大于60米。

(2)候船厅和售票厅安全出口的数目均不应小于两个,并规范标识。

(3)应急通道应保持畅通,不得被侵占或挪作他用。

需要注意的是,本项目为所有达标企业(一、二、三级企业)必备条件,本条标准不合格时终止考评,企业标准化不达标。

五、售票厅、候船室、旅客通道等处设置宣传告示设备、安全警告标志、指示牌、示意图;悬挂安全警示图文、张贴旅客须知、禁运限运物品宣传图、安全宣传画、宣传标语。

【释义】

本条是关于安全警示标志、安全宣传图文的考核要求。

宣传告示设备包括电子显示屏、宣传橱窗、广播电视、触摸屏等;安全标志按照《安全标志及其使用导则》(GB 2894)分为四类:禁止标志表示不准或制止人们的某种行为;警告标志使人们注意可能发生的危险;指令标志表示必须遵守,用来强制或限制人们的行为;提示标志示意目标地点或方向。港口客运站应用宣传告示设备加强安全宣传教育,正确使用各类安全标志,及时提醒公众,科学引导公众疏散,防止事故、危害发生以及人员伤亡。

【要点】

(1)企业应在售票厅、候船室、旅客通道等处设置宣传告示设备、张贴旅客须知、禁运限运物品宣传图、安全宣传画、宣传标语指示牌、示意图。

(2)企业应在具有危险部位设置相应的安全警告标志。客运码头设置明显标志,采取安保措施,严禁无关人员进入旅客候船及上下船的场所;货滚、客滚码头设置明显标志,作业现场采取安保措施封闭管理,严禁无关人员进入作业区域;渡口应设置明显标志,标明渡口名称、渡口的批准机关、批准日期、渡运路线、封航水位以及乘客须知、渡口守则。

第二节　设　　备

【依据】

《安全生产法》第三十条规定,生产经营单位使用的涉及生命安全、危险性较大的特种设备,以及危险物品的容器、运输工具,必须按照国家有关规定,由专业生产单位生产,并经取得专业资质的检测、检验机构检测、检验合格,取得安全使用证或者安全标志,方可投入使用。检测、检验机构对检测、检验结果负责。

《港口经营管理规定》第二十条规定,港口行政管理部门及相关部门应当保证港口公用基础设施的完好、畅通。港口经营人应当按照核定的功能使用和维护港口经营设施、设备,并使其保持正常状态。

一、配备满足需要的易燃易爆危险品监测设备,并按要求投入使用;滚装码头安装大型车辆安检设备。(★)

【释义】

本条是关于企业配备安全检测设备的考核要求。

客运码头应按规定配置和使用X射线检测仪、手持金属探测仪、可燃气体检测仪、安检门、防爆桶等安检设备,按规定设置周界隔离和安全通道,保证已检和未检隔离;防护设施顶部距地面高度应大于1.8米,具有足够强度,港区出入口设置固定岗亭、隔离墩等阻隔设施。

滚装码头应配备车辆和旅客行李安全检测设备、车辆测重设备。从事轿车、客车运输的滚装码头应配备采用数字化辐射成像技术的小型车辆安检系统和旅客行李安全检测设备。从事载货汽车运输的滚装码头应配备采用数字化辐射成像技术的大型车辆安检系统和车辆测重设备。

专用于载货柴油汽车运输的滚装码头可以不配备旅客行李安全检测设备。专用于旅客及轿车、客车等轻型车辆运输的滚装码头可以不配备车辆测重设备。专用于商品汽车运输的滚装码头可以不配备车辆测重设备、车辆和旅客行李安全检测设备。

【要点】

(1)港口客运企业应建立“三品”检查检查制度,并严格执行,防范旅客将易燃易爆、有毒、易腐蚀物品等危险品带上客船,确保行船和旅客安全。

(2)港口客运企业应完善危险品检查工作程序,规范危险品查堵工作。

(3)客运码头应设立专门的危险品查堵岗位,按规定配置和使用X射线检测仪、手持金属探测仪、可燃气体检测仪、安检门、防爆桶等安检设备。

(4)客运码头应按规定设置周界隔离和安全通道,保证已检和未检隔离;防护设施顶部距地面高度应大于1.8米,具有足够强度,港区出入口设置固定岗亭、隔离墩等阻隔设施。

(5)滚装码头应配备车辆和旅客行李安全检测设备、车辆测重设备。专用于旅客及轿车、客车等轻型车辆运输的滚装码头可以不配备车辆测重设备。

(6)从事轿车、客车运输的滚装码头应配备采用数字化辐射成像技术的小型车辆安检系统和旅客行李安全检测设备。专用于商品汽车运输的滚装码头可以不配备车辆测重设备、车辆和旅客行李安全检测设备。

(7)从事载货汽车运输的滚装码头应配备采用数字化辐射成像技术的大型车辆安检系统和车辆测重设备。专用于载货柴油汽车运输的滚装码头可以不配备旅客行李安全检测设备。

(8)客运港口企业应建立健全突发安全事件的应急预案,完善突发事件的报告程序、应急指挥、医疗急救、通信联络、临时运输组织、应急设备的储备以及处置措施等内容。要适时开展应急预案的演练,有效提高应急事件处置能力。

需要注意的是,本项目为一级标准化达标企业必备条件,本条标准不合格的企业,不能评为一级标准化达标企业。

二、趸船、港作拖轮、起重装卸设备、车辆、压力容器等符合相关安全规范和技术要求，设备及操作人员证书齐全有效。

【释义】

本条是关于企业主要设备安全技术要求的考核要求。

（1）码头浮吊趸船、港作拖轮符合内河船舶建造规范的要求，船舶各类证书（国籍证书、检验证书簿、最低安全配员证书、船舶油污记录簿、船舶垃圾记录簿等）以及船员适任证书、服务簿等均在有效期内。

（2）趸船锚泊设备（锚、锚链、锚机），救生设备（救生衣、救生圈）、信号、声讯设备（无线手持机、扩大器、号灯、号型、号旗）、消防设施（灭火系统、太平桶、太平斧、黄沙箱、探火报警器等）、甲板四周护栏等齐全完好。

（3）起重装卸设备、车辆、压力容器等符合相关安全规范和技术要求。

（4）锅炉、压力容器、电梯、起重机械、场（厂）内专用机动车辆的作业人员及其相关管理人员（以下统称特种设备作业人员），应当按照国家有关规定经特种设备安全监督管理部门考核合格，取得国家统一格式的特种作业人员证书，方可从事相应的作业或者管理工作。

（5）港机操作、维修工人应当进行岗位培训，经过考核持证上岗。新机种投入使用前，应当对操作和维修工人进行超前培训。

【要点】

（1）趸船、港作拖轮应符合相关安全规范和技术要求，有船检合格报告。

（2）起重装卸设备、压力容器等特种设备应符合相关安全规范和技术要求，有特种设备检验合格报告。

（3）港口车辆应符合相关安全规范和技术要求，相关资质证书齐全。

（4）特种设备作业人员、船员、车辆驾驶人员的应持有相应的资格证书，并在有效期内。

三、按规定对设施设备定期检验，检验证书合法有效。

【释义】

本条是关于企业设施设备检验的考核要求。

港口企业需要定期检验的设施设备有特种设备及其附件、趸船、电气设备。

（1）特种设备使用单位应当对在用特种设备的安全附件、安全保护装置、测量调控装置及有关附属仪器仪表进行定期校验、检修，并作出记录。特种设备的检验周期如下表：

特种设备检验周期表

序号	设备种类	检验周期	
1	锅炉	外部检验	一般每年一次
		内部检验	一般每2年一次
		水压试验	一般每6年一次

续上表

序号	设备种类			检验周期	
2	压力容器		固定式	年度检验	每年至少一次
				全面检验	首检周期不超过3年；安全状况等级为1、2级的，每6年至少一次；安全状况等级为3级的，每3年至少一次
				水压试验	每两次全面检验期间内至少进行一次
		移动式	汽车罐车、铁路罐车、罐式集装箱	年度检验	每年至少一次
				全面检验	新罐车首次检验1年；安全状况等级为1、2级的，汽车罐车每5年至少一次，铁路罐车每4年至少一次，罐式集装箱每5年至少一次；安全状况等级为3级的，汽车罐车每3年至少一次，铁路罐车每2年至少一次，罐式集装箱每2.5年至少一次
				水压试验	每6年至少进行一次
			气瓶	盛装腐蚀性气体的气瓶，每2年检验一次	
				盛装一般气体的气瓶，每3年检验一次	
				盛装惰性气体的气瓶，每5年检验一次	
				盛装液化石油气钢瓶，对YSP－0.5型、YSP－2.0型、YSP－5.0型、YSP－10型和YSP－15型，自制造日期起，第一次至第三次检验的检验周期均为4年，第四次检验有效期为3年；对YSP－50型，每3年检验一次	
				车用液化石油气钢瓶，每5年检验一次	
				车用压缩天然气钢瓶，首次检验和第二次检验为每3年进行一次，第二次检验后每2年进行一次；对出租车用压缩天然气钢瓶的检验每2年进行一次，第二次检验的有效期为一年	
3	压力管道		工业管道	在线检验	每年至少检验一次
				全面检验	首检周期不超过3年；安全状况等级为1级和2级的检验周期一般不超过6年；安全状况等级为3级的，检验周期一般不超过3年；安全状况等级为4级的，应判废
4	电梯			定期检验周期为1年	
5	起重机械			轻小型起重设备、桥式起重机、门式起重机、门座起重机、缆索起重机、桅杆起重机、铁路起重机、旋臂起重机、机械式停车设备每2年1次，其中吊运熔融金属和炽热金属的起重机每年1次；塔式起重机、升降机、流动式起重机每年1次	
6	客运索道			年度检验每年一次，全面检验3年一次	
7	大型游乐设施			定期检验周期为1年	
8	厂内机动车辆			定期检验周期为2年	

续上表

序号	设备种类		检验周期
9	主要安全附件及安全保护装置	安全阀	每年至少校验一次;特殊情况按相应的技术规范规定执行
10		压力表	每年至少校验一次;装设在锅炉上的压力表应每半年至少校验一次
11		爆破片	根据厂家设计确定(一般2~3年内更换),在苛刻条件下使用的应每年更换
12		限速器	每2年应进行限速器动作速度校验一次
13		防坠安全器	每2年应进行安全器动作速度校验一次

(2)趸船。趸船检验周期如下表:

趸船检验周期表

船舶种类	换证检验次数 / 间隔期限(年) / 检验种类	第一次	第二次	第三次	第四次及以后各次
客船、Ⅰ型客滚船、Ⅱ型客滚船、车客渡船、滚装货船、油船(包括沥青船)、油推(拖)船	换证检验	6	6	6	4
	中间检验	3	2	2	2
	年度检验	1	1	1	1
高速船	换证检验	4	4	4	4
	中间检验	2	2	2	2
	年度检验	1	1	1	1
以上未包括的其他自航船	换证检验	6	6	6	4
	中间检验	3	3	3	2
	年度检验	1	1	1	1
油驳、油趸、车客渡驳、餐饮趸船	换证检验	8	8	4	4
	中间检验	4	4	2	2
	年度检验	2	2	1	1
非自航工程船	换证检验	8	8	8	4
	中间检验	4	4	2	2
	年度检验	—	2	—	—
以上未包括的其他非自航船	换证检验	8	8	8	6
	中间检验	4	4	2	2
	年度检验	—	2	—	—

(3)为确保配电设备的安全、可靠运行港口企业的电气设备应按照《电气设备预防性试验规程》要求定期对运行设备进行试验。其主要设备的检验周期如下:

①变压器:

配电设备试验周期表

序　号	检 测 项 目	周　期	备　注
1	绝缘电阻测量	一年一次	
2	负荷测量	每年至少一次	
3	油耐压、水分试验	5 年至少一次	

②电气绝缘工具：

常用电气绝缘工具试验周期表

<table>
<tr><th>序号</th><th>名　称</th><th>电压等级(kV)</th><th>周　期</th><th>交流耐压(kV)</th><th>时间(分钟)</th><th>备　注</th></tr>
<tr><td>1</td><td>绝缘棒</td><td>6～10</td><td>每年一次</td><td>44</td><td>5</td><td></td></tr>
<tr><td>2</td><td>验电器</td><td>6～10</td><td>每半年一次</td><td>40</td><td>5</td><td></td></tr>
<tr><td rowspan="2">3</td><td rowspan="2">绝缘手套</td><td>高压</td><td rowspan="2">每半年一次</td><td>8</td><td rowspan="2">—</td><td rowspan="2"></td></tr>
<tr><td>低压</td><td>2.5</td></tr>
<tr><td>4</td><td>绝缘靴</td><td>高压</td><td>每半年一次</td><td>15</td><td>1</td><td></td></tr>
<tr><td>5</td><td>绝缘挡板</td><td>6～10</td><td>每年一次</td><td>30</td><td>5</td><td></td></tr>
<tr><td>6</td><td>绝缘绳</td><td>高压</td><td>每半年一次</td><td>105/0.5 米</td><td>5</td><td></td></tr>
</table>

③配电站：

配电站(包括箱式)试验周期表

序　号	检 测 项 目	周　期	备　注
1	电气设备、避雷器、保护装置、仪表	每年一次	

④避雷器：

绝缘电阻试验:2～3 年;

工频放电试验:2～3 年。

【要点】

(1)港口企业使用特种设备的,应制定特种设备的管理制度,应当严格执行有关安全生产的法律、行政法规的规定,保证特种设备的安全使用。特种设备在投入使用前或者投入使用后 30 日内,特种设备使用单位应当向直辖市或者设区的市的特种设备安全监督管理部门登记。登记标志应当置于或者附着于该特种设备的显著位置。特种设备及其附件投入使用后应定期进行检验,检验证书应合法有效,过期未检或经检验不合格的设备不得投入使用。

(2)港口企业应制定趸船定期检查检验制度,确保趸船能定期进行检验,检验证书应合法有效,过期未检或经检验不合格的设备不得投入使用。

(3)港口企业应制定电气设备的定期试验轮换制度,确保港口企业的电气设施设备定期进行预防性试验检测,过期未检或经检验不合格的设备不得投入使用。

四、定期进行维护保养,设备技术状况良好。

【释义】

本条是关于设施设备维护保养的考核要求。

设备使用的前提和基础是设备的日常维护和保养。设备长期在不同环境中的使用过程中，机械的部件磨损，间隙增大，配合改变，直接影响到设备原有的平衡，影响设备的稳定性，可靠性，安全性。因此必须建立科学、有效的设备管理机制，加大设备日常管理力度，科学合理的制定设备的维护、保养计划。专人负责和落实各项制度、规定、计划，做好日常的维护和保养工作；定期对维护、保养情况进行检测，并认真做好机械的运行、保养记录，确保设备技术状况良好，避免安全生产事故的发生。

【要点】

(1)特种设备使用单位应当对在用特种设备进行经常性日常维护保养，并定期自行检查。

特种设备使用单位对在用特种设备应当至少每月进行一次自行检查，并做好记录。特种设备使用单位在对在用特种设备进行自行检查和日常维护保养时发现异常情况的，应当及时处理。

(2)港机的日常维护是使港机保持良好技术状况和进行维修的基础，港口企业应当建立健全港机日常维护制度，包括司机交接班制度，技术操作规程和日常检查保养规范等。

(3)港机日常维护由操作人员负责，基本要求是：

①严格按操作规程使用港机，在运行过程中经常观察港机运行情况。

②保持港机完整无损，安全防护装置完备有效，保证港机安全运行。

③按规定对港机进行清洁、检查、调整、紧固、润滑，保持无油垢、无积灰、无泄漏、无松动，使港机保持良好技术状态。

④填写"运行日志"和"日常维护记录卡"。

(4)定期对设施设备进行维护保养，确保设备的技术状况良好，建立设备设施的维护保养记录，并如实填写。

(5)建立健全设施设备维护保养制度，加强设备管理作用，完善数据统计系统。具体维护保养要求有三个：一是要有专人负责管理各种设施、设备，建立台账，明确责任，定期检维修；二是设施设备检维修前应制定检维修计划方案，检维修中应执行隐患控制措施并进行监督检查；三是设施设备不得随意拆除、挪用或弃置不用；确因检维修拆除的，应采取临时安全措施，检维修完毕后立即复原。

五、指定专人对特种设备进行管理。

【释义】

本条是关于特种设备管理的考核要求。

港口企业应当根据本单位特种设备情况和相关要求设置特种设备安全管理机构或者配备专职、兼职的安全管理人员，特种设备安全管理人员应当经质监部门考核合格，取得国家统一格式的特种设备安全管理人员证书，方可从事相应的特种设备管理工作。

特种设备安全管理人员职责：

(1)熟悉和宣传贯彻有关特种设备法律、法规、规章和安全技术常识。

(2)编制本单位特种设备安全管理的规章制度和相关的操作规程，并负责本单位特种设备使用登记工作和特种设备安全技术资料的归档工作。

(3)建立健全本单位特种设备的安全管理组织体系,分层次、分类别地对本单位特种设备使用状况进行经常性的检查,并做好记录检查和纠正特种设备使用中的违章行为,发现问题应及时处理,情况紧急时,可以决定停止使用特种设备并报告本单位负责人。

(4)对本单位职工进行特种设备安全知识教育和培训,组织开展各种安全宣传教育活动,并根据本单位制定特种设备事故应急救援预案和组织应急救援演练。

(5)编制常规性计划并组织落实,做好日常的特种设备定期检修、维护保养,按时申报并配合特种设备检验机构做好特种设备的定期检验工作。

(6)根据规定,配合有关机构做好特种设备事故报告、调查、处理、汇总和统计工作。

【要点】

企业应当根据情况设置特种设备安全管理机构或者配备专职、兼职的特种设备安全管理人员。

六、建立并规范设备管理台账。

【释义】

本条是关于企业设备管理台账的考核要求。

企业的设备台账应按照企业档案管理的相关要求,进行规范管理。设备管理台账主要包括以下类别:

(1)设备统计台账。

(2)设备的定期检验和定期自行检查的台账记录。

(3)设备的日常运行状况台账记录。

(4)设备及其安全附件、安全保护装置、测量调控装置及有关附属仪器仪表的日常维护保养台账记录。

(5)设备运行故障和事故台账记录。

【要点】

(1)企业应建立健全设施设备安全管理台账,对设备进、出情况,设备运行情况,性能指标及维修保养情况,均应详细登录在案,做到一机一册,有据可查。

(2)企业应对设施设备台账进行归档管理。

第三节　电气安全管理

【依据】

《10kV 及以下变电所设计规范》(GB 50053—1994)。

《工业与民用电力装置的接地设计规范》(GBJ 65—1983)。

《建筑照明设计标准》(GB 50034—2004)。

《低压配电设计规范》(GB 50054—1995)。

《供配电系统设计规范》(GB 50052—1995)等。

一、按照国家相关法律法规规范码头电气安全管理。

【释义】

本条是关于企业电气安全管理的考核要求。

港口企业应按《10kV 及以下变电所设计规范》(GB 50053)、《工业与民用电力装置的接地设计规范》(GBJ 65)、《建筑照明设计标准》(GB 50034)、《低压配电设计规范》(GB 50054)、《供配电系统设计规范》(GB 50052)等规范的要求,规范码头电气设施的安全管理。

【要点】

(1)内河港供电电压宜为 35 千伏及其以下。

(2)港口应有可靠的电力供应,电源应取自电力系统。

(3)港口内配电电压,高压宜采用 10 千伏 ,低压宜采用 380/220 伏。

(4)变配电所宜接近负荷中心,且应便于进出线和设备运输。

(5)变配电所宜避开多尘或有腐蚀性气体的场所。

(6)变配电所宜避开有剧烈振动的场所。

(7)变配电所应设在爆炸和火灾危险区域范围以外,当变配电所设在爆炸和火灾危险区域范围以内时,应符合现行国家标准《爆炸和火灾危险环境电力装置设计规范》(GB 50058)的有关规定。

(8)变配电所宜留有扩建的余地。

(9)变配电所的室内地坪宜高出室外地坪 0.15 ~0.3 米。设在防汛堤临水侧的变配电所,其室内地坪高程应高于重现期 50 年一遇高水位 0.5 米。

(10)港口配电线路设计应合理选用铜、铝材质的导体。在盐雾或腐蚀性气体严重的场所和易燃易爆的场所,应采用铜导线或铜芯电缆。配电线路宜采用电缆,在不妨碍流动机械作业的地方,可采用架空线。

(11)电缆沟和电缆隧道应有防水、排水措施。

(12)通过堆场的地下电缆宜穿保护管敷设。

第七章　科技创新与信息化

本一级要素科技创新与信息化,包括2个二级元素、6条考评指标,共55分。主要针对企业的科技创新情况,信息化在港口企业推广应用情况进行考核。

第一节　科技创新及应用

【依据】

《安全生产法》第十四条国家鼓励和支持安全生产科学技术研究和安全生产先进技术的推广应用,提高安全生产水平。

《关于进一步加强安全生产工作的决定》要求,加强安全生产科研和技术开发。加强安全生产科学学科建设,积极发展安全生产普通高等教育,培养和造就更多的安全生产科技和管理人才。加大科技投入力度,充分利用高等院校、科研机构、社会团体等安全生产科研资源,加强安全生产基础研究和应用研究。建立国家安全生产信息管理系统,提高安全生产信息系统的准确性、科学性和权威性。积极开展安全生产领域的国际交流与合作,加快先进的生产技术引进、吸收和自主创新步伐。

一、使用先进的、安全性能可靠的新技术、新工艺、新设备和新材料,优先选购安全、高效、节能的先进设备。

【释义】

本条是关于企业使用先进技术、新工艺、新设备和新材料的考核要求。

随着我国经济的迅速发展、科学的长足进步以及引进国外先进技术和先进设备的增加,越来越多的新工艺、新技术的新材料或者新设备被广泛应用于港口企业生产经营活动中,这对于促进港口企业安全生产和提高生产经营效率,具有重要意义。

港口企业采用新技术、新工艺、新材料、新设备(以下简称"四新技术")的作用和效果是十分明显的。如港口装卸机械采用"四新技术"后,提高装卸机械的安全性能,装卸机械安全装置的配备和不断创新,如门式起重机二级防风制动装置的开发应用,为确保装卸机械安全正常运行提供了必要的技术保障,提高了装卸机械作业综合能力;利用变频调速技术对门吊进行增吨改造,既提高了装卸机械最大起重能力,又提高了装卸机械的作业效率和作业比重。

【要点】

(1)企业应加大安全生产的投入力度,淘汰技术落后的生产设施设备、购买本质安全型的设施设备。

(2)企业应不断淘汰生产效率低下、能耗高的设施设备,引进高效、节能的设施、设备。

二、组织开展安全生产科技攻关或课题研究。

【释义】

本条是关于企业开展安全生产科技攻关或课题研究的考核要求。

科学技术是“第一生产力”，随着国家对安全生产工作的越来越重视，安全生产领域的科技研究越来越重要，只有企业加大安全生产科技研究投入，积极开展安全生产科技攻关和课题研究，解决安全生产领域的技术难题，提升企业的本质安全水平，改善劳动环境、加强劳动者的劳动保护。

【要点】

(1)企业应加大安全生产科技的研发投入，分析研究本企业存在的安全风险及安全防范技术难题，积极开展安全生产科技攻关或课题研究。

三、设有安全生产管理信息系统或平台。

【释义】

本条是关于企业安全生产管理信息系统或平台的考核要求。

安全生产管理信息系统是为安全生产管理部门开展安全生产检查、落实、监督等工作提供服务的计算机管理信息系统，可实现对客运站的基本情况登记、安全检查落实、设备年审等数据的本地录入、远程传送、统计分析、综合评估、报表打印等功能，为安全管理机构、相关主管部门提供安全生产管理工作的基本信息。

目前，我国港口企业的安全管理信息系统建设仍处于起步阶段，为促进港口企业的健康发展，必须尽快提高港口企业的安全管理水平和港口安全管理信息化程度，结合我国港口企业及港口企业安全管理实际情况，借鉴国内外先进经验，引进先进的港口企业安全管理信息系统，利用信息技术提高我国港口企业安全管理水平入手，以期实现港口企业在安全管理、监督、检查、培训、事故预防、劳动保护等方面的信息化，有效控制港口企业伤亡事故发生，提高港口客运站安全管理效率与水平。

【要点】

(1)企业应根据只身安全生产管理的需要，建立安全生产管理信息系统。

(2)企业应广泛利用现代通信、信息网络等先进技术，建立灵敏高效、反应快捷、运行可靠的安全生产信息管理体系，及时掌握本单位的安全生产动态，提高安全生产管理信息化水平。

四、应用现代科技手段，提升安全管理水平。

【释义】

本条是关于企业安全管理与时俱进，安全管理与现代科技有效结合的考核要求。

随着国家科学技术的进步和国家对安全生产领域科技的重视，越来越多针对安全生产的科技得以应用，解决企业安全生产管理中粗放型的管理，应用现代科技手段，可大大提升企业的安全管理水平。

【要点】

企业应根据自身的实际，引进先进的现代科技手段，提升企业自身的安全管理水平。

第二节　科技信息化

一、设有电子显示设备。

【释义】

本条是关于企业管理信息化的考核要求。

企业应在其危险部位,设置电子监控检测设备,能及时地发现异常和记录危险发生变化过程,员工能在第一时间发现异常,并进行处置。若事发突然,通过电子显示监控设备记录功能还能查出事故发生的经过,便于事故原因的分析查找。

【要点】

(1)企业应根据自身安全管理工作的需要,设立相应的电子显示监控设备。

二、设有其他的安全监管信息系统。

【释义】

本条是关于企业其他的安全监管信息系统的考核要求。

随着科技的进步和国家、港口企业对港口安全工作的越来越重视,目前针对港口安全监管信息系统越来越多,比如视频监控系统、重大危险源安全管理信息系统,为港口企业的安全管理插上了信息化的翅膀,安全管理的效率大大提高,有效的防范安全生产事故的发生。

【要点】

(1)企业应建立视频监控系统,对作业场所等主要场所进行时时监控。

(2)企业应根据只身的需要,设置其他安全监管信息系统。

第八章 队伍建设

本一级要素队伍建设，包括5个二级元素、9条考评指标，共90分(其中“★★★”一、二、三级企业必备条件的指标项1条，“★★”一、二级企业必备条件的指标项1条)。主要针对企业人员的安全培训教育情况，培训资料档案的管理情况进行考核。

第一节 培训计划

【依据】

《安全生产法》第二十一条规定，生产经营单位应当对从业人员进行安全生产教育和培训，保证从业人员具备必要的安全生产知识，熟悉有关的安全生产规章制度和安全操作规程，掌握本岗位的安全操作技能。未经安全生产教育和培训合格的从业人员，不得上岗作业。

一、制定并实施年度及长期的继续教育培训计划，明确培训内容和年度培训时间。

【释义】

本条是关于企业培训教育计划的考核要求。

所谓培训计划是按照一定的逻辑顺序排列的记录，它是从组织的战略出发，在全面、客观的培训需求分析基础上作出的对培训时间、培训地点、培训者、培训对象、培训方式和培训内容等的预先系统设定。年度培训计划是对企业全年培训工作的规划，其科学性与否直接影响当年的培训效果。

企业培训计划是企业文化的一个有机组成部分，可以促进企业文化的建设。成熟的企业培训计划有助于企业制度的落实与深入人心。在培训中员工不断了解企业的价值观和使命，明晰企业的规章制度和经营理念，在工作中自觉地以企业经营理念为指导，模范地遵守企业的各项制度。加强了责任感和使命感，使企业的规章制度内化为员工的自觉行为，大大提高了企业的管理水平和工作效率。

安全教育培训可以提高员工的安全意识、安全常识和安全操作技能，降低安全生产事故发生率，从而达到企业安全生产的方针、目标。

【要点】

(1)企业的安全培训教育主管部门应制定符合企业安全生产特点的安全培训教育目标和要求，在年末或年初进行安全培训教育需求调查，了解基层单位的从业人员的培训需求，制定年度安全培训教育计划，计划中明确培训经费。

(2)培训的主要内容包括：安全生产法律法规，安全生产规章制度和操作规程；安全生产管理知识、安全生产技术知识及岗位操作技能；安全设备、设施、工具、劳动防护用品的使用、维护和保管知识;生产安全事故的防范和应急措施、自救互救知识,生产安全事故案例及启示。

(3)由于生产特点的变化,培训教育计划可能需要增加或减少。当培训教育计划变更时应进行记录,制定培训教育变更计划。

第二节　宣 传 教 育

【依据】

企业安全文化是企业文化重要组成部分,安全文化建设需要深入推进,广泛宣传教育,才能得到全体员工的认同,形成建设合力。安全宣传教育则是企业安全文化的一项重要内容,是促使企业和谐发展的动力源泉,作为宣传部门应积极宣传和培育共享核心价值观的安全理念,大力宣传安全文化系统推进的意义,形成全员参与、全面管理、全过程预防的安全文化,实现企业安全生产的积极性与主动性,发挥其积极的舆论作用。

一、组织开展安全生产的法律、法规和安全生产知识的宣传、教育。

【释义】

本条是关于安全生产的法律、法规和安全生产知识的宣传、教育的考核要求。

企业要推进安全生产法律法规的宣传贯彻,做到安全宣传教育日常化。要及时分析和掌握安全生产工作的规律和特点,定期开展安全生产技术方法、事故案例及安全警示教育,普及安全生产基本知识和风险防范知识,提高员工安全风险辨析与防范能力。

【要点】

(1)企业应为开展安全培训教育提供充足的人力、资金和设施等资源,根据制定的教育培训计划,组织开展培训内容,逐一落实。

(2)企业应组织开展安全生产的法律、法规和安全生产知识的宣传、教育,查阅相关记录。

第三节　管 理 人 员

【依据】

《安全生产法》第二十条规定,生产经营单位的主要负责人和安全生产管理人员必须具备与本单位所从事的生产经营活动相应的安全生产知识和管理能力。

一、企业主要负责人和管理人员具备相应安全知识和管理能力,并取得行业主管部门培训合格证。(★★★)

【释义】

本条是关于企业主要负责人、安全管理人员应当具备的知识、能力和资格的考核要求。

港口企业的主要负责人对本单位的安全生产工作全面负责;安全生产管理人员直接、具体承担本单位日常的安全生产管理工作。因此,生产经营单位的主要负责人和安全管理人员在安全生产方面的知识水平和管理能力，直接关系到本单位的安全生产管理工作水平。近年来发生的生产安全事故表明，生产经营单位的主要负责人和安全生产管理人员缺乏基本的安全生产知识，安全生产管理和组织能力不强，指挥不当、调度不及时，措施不得力，是导致事故发生的重要原因之一。因此，港口企业的主要负责人和安全管理人员应当具备安全生产知识和管理能力，其不仅要懂生产经营，也要懂得安全生产管理。

如何确定港口企业主要负责人和安全生产管理人员是否具有"相应的安全生产知识和管理能力"，既要考虑单位的生产经营范围，又要考虑经营规模，还要考虑单位的性质、危险程度等因素。一般说来，港口企业的主要负责人，要熟悉和了解国家有关安全生产的法律、法规、规章以及方针政策，要对本单位所从事的生产经营活动必需的安全知识有一定的了解，并能够较好地组织和领导本单位的安全生产工作。对安全生产管理人员来说，还需要对本单位所从事的生产经营活动需要的安全生产知识有比较具体的、深入的了解和掌握，并能够熟练地在安全生产管理工作中运用。

主要负责人和安全生产管理人员，应当由有关主管部门对其安全生产知识和管理能力考核合格后方可任职。

【要点】

（1）企业的主要负责人，要熟悉和了解国家有关安全生产的法律、法规、规章以及方针政策，要对本单位所从事的生产经营活动必需的安全知识有一定的了解，并能够较好地组织和领导本单位的安全生产工作。

（2）安全生产管理人员除熟悉和了解国家有关安全生产的法律、法规、规章以及方针政策外，还需要对本单位所从事的生产经营活动需要的安全生产知识有比较具体的、深入的了解和掌握，并能够熟练地在安全生产管理工作中运用。

（3）企业的主要负责人和安全管理人员应经过行业主管部门组织的培训，并经考核合格，取得安全资格证书，并按照规定接受再培训。

生产经营单位主要负责人安全培训应当包括下列内容：

①国家安全生产方针、政策和有关安全生产的法律、法规、规章及标准。

②安全生产管理基本知识、安全生产技术、安全生产专业知识。

③重大危险源管理、重大事故防范、应急管理和救援组织以及事故调查处理的有关规定。

④职业危害及其预防措施。

⑤国内外先进的安全生产管理经验。

⑥典型事故和应急救援案例分析。

⑦其他需要培训的内容。

生产经营单位安全生产管理人员安全培训应当包括下列内容：

①国家安全生产方针、政策和有关安全生产的法律、法规、规章及标准。

②安全生产管理、安全生产技术、职业卫生等知识。

③伤亡事故统计、报告及职业危害的调查处理方法。

④应急管理、应急预案编制以及应急处置的内容和要求。

⑤国内外先进的安全生产管理经验。

⑥典型事故和应急救援案例分析。

⑦其他需要培训的内容。

(4)企业主要负责人和安全生产管理人员初次接受安全生产教育和培训时间不得少于32学时,每年再培训时间不得少于12学时。经营危险化学品的港口企业主要负责人和安全生产管理人员安全资格培训时间不得少于48学时;每年再培训时间不得少于16学时。

需要注意的是,本项目为所有达标企业(一、二、三级企业)必备条件,本条标准不合格时终止考评,企业标准化不达标。

二、专(兼)职安全管理人员具备专业安全生产管理知识和经验,熟悉各岗位的安全生产业务操作规程,运用专业知识和规章制度开展安全生产管理工作,并保持安全生产管理人员的相对稳定。

【释义】

本条是关于企业专(兼)职安全管理人员安全生产管理知识和能力的考核要求。

港口企业配备专(兼)职安全管理人员的目的是为了加强港口码头的安全生产管理,防止发生生产安全事故。要真正达到这个目的,安全生产管理人员必须具备专业安全生产管理知识和经验,熟悉各岗位的安全生产业务操作规程,能运用专业知识和规章制度开展安全生产管理工作,才能及时发现本单全安全生产工作中存在的问题并妥善处理。实践中,一些港口企业虽然配备了安全生产管理人员,但由于所配备的安全管理人员不具备专业安全生产管理知识,对各岗位的安全生产业务操作规程不熟悉,也有一些安全生产管理人员怠于履行职责,应付差事,使安全生产管理人员的设置形同虚设。因此,要求港口企业配备的专(兼)职安全管理人员应具备专业安全生产管理知识和经验,熟悉各岗位的安全生产业务操作规程,能运用专业知识和规章制度开展安全生产管理工作。

安全生产管理工作是一项长期工作,安全生产管理知识经验需要不断地积累,因此企业应重视安全生产管理人员,应保持安全生产管理人员的相对稳定,越稳定的安全生产管理人员队伍,对企业的安全生产状况越了解越熟悉,对企业的安全生产管理工作也越有利。

【要点】

(1)企业配备的专(兼)职安全管理人员应具备专业的安全生产知识和管理能力,熟悉各岗位的安全生产业务操作规程,能运用专业知识和规章制度开展安全生产管理工作。

(2)企业应保持安全生产管理人员的相对稳定,确保企业安全生产工作的正常有序开展。

第四节　从业人员培训

【依据】

《安全生产法》第二十一条规定,生产经营单位应当对从业人员进行安全生产教育和培训，保证从业人员具备必要的安全生产知识，熟悉有关的安全生产规章制度和安全操作规程，掌握本岗位的安全操作技能。未经安全生产教育和培训合格的从业人员，不得上岗作业。第二十二条规定，生产经营单位采用新工艺、新技术、新材料或者使用新设备，必须了解、掌握其安全技术特性，采取有效的安全防护措施，并对从业人员进行专门的安全生产教育和培训。

《安全生产培训管理办法》（国家安全生产监督管理总局令第 44 号）第二十条规定生产经营单位应当建立安全培训管理制度，保障从业人员安全培训所需经费，对从业人员进行与其所从事岗位相应的安全教育培训；从业人员调整工作岗位或者采用新工艺、新技术、新设备、新材料的，应当对其进行专门的安全教育和培训。未经安全教育和培训合格的从业人员，不得上岗作业。

《生产经营单位安全培训规定》（国家安全生产监督管理总局令第 3 号）第四条规定生产经营单位应当进行安全培训的从业人员包括主要负责人、安全生产管理人员、特种作业人员和其他从业人员。生产经营单位从业人员应当接受安全培训，熟悉有关安全生产规章制度和安全操作规程，具备必要的安全生产知识，掌握本岗位的安全操作技能，增强预防事故、控制职业危害和应急处理的能力。未经安全生产培训合格的从业人员，不得上岗作业。

一、从业人员每年接受再培训，提高从业人员的素质和能力，再培训时间不得少于有关规定学时。未经安全生产培训合格的从业人员，不得上岗作业。（★★）

【释义】

本条是关于企业员工培训的考核要求。

人是生产活动的第一要素，生产经营活动最直接的承担者就是从业人员，如果每个岗位从业人员都做到了安全生产，整个港口企业的安全生产就能够得到保障。对从业人员进行安全生产教育和培训，是港口企业的法定义务，也是贯彻落实“安全第一，预防为主、综合治理”方针的必然要求，更是关系到从业人员生命安全的大事。

由于我国港口企业还处于发展阶段，港口一线从业人员的科学文化水平普遍较低，大量的农民工走上了工作岗位，这些从业人员普遍存在着文化素质低、安全意识差，缺乏处理事故隐患及紧急情况的能力等问题。这些问题必须通过必要的安全生产教育和培训加以解决。因此，港口企业应当对从业人员每年进行安全生产教育和培训，不断提高从业人员的素质和能力。近年来发生的一些事故表明，港口企业没有搞好对从业人员的安全生产教育和培训，从业人员不具备必要的安全生产知识，不掌握安全生产规章制度和本岗位的安全操作规程、技能等，是事故发生的重要原因之一。因此，禁止未经安全生产教育和培训的从业人员上岗作业，是“防患于未然”的重要措施，也是对企业员工安全负责的重要体现。港口企业必须保证上岗的从业人员，都已经过了安全生产教育和培训并合格，如果发现未经安全生产教育和培训合格的从业人员上岗作业，港口企业要承担法律责任。

根据《生产经营单位安全培训规定》（国家安全生产监督管理总局令第 3 号）第十五条规定，生产经营单位新上岗的从业人员，岗前培训时间不得少于 24 学时。危险化学品生产经营单位新上岗的从业人员安全培训时间不得少于 72 学时，每年接受再培训的时间不得少于 20 学时。

【要点】

(1)安全培训教育主要包括岗前安全教育培训和经常性再培训教育。岗前安全培训教育包括“厂级”、“车间级”、“班组级”三级安全培训教育。

①厂级岗前安全教育的培训内容应当包括:本单位安全生产情况及安全生产基本知识;本单位安全生产规章制度和劳动纪律;从业人员安全生产权利和义务;有关事故案例等。

②车间级岗前安全培训内容应当包括:工作环境及危险因素;所从事工种可能遭受的职业伤害和伤亡事故;所从事工种的安全职责、操作技能及强制性标准;自救互救、急救方法、疏散和现场紧急情况的处理;安全设备设施、个人防护用品的使用和维护;各码头泊位安全生产状况及规章制度;预防事故和职业危害的措施及应注意的安全事项;有关事故案例;其他需要培训的内容。

③班组级岗前安全培训的内容应当包括:岗位安全操作规程;岗位之间工作衔接配合的安全与职业卫生事项;有关事故案例;其他需要培训的内容。

经过“三级安全培训教育”后,应进行考核,未经安全生产培训合格的从业人员,不得上岗作业。

(2)企业要树立终身教育的观念和全员安全培训目标,对从业人员经常不断地进行安全培训教育。经常性的安全培训教育应以安全意识、安全态度、规章制度、技术技能为主。通过各种形式的培训教育和活动,激发从业人员搞好安全生产的热情,促使员工从事安全,实现安全生产。

经常性的安全培训教育形式有:班前、班后会的安全技术交底、安全活动日、安全生产会议、事故现场会、张贴标语和招贴画等。

需要注意的是,本项目为一、二级标准化达标企业必备条件,本条标准不合格的企业,不能评为一、二级标准化达标企业。

二、转岗人员及时进行岗前培训。

【释义】

本条是关于企业转岗人员的安全培训规定。

企业要保证从业人员具备从事本职工作所应当具备的安全生产知识,熟悉有关的安全生产规章制度和安全操作规程,掌握本岗位的安全操作技能,对于没有经过安全生产教育和培训包括培训不合格的从业人员,企业不得安排其上岗作业。《生产经营单位安全培训规定》(国家安全生产监督管理总局令第 3 号)第十九条规定,从业人员在本生产经营单位内调整工作岗位或离岗一年以上重新上岗时,应当重新接受车间和班组级的安全培训。

【要点】

(1)操作岗位人员转岗、离岗一年以上重新上岗者,应进行工段、班组安全教育培训,经考核合格后,方可上岗工作。

(2)岗前培训时间不得少于 24 学时。

(3)教育培训、考核记录应归档保存。

三、新技术、新设备投入使用前，对管理和操作人员进行专项培训。

【释义】

本条是关于新技术、新设备投入使用的考核要求。

随着我国经济的迅速发展、科学的长足进步以及引进国外先进技术和先进设备的增加，越来越多的新工艺、新技术的新材料或者新设备被广泛应用于港口企业的生产经营活动中。新工艺、新技术、新材料的采用或者新设备的使用，对港口企业从业人员来说，是一种陌生的东西，如果仍按照老知识、老方法来应付，就会出问题，就可能引发事故。因此，采用新工艺、新技术、新材料或者使用新设备的港口企业，必须针对新工艺、新材料或者新设备的安全技术特性，对从业人员进行专门的安全生产教育和培训，保证从业人员了解、掌握其安全技术特性、防护措施等，并能够在工作中加以运用。

港口企业采用新工艺、新技术、新材料或者使用新设备对从业人员进行专门的安全生产教育和培训，是港口企业必须承担的对本单位从业人员进行安全生产教育和培训义务的一部分。

【要点】

(1)企业应将采用新工艺、新技术、新材料或者使用新设备对从业人员的培训要求，纳入企业教育培训制度中。

(2)企业工艺、技术、设备等主管部门，在新工艺、新技术、新设备投入使用前，应对管理人员和操作人员进行专门培训，经考核合格后，方可上岗操作。未经培训教育或考核不合格的人员不得上岗作业。

(3)教育培训、考核记录应归档保存。

第五节　规 范 档 案

【依据】

《企业安全生产标准化基本规范》(AQ/T 9006—2010)规定，应做好安全教育培训记录，建立安全教育培训档案，实施分级管理，并对培训效果进行评估和改进。

《生产经营单位安全培训规定》(国家安全生产监督管理总局令第 3 号)第二十四条规定，生产经营单位应建立健全从业人员安全培训档案，详细、准确记录培训考核情况。

教育与培训档案的内容应包括：教育或培训的内容、培训时间、培训地点、授课人、参加培训人员的签名、考核人员、安全管理人员的签名、培训考试情况等。档案保存期限不少于 3 年。

一、建立健全安全宣传教育培训考评档案，详细、准确记录培训考评情况。

【释义】

本条是关于安全宣传教育培训考核档案管理的考核要求。

企业安全宣传教育培训考核档案是企业档案管理的一个重要组成部分，企业应将各级各岗位人员的安全培训、考核情况，进行详细、准确的记录，并将相关记录、资料归档保存。

企业建立健全安全宣传教育培训考核档案,不仅是企业自身安全管理的需要,也是国家法规的硬性要求,根据《生产经营单位安全培训规定》(国家安全生产监督管理总局令第3号)第二十九条规定,生产经营单位未建立健全从业人员安全培训档案,由安全生产监管监察部门责令其限期改正,并处2万元以下的罚款。

【要点】

(1)企业应建立健全所有人员的培训教育档案,安全生产教育培训的内容和培训考核结果要纳入从业人员安全生产教育培训考核档案,培训情况要记入从业人员安全生产记录卡,并由从业人员和考核人员签名。

(2)教育与培训档案的内容应包括:教育或培训的内容、培训时间、培训地点、授课人、参加培训人员的签名、考核人员、安全管理人员的签名、培训考试情况等。

(3)教育与培训档案保存期限不少于3年。

二、对培训效果进行评审,改进提高培训质量。

【释义】

本条是关于企业安全培训效果的考核要求。

为提高安全宣传教育培训质量和效果,改进培训工作,企业应及时做好安全教育培训考评工作,建立安全教育培训考评档案,实施分级管理。

【要点】

(1)企业应建立安全教育培训效果的评审、评估制度,监督规范安全培训教育行为,不断提升培训质量。

(2)企业的安全培训教育主管部门应对培训教育方式和效果进行评价,这种评价可以在培训过程中进行,也可以通过现场检查或监测培训产生的长期效果来评价是否已达到相应的能力,不断改进提高培训质量。

第九章 作业管理

本一级要素作业管理,包括7个二级要素、21个考评指标,共160分(其中,"★★★"一、二、三级企业必备条件的指标项5条,"★★"一、二级必备条件指标项1条),本要素是对港口客运企业作业管理的考核。

广义上的现场作业管理是指用科学的标准和方法对生产现场各生产要素,包括人(工人和管理人员)、机(设备、工具、工位器具)、物、料(运输的人员、货物)、法(装卸、运输的方法)、环(港口环境)、信(信息、通信)等进行合理有效的计划、组织、协调、控制和检测,使其处于良好的结合状态,达到优质、高效、低耗、均衡、安全、文明生产的目的。现场管理是生产第一线的综合管理,是生产管理的重要内容,也是生产系统合理布置的补充和深入。具体到港口客运企业,应结合相关法律法规的要求,根据码头、所处水域特点和港口经营的类别,制定现场作业管理、安全值班、相关方管理、"三品"查堵、进出港管理、站务管理和警示标志等现场管理制度,落实到位。认真做好工作记录,为工作的开展情况留下客观依据。

第一节 现场作业管理

【依据】

《中华人民共和国港口法》。

《中华人民共和国内河交通安全管理条例》(国务院令〔2002〕第355号)。

交通部《关于补充和修改〈水路旅客运输规则〉的通知》(交水发〔1997〕522号)。

《港口经营管理规定》(交通运输部令2009年第13号)。

交通运输部《关于印发长江三峡库区滚装码头安全管理办法(试行)的通知》(交水发〔2009〕801号)。

《中华人民共和国港口设施保安规则》(交通部2007年第10号令)。

《交通行业职业技能要求 港口》(JT/T 29—2004)。

《港口码头劳动定员》(JT/T 331—2006)。

一、严格执行操作规程和安全生产作业规定,严禁违章指挥、违章操作、违反劳动纪律。

【释义】

本条是关于企业执行操作规程和安全生产作业规定的考核要求。

从事港口客运的港口企业应根据各自的特点和经营范围,建立健全岗位安全操作规程和各项安全生产的管理规定。从事港口客运的港口企业主要有水路旅客运输、滚装客船、重载滚装运输和渡船等,有共同点,也有区别。其共同点就是均作为港口客运企业进行管理,其服务的对象是旅客。其不同点是侧重点不同,规范其安全生产的法律法规和标准、岗位设置有所不同。如安保设备,从事载货汽车运输的滚装码头按照交通运输部《关于印发长江三峡库区滚装码头安全管理办法(试行)的通知》(交水发〔2009〕801 号)要求,其配备的是采用数字化辐射成像技术的大型车辆安检系统和车辆测重设备,而从事水路旅客运输的码头则是根据《中华人民共和国港口设施保安规则》等要求配备的针对旅客自带行李和随身携带物品的安检设施,其岗位和人员配置不相同。相同设备设施,且作业方式相同,可以合并。否则,应单独编制安全操作规程。安全操作规程应符合相关的安全技术标准;凡现场作业人员,应严格遵守本岗位安全操作规程和安全生产作业,严禁违章指挥、违章操作、违反劳动纪律。

【要点】

检查企业岗位安全操作规程制定情况,是否制定了覆盖全部员工的岗位安全操作规程;全部员工严格执行操作规程和安全生产作业规定的客观依据,作业现场有无违章指挥、违章操作、违反劳动纪律的情况。查看企业"三违"档案、相关工作记录。

二、具有与经营规模、范围相适应的专业技术人员、管理人员和操作人员,按规定持证上岗。(★★★)

【释义】

本条是关于企业配备专业技术人员、管理人员和操作人员的考核要求。

港口按规模分为特大型港口(年吞吐量 >3000 万吨)、大型港口(年吞吐量 1000 万吨 ~ 3000 万吨)、中型港口(年吞吐量 100 万吨 ~1000 万吨)及小型港口(年吞吐量 <100 万吨)。港口客运企业的经营规模也是根据其吞吐量来确定,单位为"万人"。一般来说,从事港口客运的港口企业与所在港口的规模对应。但是,从事滚装和渡船渡口运输的港口客运企业其规模应根据实际情况确定。

经营范围则是根据港口经营许可来确定,根据《港口经营管理规定》和《关于做好〈港口经营管理规定〉实施工作的通知》(交水发〔2010〕46 号)规定,港口客运企业的经营范围可能涉及以下几个方面。一是港口旅客运输服务,为旅客提供候船和上下船舶设施和服务;旅客船票销售;国际航线客船(邮轮)旅客服务。二是货物装卸、仓储服务,在港区内提供货物装卸、仓储、物流服务;对货物及其包装进行简单加工处理。三是港口拖轮服务,为船舶进出港、靠离码头、移泊提供顶推、拖带服务。四是船舶港口服务。为船舶提供岸电;淡水供应;船员接送;国际、国内航行船舶物料、生活品供应;国内航行船舶油料供应;船舶污染物接收。国际航行船舶油料(含保税油)供应(经国家有关部门批准后,由港口行政管理部门核发经营许可证)。

规模和经营范围确定后,企业依据《交通行业职业技能要求　港口》(JT/T 29—2004)和《港口码头劳动定员》(JT/T 331—2006)的要求,配置专业技术人员、管理人员和操作人员。

安全管理人员应考虑文化层次、年龄和知识结构以及思想素质、业务能力,以适应工作需要。专职安全管理人员应按规定接受培训考核合格,取得资格证书,持证上岗。

关于持证上岗,在港口客运企业,按规定需要持证上岗的有安全管理人员(安全管理人员资格证书)、趸船的船员、客运缆车的操作人员和安检设施操作人员等,持证人员应按照相关规定定期进行复训。其中,趸船的船员应持有海事管理机构颁发的合格有效的船员服务簿,客运缆车属于特种设备,操作人员应持有特种设备人员操作证书,安检设施操作人员则需要持有环保部门颁发的证书。

【要点】

核实企业的经营规模、范围,查看企业是否按照《交通行业职业技能要求　港口》(JT/T 29—2004)和《港口码头劳动定员》(JT/T 331—2006)的要求配备专业技术人员、管理人员和操作人员,列表检查安全管理人员和特殊工种和特殊岗位人员持证上岗情况。

需要注意的是,本项目为一、二、三级必备条件,本条不合格的,标准化不达标。

三、依据港口客运(客滚、货滚、渡船渡口)服务流程,对售票、检票、安检、衡重、丈量、船舶调度等服务环节建立作业指导书,并落实到位。

【释义】

本条是关于企业作业指导书的考核要求。

本考评指标罗列了港口客运企业的服务流程,要求企业应制定售票、检票、安检、衡重、丈量、船舶调度等服务环节的作业指导书,并将作业指导书张贴在相应作业岗位上;企业应组织员工学习各岗位的作业指导书,并对学习情况进行考核,建立培训学习考核档案。需要注意的是,各个企业的工艺有所不同,应充分考虑覆盖。

【要点】

查看企业制定的作业指导书,是否包括售票、检票、安检、衡重、丈量、船舶调度等服务环节的作业指导书,通过现场查看岗位员工是否遵守作业指导书。

四、严禁无关人员进入旅客候船上下船及有关作业的场所。

【释义】

本条是关于企业作业场所管理的考核要求。

交通部《关于补充和修改〈水路旅客运输规则〉的通知》(交水发〔1997〕522号)第九十五条规定,港口经营人应负责旅客自进入候船室至登上客船(或舷梯)前或自离开客船(或舷梯)至出站期间的安全,旅客候船、上下船及有关作业的场所是旅客安全的重要保证设施,候船上下船及有关作业的场所实行封闭式管理,出入口设置门禁,旅客凭票进入,且旅客在进入这些场所均须经过严格的安检,以确保旅客和船舶的安全。如允许无关人员进入,则安检等保安措施就形同虚设,失去了其应有的意义。

另外,本要素的第5个二级要素设置了"有严格的进出站安全检查制度和流程,没有超载超员船舶离港"这一考评指标,严禁无关人员进入旅客候船上下船及有关作业的场所也是保证船舶不超载的重要措施。

【要点】

查看企业是否采取措施防止无关人员进入旅客候船上下船及有关作业的场所,必要时可以调阅企业船舶进港上客前一段时间的视频监控录像。

第二节　安全值班

【依据】

《中华人民共和国港口法》。

《中华人民共和国突发事件应对法》(中华人民共和国主席令第69号)。

《港口经营管理规定》。

一、制定并落实安全生产值班计划和值班制度,重要时期实行领导到岗带班,有值班记录。

【释义】

本条是关于企业安全生产值班计划和值班制度的考核要求。

安全值班是由航海人命救助值班演变而来的,经过多年的实践,安全值班制度成了安全生产最为有效的制度之一,被各类企业广泛的应用,是企业安全生产和应对突发事件的重要保证。港口客运企业特别是从事水路旅客运输的港口客运企业最早运用该制度,经过多年的演变,已经十分成熟。港口客运企业安全值班涉及调度值班、船员(趸船,拖轮、交通船和带缆船等辅助船舶)值班。在承担水路旅客运输的港口客运企业,还涉及领导值班。对于船员值班,交通运输部海事局已经制定了较为完善的值班制度,港口客运企业必须严格遵守。调度值班和领导到岗值班则需要各个企业根据自身的特点来制定,且满足企业安全生产的需要。如对于全天24小时从事生产的,值班制度应充分考虑交接班问题。

需要注意的是,制定安全生产值班计划和值班制度较为容易,但是落实难。究其原因,一是由于近年来人工成本的大幅上升,部分企业的员工数量不足以保证安全值班。二是部分企业员工安全生产责任心不强,离岗串岗。因此,完善的值班制度应包括严格的问责和处罚条款。

除此之外,本考评指标中规定"重要时期实行领导到岗带班",一般来说,重要时期指的是主要节假日、特殊水情(洪峰过境、山洪暴发等)、特殊气象(暴雨、台风等)和承担特殊任务(军事运输和应急救灾物资、人员运输、承担接待任务)等。

【要点】

查看企业是否制定安全生产值班计划和值班制度,重要时期领导到岗带班制度。是否有值班记录,值班记录是否符合规定。

第三节　相关方管理

【依据】

《安全生产法》第四十条和四十一条。

《企业安全生产标准化基本规范》(AQ/T 9006—2010)第5.7.4条。

一、两个或两个以上单位共用同一设施设备进行生产经营的现场安全生产管理职责明确，并落实到位。

【释义】

本条是关于两个或两个以上单位共用同一设施设备进行生产经营的现场安全生产管理职责划分的考核要求。

在港口，港口设施是指港界内的水工建筑物、陆上建筑物及所有装卸机械等的总称。港口设备主要分为如下几类：装卸类：岸吊、起重机、龙门吊、抓斗、输送带、传送管、卷扬机、牵引机。辅助设备：拖轮、快艇、疏浚船、挖泥船、交通船、引航船等；通信类：港口控制中心、工班服务处理中心、装卸安排中心；其他：码头安全设备、警卫、边检等。因此，在港口客运企业，两个或两个以上单位共用同一设施设备进行生产经营较多，特别是陆上建筑物，如各类三产等。

两个或两个以上单位共用同一设施设备进行生产经营的现场，涉及的各方之间应签订安全协议，明确各方的安全责任，并落实到位；各方应建立沟通协调机制，明确分工和责任，避免各方相互推诿，逃避安全责任。

企业在对外发包或出租生产经营项目、场所、设备时，或有外来施工单位时，应审查承包承租方资质，以及外来施工单位资质，并与之签订安全责任协议，明确双方各自的安全责任。在有短期合同工、临时用工、实习人员、外来参观人员等进入作业现场时企业应制定相应的安全管理制度和措施。所有资料均应形成文件，并有相应的执行记录。

【要点】

查看企业是否存在两个或两个以上单位共用同一设施设备进行生产经营，若企业存在两个或两个以上单位共用同一设施设备进行生产经营的，查阅双方是否签订安全责任书，是否明确各自的安全生产管理职责，约定的相关安全责任是否得到有效落实。

二、对外来施工单位和外来劳务人员有相应的安全管理制度和措施。

【释义】

本条是关于企业对外来施工单位和外来劳务人员的考核要求。

外来施工（作业）方应有相应的安全资质、项目负责人和安全负责人，且建立了各级安全责任制和管理制度，具备安全生产的保障条件。外来施工（作业）方与企业签订安全协议，施工现场有可靠的安全防范措施。外来施工（作业）队伍进入企业，在签订工程项目承包协议书的同时，签订安全管理承包协议书，应明确双方的责任，以及安全管理、防火管理、设备使用、人员教育与培训、安全检查与监督等方面的管理要求，且必须符合“合同法”和“安全生产法”的要求，不能侵犯双方的合法权益。承包工程项目有新增或削减项目内容时，应重新办理相关手续。

对生产区域内的外来劳务人员应建立相应的安全管理制度和考核办法，且应符合当地政府的统一规定。对生产区域内的外来劳务人员应进行安全健康培训，规定其操作规程，告知作业场所的危险源和控制办法。对生产区域内的外来劳务人员应加强现场安全检查，杜绝违章作业。对港口内外来劳务人员应建立相应的安全管理制度和考核办法。

【要点】

查看企业的档案资料，企业是否制定了针对外来施工单位和外来劳务人员的安全管理制度和措施。

第四节　三 品 查 堵

【依据】

《交通部关于补充和修改〈水路旅客运输规则〉的通知》。

《内贸码头港口保安基本措施和程序》（交水发〔2008〕57 号），（四）行李及物品检测。水运客运站至少配备 1 台 X 射线检查仪，设置 2 个以上的防爆桶（箱），并配备安检门或 2 套以上手持式金属探测仪。交通运输部要求配备大型车辆检测仪的客滚码头，应落实有关要求，加强日常检查。对于未要求配备车辆检测仪的滚装码头，应当采取相应的措施，有效预防车辆夹带危险品上船。

一、制定并落实三品（易燃、易爆、易腐蚀的物品）**查堵制度、防止三品进港上船的有效措施和三品检查工作程序。（★★★）**

【释义】

本条是关于企业对外来施工单位和外来劳务人员的考核要求。

企业应制定三品（易燃、易爆、易腐蚀的物品）的查堵制度，严查每一件物品，防止三品进港上船。企业应制定针对查出的违禁品的处置措施或应急预案。

【要点】

查阅企业的规章制度，企业是否制定三品（易燃、易爆、易腐蚀的物品）查堵制度和三品检查工作程序。通过现场查看企业是否按照制度的要求和三品检查工作程序，防止三品进港上船。

需要注意的是，本项目为一、二、三级必备条件，本条不合格的，标准化不达标。

二、设立专门的三品查堵岗位，配有三品检查员。

【释义】

本条是关于企业对三品查堵岗位设置的考核要求。

企业应设置固定的三品查堵岗位，配备三品检查员，所有的进出人员、货物应进行严格的检查。

【要点】

查看企业是否设立专门的三品查堵岗位，是否配有三品检查员。

三、对进站旅客携带的行李物品和托运行包进行安全检查，对查获的三品要进行登记并按有关规定妥善处理，确保三品不携带进入码头。（★★）

【释义】

本条是关于企业对三品查堵安全检查的考核要求。

企业应对进站旅客携带的行李物品和托运行包进行安全检查，对可疑物品应进行开包人工检查,防止误查或漏查;对查获的三品要进行登记并按有关规定妥善处理,确保三品不携带进入码头,对危险性大的爆炸物品,应采取应急处置措施,防止事故发生。

【要点】

查看企业是否对进站旅客携带的行李物品和托运行包进行安全检查,企业对查获的三品是否进行登记并按有关规定妥善处理。

需要注意的是,本项目为一、二级必备条件,本条不合格的,不能评为一、二级标准化达标企业。

四、建立并规范填写三品查堵工作台账。

【释义】

本条是关于企业对三品查堵台账的考核要求。

企业应建立并规范填写三品查堵工作台账,记录要具有可追溯性。

【要点】

查看企业是否建立三品查堵工作台账,台账是否如实规范填写。

第五节　进出港管理

【依据】

《中华人民共和国突发事件应对法》(中华人民共和国主席令第69号)第二十四条。

《中华人民共和国内河交通安全管理条例》(国务院令第355号)。

《关于补充和修改〈水路旅客运输规则〉的通知》(交水发〔1997〕522号)。

《中华人民共和国港口设施保安规则》(交通部2007年第10号令)。

《内贸码头港口保安基本措施和程序(试行)》(交水发〔2008〕57号)。

一、有严格的进出站安全检查制度和流程,没有超载超员船舶离港。(★★★)

【释义】

本条是关于企业进出站安全检查制度和流程的考核要求。

本考评指标是"9.1　现场作业管理"的细化,港口客运企业应制定严格的安全检查制度和流程,旅行水上交通安全管理的主体责任,严防超载超员船舶离港。企业应建立船舶离港的安全检查记录台账。

【要点】

查阅企业规章制度,查看企业是否制定进出站安全检查制度和流程,通过现场查看企业员工是否严格执行进出站安全检查制度和流程,是否有超载超员船舶离港情况。

需要注意的是,本项目为一、二、三级必备条件,本条不合格的,标准化不达标。

二、无关船舶没有进入相关水域。

【释义】

本条是关于企业作业水域的考核要求。

加强作业水域的管理,禁止无关船舶进入相关水域。

【要点】

查看企业作业现场是否有无关船舶进入相关水域。

三、有专人指挥,调度船舶进出港,疏导旅客,确保安全通道畅通。

【释义】

本条是关于企业调度指挥的考核要求。

本考评指标有两层含义,一是船舶的疏导,二是旅客的疏导。

在规模较大的港口,由于生产的需要,船舶需要频繁的靠泊、移泊、抛锚、系浮筒,做好船舶的疏导十分重要,一般通过调度船舶来实施。调度船舶又称船舶调度,指的是为保证港口的安全生产,维护港口的经营秩序,落实港口的规划布局,对拟进出港口靠泊、移泊、抛锚、系浮筒的船舶所实施的统一计划、统筹安排的管理行为。船舶调度是维护港口经营秩序,保证港口安全的重要措施,是技术性较强的工作,不同的港口有不同的模式。有些港口是设置专门的调度部门对全港口所有泊位进行统一的调度指挥,有些港口则是按作业区设置调度指挥,有少数港口是港口经营人自行调度指挥等。港口企业应根据所在港口的调度模式,负责调度船舶的工作。对于实行统一调度指挥的,从事港口客运的企业应安排专人接收船舶的到港计划,按时将计划报送调度部门。对于自行指挥的港口客运企业,更需有专人指挥。

对于疏导旅客,《中华人民共和国突发事件应对法》(中华人民共和国主席令第69号)第二十四条规定,公共交通工具、公共场所和其他人员密集场所的经营单位或者管理单位应当制定具体应急预案,为交通工具和有关场所配备报警装置和必要的应急救援设备、设施,注明其使用方法,并显著标明安全撤离的通道、路线,保证安全通道、出口的畅通。港口客运企业在旅客上下船、候船期间,应安排专人进行疏导,确保安全通道畅通。

【要点】

查文件,查看企业是否设有进行调度船舶进出港的部门和人员,职责和工作流程是否清晰。看现场,疏导旅客情况,安全通道是否畅通。查记录,船舶进出港记录和调度部门之间的衔接记录。

第六节　站 务 管 理

【依据】

《中华人民共和国内河交通安全管理条例》(国务院令第355号)。

《关于补充和修改〈水路旅客运输规则〉的通知》(交水发〔1997〕522号)。

《内贸码头港口保安基本措施和程序(试行)》(交水发〔2008〕57号),三、制定措施及操作程序并保证有效实施,立足于防范恐怖活动和各类突发性公共事件,通过采取各项保安措施,对进出港的人员、车辆、货物、行李、物料及港内相关作业活动加强管理。

一、与旅客运输经营者签订《安全责任协议》,依法明确双方的安全责任。

【释义】

本条是关于企业与旅客运输经营者签订《安全责任协议》的考核要求。

旅客运输经营者一般是指船舶经营人或者其代理人，交通部《关于补充和修改〈水路旅客运输规则〉的通知》（交水发〔1997〕522号）对港口经营人、承运人和旅客的责任和权力进行了明确。对于仍然适用该规定的港口，船票即是双方安全责任的凭证。但由于各地的情况不同，如近年来重庆港的旅客运输，港口客运企业不再承担票务工作，港口经营人和承运人之间的权利和义务通过双方的协议来约定。因此，各企业应根据本地的实际情况与承运人签订《安全责任协议》，明确双方的安全责任，双方依法履行应尽的安全责任，出事后承担相应的安全责任，避免责任不清，相互推诿安全责任。

【要点】

查阅企业的档案资料，查看企业是否与旅客运输经营者签订《安全责任协议》，依法明确双方的安全责任。

二、按规定定期对码头设备设施、电气线路、消防设施等进行维护保养，特种设备定期进行检测检验。（★★★）

【释义】

本条是关于企业对码头设备设施、电气线路、消防设施等进行维护保养，特种设备定期进行检测检验的考核要求。

码头的设备设施、消防设施等进行定期的维护保养，并有维护保养记录。落实消防设施的管理、检查、检测、维修、保养、建档等工作制度，电器设备、电气线路每年至少进行一次全面检测，检测报告存档备查。室外消火栓有明显漆色标志，所有消防器材完好，消防设施、重要防火部位有明显的消防安全标志，消防通道和应急疏散通道畅通。

码头的电气线路应定期进行检查，对破损和绝缘老化的线路进行更换。

防雷装置完好，接闪器无损坏，引下线焊接可靠，接地电阻应低于10Ω；

对防雷区域和防雷装置能定期进行预防性检查、评价和检测，且有关资料齐全有效。

种设备使用单位应当对在用特种设备的安全附件、安全保护装置、测量调控装置及有关附属仪器仪表进行定期校验、检修，并做好记录。

【要点】

查看企业是否按规定定期对码头设备设施、电气线路、消防设施等进行维护保养，特种设备是否定期进行检测检验。

需要注意的是，本项目为所有企业（一、二、三级企业）必备项，本项标准不合格，企业标准化不达标。

三、严格按船舶核定人数售票、检票。

【释义】

本条是关于企业严禁船舶超载措施的考核要求。

企业应安排专门的人员进行售票、检票，并根据船舶的核定人数验票，严禁船舶超载超员。

【要点】

查看企业到港船舶记录，是否载明每艘船舶的核定载客人数，据此倒查售票记录，是否严格按船舶核定人数售票、检票。如设置了多个售票点的,应将记录汇总供检查。

四、制定并落实船舶报班制度。

【释义】

本条是关于企业船舶报班制度的考核要求。

企业应制定船舶报班制度,并严格执行。

【要点】

查看企业是否制定并落实船舶报班制度。

五、因天气、水位等原因影响船舶航行安全时,视情发班或要求停班。

【释义】

本条是关于企业在天气、水位等原因影响船舶航行安全时停班的考核要求。

对于天气和水位对船舶航行安全的影响,各地一般都有严格的规定,企业应落实人员负责天气、水情的变化预报资料收集,对天气、水位等原因影响船舶航行安全时,应视情发班或要求停班以确保旅客和船舶的安全。

【要点】

查看企业档案资料和安全管理规章制度,企业是否根据天气、水位等原因影响船舶航行安全时,视情发班或要求停班。

第七节　警 示 标 志

【依据】

《内贸码头港口保安基本措施和程序》(交水发〔2008〕57 号)(六)标志。在港区重点部位和码头前沿,标注撤离方向。水运客运站内和码头前沿,应在明显位置张贴人员紧急撤离路线图,图中应标注撤离路线和集合点。

一、在存在危险因素的场所和设备设施,设置明显的安全警示标志,警示、告知危险种类、后果及应急措施。(★★★)

【释义】

本条是关于企业危险场所、设施设备安全警示标识设置的考核要求。

港区门口、危险路段设置限速标志、减速带、防撞隔离设施、指示标志及警示牌;港区道路有明显的人车分隔线。按相关规范要求设置安全通道提示标志,在危险区域设置醒目的安全警示标志、标识,码头边坡、临水一侧设置安全护栏(安全链、安全网),港区道路标志标线符合交通部关于港区道路安全管理的规定。

码头应在有较大危险因素的生产经营场所和有关设备、设施上设置明显的安全警示标志。

【要点】

查看企业作业现场、设施设备,企业对存在危险因素的场所和设备设施,是否设置有明显的安全警示标志,是否警示、告知危险种类、后果及应急措施。

需要注意的是，本项目为所有企业（一、二、三级企业）必备条件，本条标准不合格时终止考评，企业标准化不达标。

二、设备设施检修、施工等作业现场设置警戒区域和警示标志。

【释义】

本条是关于企业设备设施检修、施工等作业现场安全警示标识设置的考核要求。

企业在进行设备设施检修、施工等作业时，作业现场应设置警戒区域和警示标志。

【要点】

查看企业设备设施检修、施工等作业现场是否设置警戒区域和警示标志。

第十章　危险源辨识与风险控制

本一级要素危险源辨识与风险控制包括2个二级要素、5个考评指标,共45分(其中,"★★"一、二级必备条件指标项1条),本要素是对港口客运企业危险源辨识与风险控制工作的考核要求。

第一节　危险源辨识

【依据】

《安全生产法》第三十三条规定,生产经营单位对重大危险源应当登记建档,进行定期检测、评估、监控,并制定应急预案,告知从业人员和相关人员在紧急情况下应当采取的应急措施。生产经营单位应当按照国家有关规定将本单位重大危险源及有关安全措施、应急措施报有关地方人民政府负责安全生产监督管理的部门和有关部门备案。

《生产过程危险和有害因素分类与代码》(GB/T 13861—2009)。

《企业职工伤亡事故分类》(GB 6441—1986)。

一、开展本单位危险设施或场所危险源的辨识和确定工作。

【释义】

本条是关于企业危险源的辨识和确定的考核要求。

企业应建立风险管理的制度,对生产经营环节中的作业活动、设施设备、工艺过程、作业场所等方面进行危险、有害因素识别,展开风险评价工作,确定企业内可能导致人员伤害或财产损失事故的部位、区域、场所、空间、岗位、设备等,即危险源。

港口企业的主要危险源一般包括以下方面:

①毒害性、易燃易爆性、腐蚀性等危险货物的装卸、储存场所;

②起重机械、锅炉、压力容器(含气瓶)、压力管道、客运索道、场(厂)内专用机动车等特种设备及其作业区域;

③高电压或高电流、高速运动、高温作业、高空作业等非常态、静态、稳态装置或作业区域;

④船舶、汽车、火车等设备及其靠泊、行驶区域。

【要点】

查看企业是否建立隐患(风险控制、不安全因素等)制度,检查企业隐患(风险控制、不安全因素等)工作记录,是否对主要危险源进行辨识。

二、辨识重大危险源,采取有效防护措施,按规定报有关部门备案。(★★)

【释义】

本条是关于企业重大危险源的考核要求。

港口客运企业由于是从事旅客运输的，一般不存在重大危险源。但是，由于部分港口码头建设的年代较早，使用时间长，或者是所处的环境较为复杂，故仍需进行重大危险源辨识，以确保安全。

【要点】

查看企业是否对重大危险源进行辨识，存在重大危险源的单位是否采取有效防护措施，是否按规定报有关部门备案。

需要注意的是，本项目为一、二级标准化达标企业必备条件，本条标准不合格的企业，不能评为一、二级标准化达标企业。

第二节　风 险 控 制

【依据】

《安全生产法》第三十六条　生产经营单位应当教育和督促从业人员严格执行本单位的安全生产规章制度和安全操作规程；并向从业人员如实告知作业场所和工作岗位存在的危险因素、防范措施以及事故应急措施。

《生产过程危险和有害因素分类与代码》(GB/T 13861—2009)。

一、及时对作业活动和设备设施进行危险、有害因素识别。

【释义】

本条是关于企业作业活动和设备设施进行危险、有害因素识别的考核要求。

企业应对生产经营环节中的作业活动、设施设备、工艺过程、作业场所等方面进行危险、有害因素识别，展开风险评价工作，根据风险评价结果及生产经营运行情况等，确定不可接受的风险，制定并落实控制措施，将风险尤其是重大风险控制在可以接受的程度。

企业在选择风险控制措施时应包括：工程技术措施；管理措施；培训教育措施；个体防护措施。企业在选择风险控制措施时应考虑：可行性、安全性、可靠性。

【要点】

查看企业是否及时对作业活动和设备设施进行危险、有害因素识别。

二、向从业人员如实告知作业场所和工作岗位存在的危险因素、防范措施以及事故应急措施。

【释义】

本条是关于企业作业场所和工作岗位存在的危险因素、防范措施以及事故应急措施告知的考核要求。

企业应将风险评价的结果，特别是作业场所和工作岗位存在的危险因素、防范措施以及事故应急措施对从业人员进行宣传、培训，使其熟悉工作岗位和作业环境中存在的危险、有害因素，掌握、落实应采取的控制措施和事故应急措施，从而保护从业人员的生命安全，保证安全生产。

【要点】

查看企业作业现场,企业是否在存在危险有害的岗位场所悬挂或张贴危害告知牌,查阅企业培训记录资料,企业是否向从业人员如实告知作业场所和工作岗位存在的危险因素、防范措施以及事故应急措施。

三、对危险源进行建档,重大危险源单独建档管理。

【释义】

本条是关于企业危险源、重大危险源建档管理的考核要求。

企业应对辨识出的危险源进行建档,若有重大危险源应单独建档管理。

【要点】

查看企业的是否建立危险源档案,建立的危险源档案资料是否齐全。企业是否涉及大危险源,涉及的是否单独建档。

第十一章　隐患排查与治理

本一级要素隐患排查与治理包括2个二级要素、8个考评指标，共70分（其中，“★★★”一、二、三级必备条件指标项1条，“★★”一、二级必备条件指标项1条），本要素是对港口客运企业隐患排查与治理的考核要求。

第一节　隐患排查

【依据】

《中华人民共和国突发事件应对法》（中华人民共和国主席令第六十九号）第二十二条规定，所有单位应当建立健全安全管理制度，定期检查本单位各项安全防范措施的落实情况，及时消除事故隐患；掌握并及时处理本单位存在的可能引发社会安全事件的问题，防止矛盾激化和事态扩大；对本单位可能发生的突发事件和采取安全防范措施的情况，应当按照规定及时向所在地人民政府或者人民政府有关部门报告。

国务院办公厅《关于在重点行业和领域开展安全生产隐患排查治理专项行动的通知》（国办发明电〔2007〕16号），该文是国务院办公厅2007年5月12日下发的。交通部发出《关于开展水运交通基础设施安全隐患排查工作的通知》（交水明电〔2007〕0902号）的要求。其目的是要通过开展隐患排查治理专项行动，进一步落实企业的安全生产主体责任和地方人民政府的安全监管主体责任，全面排查治理事故隐患和薄弱环节，认真解决存在的突出问题，建立重大危险源监控机制和重大隐患排查治理机制及分级管理制度，有效防范和遏制重特大事故的发生，促进全国安全生产状况进一步稳定好转。

一、制定隐患排查工作方案，明确排查的目的、范围，选择合适的排查方法。

【释义】

本条是关于企业隐患排查的考核要求。

企业应结合本企业的实际制定相应的工作方案，明确排查的目的、范围，选择合适的排查方法。

隐患排查的目的是认真贯彻落实“安全第一、预防为主、综合治理”的方针，全面查找企业安全生产上存在的问题，深入治理可能引发事故的各种隐患，防范一般事故，杜绝重特大事故。

隐患排查的范围是港口（码头）企业安全生产的基本条件、基础设施、技术装备、作业环境以及思想认识、工作作风、规章制度、劳动纪律、从业人员培训资质、现场管理等方面。

港口（码头）企业作业一般涉及范围较广，因此隐患排查必须成立一个适应工作需要的排查组，配备适当的力量，深入港口现场排查。排查方法分定期检查和专项检查。

定期检查为日常综合检查,危险货物码头、滚装码头、客运码头、集装箱码头及其他重点码头每月不得少于两次,其他码头每月不得少于一次,在检查中发现安全隐患的,应当责令被检查人立即排除或限期排除。专项检查指重大节假日、汛期、地灾等特殊情况时段,专项检查。

【要点】

查看企业是否制定隐患排查工作方案,是否明确排查的目的、范围,选择合适的排查方法。

二、每月至少开展一次安全自查自纠工作,及时发现安全管理缺陷和漏洞,消除安全隐患。检查及处理情况应当记录在案。(★★★)

【释义】

本条是关于企业隐患排查周期的考核要求。

针对隐患排查范围每月至少开展一次安全自查自纠工作。

安全自查自纠工作由港口(码头)单位负责活动开展日常管理工作,在检查中发现的安全隐患,应有处理意见。检查及处理情况应当记录,并归档保存。

【要点】

查阅企业的隐患排查记录,查看企业是否至少每月开展一次安全自查自纠工作,是否对发现安全隐患、安全管理缺陷和漏洞,进行及时的消除。检查及处理情况是否记录在案。

需要注意的是,本项目为所有达标企业(一、二、三级企业)必备条件,本条标准不合格时终止考评,企业标准化不达标。

三、对各种安全检查所查出的隐患进行原因分析,制定针对性控制对策。

【释义】

本条是关于企业排查出隐患原因分析和控制措施的考核要求。

隐患的原因分析包括直接原因分析、间接原因(包括管理原因)分析,查出隐患的原因后,应有针对性的控制措施,即治理方案。

【要点】

查看企业是否对各种安全检查所查出的隐患进行原因分析,是否制定针对性控制对策。

第二节　隐 患 治 理

【依据】

《安全生产法》第十七条规定,生产经营单位的主要负责人对本单位安全生产工作负有下列职责:(四)督促、检查本单位的安全生产工作,及时消除生产安全事故隐患。

第五十一条规定,从业人员发现事故隐患或者其他不安全因素,应当立即向现场安全生产管理人员或者本单位负责人报告;接到报告的人员应当及时予以处理。

第五十三条规定,县级以上地方各级人民政府应当根据本行政区域内的安全生产状况,组织有关部门按照职责分工,对本行政区域内容易发生重大生产安全事故的生产经营单位进行严格检查;发现事故隐患,应当及时处理。

第五十六条规定,负有安全生产监督管理职责的部门依法对生产经营单位执行有关安全生产的法律、法规和国家标准或者行业标准的情况进行监督检查，行使以下职权：(三)对检查中发现的事故隐患，应当责令立即排除；重大事故隐患排除前或者排除过程中无法保证安全的，应当责令从危险区域内撤出作业人员，责令暂时停产停业或者停止使用；重大事故隐患排除后，经审查同意，方可恢复生产经营和使用。

《中华人民共和国港口法》第三十六条规定，港口行政管理部门应当依法对港口安全生产情况实施监督检查，对旅客上下集中、货物装卸量较大或者有特殊用途的码头进行重点巡查；检查中发现安全隐患的，应当责令被检查人立即排除或者限期排除。

《港口经营管理规定》第三十三条规定，港口行政管理部门应当依法对港口安全生产情况和本规定执行情况实施监督检查，并将检查的结果向社会公布。港口行政管理部门应当对旅客集中、货物装卸量较大或者特殊用途的码头进行重点巡查。检查中发现安全隐患的，应当责令被检查人立即排除或者限期排除。

一、制定隐患治理方案，包括目标和任务、方法和措施、经费和物资、机构和人员、时限和要求。

【释义】

本条是关于企业隐患治理方案制定的考核要求。

企业应制定隐患治理方案，隐患治理方案包括目标和任务、方法和措施、经费和物资、机构和人员、时限和要求。

隐患治理方案目标要明确，任务要下到具体的班级和人员。隐患治理方案可操作性强，方法恰当，有针对性措施。发现隐患应立即排除或限期排除。

【要点】

查看企业是否制定隐患治理方案，企业制定的隐患治理方案是否包括目标和任务、方法和措施、经费和物资、机构和人员、时限和要求。

二、对上级检查指出或自我检查发现的一般安全隐患，严格落实防范和整改措施，并组织整改到位。

【释义】

本条是关于企业检查发现的一般安全隐患整改要求的考核要求。

上级行政主管部门下达的执法文书或上级企业部门安全检查意见，以及自查的一般安全隐患，应进行立即落实整改。采取的防范和整改措施，应有执行人和检查人及相关的人员签字的记录，记录应归档保存。

【要点】

查看企业是否对上级检查指出或自我检查发现的一般安全隐患，严格落实防范和整改措施，并组织整改到位。

三、重大安全隐患报相关部门备案，做到整改措施、责任、资金、时限和预案“五到位”。(★★)

【释义】

本条是关于企业重大安全隐患隐的考核要求。

重大安全隐患是指可能导致重大人身伤亡或者重大经济损失的事故隐患。

重大安全隐患需报相关部门备案,一般性安全隐患由企业处理后存档。相关部门指交通运输(港口)主管部门和港口行政管理部门或者其他依法负有安全生产监督管理职责的部门。

“五到位”是指重大安全隐患,必须有整改措施、层层落实责任、保障资金投入、在规定的时限内整改结束,并结合实际编制应急处理预案。整改措施应具体明确,层层落实责任到人。

隐患治理结束后及时组织验收。对无力整改的隐患,一方面采取各种措施,一方面给上级部门打报告。

【要点】

查看企业隐患排查记录,是否存在重大安全隐患,企业存在的重大安全隐患是否报相关部门备案,企业是否做到整改措施、责任、资金、时限和预案“五到位”。

需要注意的是,本项目为一、二级标准化达标企业必备条件,本条标准不合格的企业,不能评为一、二级标准化达标企业。

四、建立隐患治理台账和档案,有相关的记录。

【释义】

本条是关于企业隐患治理台账和档案的考核要求。

企业应建立健全隐患治理制度,建立隐患治理记录,建立事故隐患治理档案,评估报告书、治理方案和验收报告、各种控制措施方案应归档保存。

【要点】

查看企业是否建立隐患治理台账和档案,是否有相关的记录。

五、按规定对隐患排查和治理情况进行统计分析,并向有关部门报送。

【释义】

本条是关于企业隐患排查和治理情况的考核要求。

企业应按规定对隐患排查和治理情况进行统计分析,并向有关部门报送书面统计分析表,统计分析表(包括原始资料)应存档。隐患排查和治理情况的统计、分析,研究制定相应的防范措施。

【要点】

查看企业按规定对隐患排查和治理情况进行统计分析,并向有关部门报送书面统计分析表。

第十二章 职业健康

本一级要素职业健康,包括4个二级要素、5个考评指标,共25分,本要素规定了对港口客运企业职业健康的考核要求。

第一节 健康管理

【依据】

《安全生产法》第四十四条。

《中华人民共和国职业病防治法》第五条、第十九条。

《中华人民共和国职业病防治法》第五条规定,用人单位应当建立、健全职业病防治责任制,加强对职业病防治的管理,提高职业病防治水平,对本单位产生的职业病危害承担责任。

第十九条规定,用人单位应当采取下列职业病防治管理措施:

(一)设置或者指定职业卫生管理机构或者组织,配备专职或者兼职的职业卫生专业人员,负责本单位的职业病防治工作。

(二)制定职业病防治计划和实施方案。

(三)建立、健全职业卫生管理制度和操作规程。

(四)建立、健全职业卫生档案和劳动者健康监护档案。

(五)建立、健全工作场所职业病危害因素监测及评价制度。

(六)建立、健全职业病危害事故应急救援预案。

职业健康监护技术规范(GBZ 188—2007)4.2.1。

一、设置或指定职业健康管理机构,配备专(兼)职管理人员。

【释义】

本条是关于企业职业健康管理机构的考核要求。

《安全生产法》第四十四条规定,生产经营单位与从业人员订立的劳动合同,应当载明有关保障从业人员劳动安全、防止职业危害的事项,以及依法为从业人员办理工伤社会保险的事项。

《中华人民共和国职业病防治法》第五条规定,用人单位应当建立、健全职业病防治责任制,加强对职业病防治的管理,提高职业病防治水平,对本单位产生的职业病危害承担责任。

第十九条第一款规定,用人单位应当采取下列职业病防治管理措施:(一)设置或者指定职业卫生管理机构或者组织,配备专职或者兼职的职业卫生专业人员,负责本单位的职业病防治工作。

近年来,随着经济社会的发展,职业健康受到广泛的关注和重视。在港口客运码头,存在职业危害的主要有辐射(使用放射源的安检设施)、振动、噪声和饮用水等。为做好这项工作，港口客运企业应设置或者指定职业卫生管理机构或者组织，配备专职或者兼职的职业卫生专业人员，负责本单位的职业病防治工作。其中，专职安全管理人员必须在职业健康安全主管部门经相关培训考核合格后取得职业健康管理人员资格证，兼职职业健康管理人员需有书面聘用文件或任命文件、个人资质文件和专业档案。

【要点】

查阅企业的文件，查看企业是否设置或指定职业健康管理机构，是否配备专（兼）职管理人员。

二、按规定对员工进行职业健康检查。

【释义】

本条是关于企业职业健康检查的考核要求。

企业应定期对员工进行职业健康体检，这里的规定有以下几层含义，一是进行职业健康检查的频次应符合规定；二是覆盖的范围要符合规定，三是对职工进行职业健康检查的机构应符合规定。职业健康检查还应为员工建立健全职业卫生档案和员工健康监护档案。

【要点】

查看企业员工职业健康档案，企业是否按规定对员工进行职业健康检查。

第二节　工 伤 保 险

【依据】

《安全生产法》第四十三条。

《中华人民共和国职业病防治法》第六条。

《工伤保险条例》第二条。

一、为从事危险作业人员投保工伤保险。

【释义】

本条是关于企业工伤保险的考核要求。

《安全生产法》第四十三条规定，生产经营单位必须依法参加工伤社会保险，为从业人员缴纳保险费。

《中华人民共和国职业病防治法》第六条规定，用人单位必须依法参加工伤社会保险。

《工伤保险条例》第二条规定，中华人民共和国境内的企业、事业单位、社会团体、民办非企业单位、基金会、律师事务所、会计师事务所等组织和有雇工的个体工商户（以下称用人单位）应当依照本条例规定参加工伤保险，为本单位全部职工或者雇工（以下称职工）缴纳工伤保险费。用人单位必须依法参加工伤社会保险。国务院和县级以上地方人民政府劳动保障行政部门应当加强对工伤社会保险的监督管理，确保劳动者依法享受工伤社会保险待遇。

所有从业人员均参加工伤社会保险企业所有从业人员均参加工伤社会保险。工伤保险费由生产经营单位按照职工工资总额的一定比例缴纳。工伤保险基金存入银行开设的工伤保险基金专户，专款专用。

【要点】

查阅企业的工伤保险缴费凭证资料,查看企业是否按规定为员工参加工伤保险。

第三节　危 害 告 知

【依据】

《安全生产法》第三十六条规定,生产经营单位应当教育和督促从业人员严格执行本单位的安全生产规章制度和安全操作规程;并向从业人员如实告知作业场所和工作岗位存在的危险因素、防范措施以及事故应急措施。

《中华人民共和国职业病防治法》第三十条规定,公司应当将工作过程中可能产生的职业病危害及其后果、职业病防护措施和待遇等如实告知员工,并在劳动合同中写明,不得隐瞒或者欺骗。

一、对从业人员进行职业健康宣传培训。使其了解其作业场所和工作岗位存在的危险因素和职业危害、防范措施和应急处理措施。

【释义】

本条是关于企业职业健康宣传培训的考核要求。

企业应当对劳动者进行上岗前的职业卫生培训和在岗期间的定期职业卫生培训,普及职业卫生知识,督促劳动者遵守职业病防治法律、法规、规章和操作规程,指导劳动者正确使用职业病防护设备和个人使用的职业病防护用品。劳动者应当学习和掌握相关的职业卫生知识,遵守职业病防治法律、法规、规章和操作规程,正确使用、维护职业病防护设备和个人使用的职业病防护用品,发现职业病危害事故隐患应当及时报告。

劳动者享有下列职业卫生保护权利:

①获得职业卫生教育、培训。

②获得职业健康检查、职业病诊疗、康复等职业病防治服务。

③对违反职业病防治法律、法规以及危及生命健康的行为提出批评、检举和控告。

④拒绝违章指挥和强令进行没有职业病防护措施的作业。

企业应在具有职业危害的岗位、部位设置职业危害告知牌。

【要点】

查阅企业的培训档案记录,查看企业是否对从业人员进行职业健康宣传培训。通过现场抽查询问员工是否了解其作业场所和工作岗位存在的危险因素和职业危害、防范措施和应急处理措施,降低或消除危害后果的事项。

第四节　环境与条件

【依据】

《安全生产法》第三十七条规定,生产经营单位必须为从业人员提供符合国家标准或者行业标准的劳动防护用品,并监督、教育从业人员按照使用规则佩戴、使用。

第三十九条规定,生产经营单位应当安排用于配备劳动防护用品、进行安全生产培训的经费。

《中华人民共和国劳动法》第十九条规定,劳动合同应当以书面形式订立,并具备以下条款:(三)劳动保护和劳动条件;

第九十二条规定,用人单位的劳动安全设施和劳动卫生条件不符合国家规定或者未向劳动者提供必要的劳动防护用品和劳动保护设施的,由劳动行政部门或者有关部门责令改正,可以处以罚款;情节严重的,提请县级以上人民政府决定责令停产整顿;对事故隐患不采取措施,致使发生重大事故,造成劳动者生命和财产损失的,对责任人员比照刑法第一百八十七条的规定追究刑事责任。

一、为从业人员提供符合职业健康要求的工作环境和条件,配备与职业健康保护相适应的设施、工具。

【释义】

本条是关于企业职业健康防护的考核要求。

企业应分析掌握工作场所产生或者可能产生的职业病危害因素、危害后果和制定相应的职业病防护措施。

企业应为员工提供符合防治职业病要求的职业病防护设施和个人使用的职业病防护用品,改善工作条件。

企业应当加强作业场所的职业危害防治工作,为从业人员提供符合法律、法规、规章和国家标准、行业标准的工作环境和条件,采取有效措施,保障从业人员的职业健康。

【要点】

查看企业现场,检查企业是否为从业人员提供符合职业健康要求的工作环境和条件,是否配备与职业健康保护相适应的设施、工具。

第十三章　安全文化

本一级要素安全文化，包括2个二级要素、7个考评指标，共35分（其中，“★”一级必备条件指标项1条），本要素是对港口客运企业安全文化建设情况的考核要求。

第一节　安全环境

【依据】

《企业安全文化建设评价准则》（AQ/T 9005—2008）。

在安全生产的实践中，人们发现，对于预防事故的发生，仅有安全技术手段和安全管理手段是不够的，还需要一种安全环境。目前的科技手段还达不到物的本质安全化，设施设备的危险不能根本避免，员工在作业工程中为了某些利益或好处，例如省时、省力、多挣钱等，会在缺乏管理监督的情况下，无视安全规章制度，“冒险”采取不安全行为。然而并不是每一次不安全行为都会导致事故的发生，这会进一步强化这种不安全行为，并可能“传染”给其他人，大量不安全行为的结果必然是发生事故。企业营造良好的安全环境，人人重视安全，真正把安全放在第一位，对企业的安全生产十分必要。

一、设立安全文化廊、安全角、黑板报、宣传栏等员工安全文化阵地，每月至少更换一次内容。

【释义】

本条是关于企业按文化建设的考核要求。

安全文化的内容和形式有多种多样，企业可以采取不同的形式进行安全文化教育，比如通过设立安全文化廊、安全角、黑板报、宣传栏等方式进行安全文化知识的宣传，宣传知识每月应至少更换一次内容。

【要点】

查看企业是否设立安全文化廊、安全角、黑板报、宣传栏等员工安全文化阵地，内容每月是否至少更换一次。

二、公开安全生产举报电话号码、通信地址或者电子邮件信箱。对接到的安全生产举报和投诉及时予以调查和处理。

【释义】

本条是关于企业安全监督的考核要求。

企业应当向员工公开安全生产的举报联系方式，并对员工的举报和投诉情况要及时的作出反应。

【要点】

查看企业是否公开安全生产举报电话号码、通信地址或者电子邮件信箱。企业是否对接到的安全生产举报和投诉及时予以调查和处理。

第二节　安全行为

【依据】

对不安全行为的研究发现,许多伤害事故是由于员工的不安全行为所导致,而不安全的行为则是由安全管理系统存在缺陷所引发。为此加强员工安全行为的管理尤为重要。

一、开展安全承诺活动。(★)

【释义】

本条是关于企业安全承诺活动的考核要求。

企业应当组织开展安全承诺活动,并签订承诺责任书。

【要点】

查看企业是否开展安全承诺活动。

需要注意的是,本项目为一级标准化达标企业必备条件,本条标准不合格的企业,不能评为一级标准化达标企业。

二、编制安全知识手册,并发放到职工。

【释义】

本条是关于企业安全知识手册的考核要求。

港口企业应进行安全知识的宣传,编制安全手册,发并放到职工手中。

【要点】

查看企业是否编制安全知识手册,是否发放到职工手中。

三、组织开展安全生产月活动、安全生产竞赛活动,有方案、有总结。

【释义】

本条是关于企业安全生产月活动的考核要求。

企业应组织开展各种形式的安全活动,并且每次活动应有方案和总结。

【要点】

查看企业是否组织开展安全生产月活动、安全生产竞赛活动,活动是否有方案和总结。

四、对在安全工作中做出显著成绩的集体、个人给予表彰、奖励,并与其经济利益挂钩。

【释义】

本条是关于企业安全激励机制的考核要求。

企业应当对在安全工作中作出了显著成绩的集体和个人进行表彰和奖励,要以经济形式进行表现。

【要点】

查看企业是否对在安全工作中做出显著成绩的集体、个人给予表彰、奖励,企业的安全工作是否与其经济利益挂钩。

五、对安全生产进行检查、评比、考核，总结和交流经验，推广安全生产先进管理方法。

【释义】

本条是关于企业安全生产先进管理方法的考核要求。

企业在安全生产工作中，应该进行检查、评比、考核，总结和交流经验，使先进的安全生产管理方法得到推广。

【要点】

查看企业是否对安全生产进行检查、评比、考核，是否总结和交流经验，是否推广安全生产先进管理方法。

第十四章　应 急 救 援

本一级要素应急救援，包括5个二级要素、13个考评指标，共85分(其中，“★★★”一、二、三级必备条件指标项3条，“★★”一、二级必备条件指标项1条，“★”一级必备条件指标1条)，本要素规定了港口客运企业应急救援的考核要求。

第一节　预 案 制 定

【依据】

《安全生产法》第十七条、第三十三条。

《中华人民共和国港口法》第三十二条第二款。

《中华人民共和国突发事件应对法》(中华人民共和国主席令第69号)第二十四条第一款。

《港口经营管理规定》第二十六条。

一、制定相应的突发事件应急预案，有相应的应急保障措施。(★★★)

【释义】

本条是关于企业应急预案制定的考核要求。

《安全生产法》第十七条第五款规定，生产经营单位的主要负责人对本单位安全生产工作负有下列职责：(五)组织制定并实施本单位的生产安全事故应急救援预案。

第三十三条规定，生产经营单位对重大危险源应当登记建档，进行定期检测、评估、监控，并制定应急预案，告知从业人员和相关人员在紧急情况下应当采取的应急措施。

《中华人民共和国港口法》第三十二条第二款规定，港口经营人应当依法制定本单位的危险货物事故应急预案、重大生产安全事故的旅客紧急疏散和救援预案以及预防自然灾害预案，保障组织实施。

《港口经营管理规定》第二十六条规定，港口经营人应当依法制定本单位的危险货物事故应急预案、重大生产安全事故的旅客紧急疏散和救援预案以及预防自然灾害预案，并保障组织实施。

港口经营人按照前款规定制定的各项预案应当报送港口行政管理部门和港口所在地海事管理机构备案。

《中华人民共和国突发事件应对法》(中华人民共和国主席令第69号)第二十四条规定，公共交通工具、公共场所和其他人员密集场所的经营单位或者管理单位应当制定具体应急预案，为交通工具和有关场所配备报警装置和必要的应急救援设备、设施，注明其使用方法，并显著标明安全撤离的通道、路线，保证安全通道、出口的畅通。

上述法律法规明确规定港口企业应当制定应急预案，特别是《中华人民共和国港口法》第三十二条和《港口经营管理规定》第二十六条规定，制定重大生产安全事故的旅客紧急疏散预案。

应急预案是指港口经营人针对本单位所从事港口作业的特点，针对可能发生的各种恶性突发事件及其后果，预先制定的抢险、救援方案或计划。应急预案应当具体、明确，应当使每一参与抢险应急的人都明白如何应对各种可能的突发事件。这些规定同样适用于港口经营人。

突发事件应急救援预案要按《生产经营单位安全生产事故应急救援预案编制导则》（AQ/T 9002）要求编写，基本情况、事故发生后应采取的处理的措施，人员紧急疏散撤离不能遗漏。

这里的保障措施指的是应急救援预案中要体现应急指挥系统，应急救援队伍，明确各级应急指挥系统和救援队伍的职责，企业应储备必备的应急物资，并妥善保管。应急预案不能仅仅写在纸上，重要的是落实。应急预案的演练、专兼职应急管理人员、应急物资、与相关单位的衔接等。

【要点】

查看企业是否制定相应的突发事件应急预案，是否有相应的应急保障措施和必备的应急物资。

需要注意的是，本项目为所有达标企业（一、二、三级企业）必备条件，本条标准不合格时终止考评，企业标准化不达标。

二、结合实际将应急预案分为综合应急预案、专项应急预案和现场处置方案。（★★）

【释义】

本条是关于企业综合预案与专项预案制定的考核要求。

本考评要点规定了港口客运企业的应急预案体系的基本框架，即由综合应急预案、专项应急预案和现场处置方案组成。

综合应急预案是从总体上阐述处理事故的应急方针、政策，应急组织结构及相关应急职责，应急行动、措施和保障等基本要求和程序，是应对各类事故的综合性文件。

专项应急预案是针对具体的事故类别、危险源和应急保障而制定的计划或方案，是综合应急预案的组成部分，应按照综合应急预案的程序和要求组织制定，并作为综合应急预案的附件。专项应急预案应制定明确的救援程序和具体的应急救援措施。专项预案通常作为总体预案的组成部分，有时也称为分预案。结合港口、码头企业实际，专项应急预案主要包括：淹溺事故、触电事故、火灾和爆炸事故、中暑事故、起重伤害事故、高处坠落事故、船舶溢油事故、食物中毒事故、船舶交通事故、车辆交通事故、防风防雷等应急救援预案。

现场处置方案是针对具体的装置、场所或设施、岗位所制定的应急处置措施。现场处置方案应具体、简单、针对性强。现场处置方案应根据风险评估及危险性控制措施逐一编制，做到事故相关人员应知应会，熟练掌握，并通过应急演练，做到迅速反应、正确处置。

【要点】

查看企业制定的应急预案，是否将应急预案分为综合应急预案、专项应急预案和现场处

置方案。

需要注意的是，本项目为一、二级标准化达标企业必备条件，本条标准不合格的企业，不能评为一、二级标准化达标企业。

三、应急预案与当地政府预案保持衔接，报当地有关部门备案，通报有关协作单位。

【释义】

本条是关于企业应急预案衔接的考核要求。

制定本单位的应急预案是各单位安全生产工作的重要组成部分，应急预案本身是本单位安全生产制度的一部分。港口经营人不仅要制定有关应急预案，还要定期按照预案进行演习，告知从业人员和相关人员在紧急情况下应当采取的应急措施，在发生突发事件时应当及时组织实施。

企业应急预案应与当地政府及有关管理部门应急预案保持高度衔接性，做到快速反应，正确应对，统一部署，启动相应级别的应急预案。

港口经营人制定的本单位应急预案是整个港口应急体系的有机组成部分，应当与港口行政主管部门的有关应急预案相衔接。按照《安全生产法》、《海洋环境保护法》和《突发事件应对法》等法律、法规的规定，港口经营人编制的应急预案，应当分别报港口行政管理部门、当地负责安全生产的综合管理部门以及其他相关部门备案。应急预案与当地政府应急预案衔接，并根据预案的类别分别报当地有关部门备案。特别应当指出的是，港口法是2004年发布的，在第三十二条第二款中要求的是“保障组织实施”，而2009年发布的《港口经营管理规定》对此进行了进一步细化，明确规定“港口经营人按照前款规定制定的各项预案应当报送港口行政管理部门和港口所在地海事管理机构备案”。

【要点】

查看企业制定的应急预案是否与当地政府预案保持衔接，查备案文件，各项预案是否报送港口行政管理部门和港口所在地海事管理机构备案，是否通报有关协作单位。

四、定期评审应急预案，并根据评审结果或实际情况的变化进行修订和完善。

【释义】

本条是关于企业应急预案评审的考核要求。

企业应急预案应定期进行评审，评审应有应急救援体系范围的人员参加，由应急救援领导小组长或分管安全的负责人主持评审。

根据评审结果或实际情况发生变化，进行针对的内容修改，完善应急救援预案内容。

修改后的应急救援预案，应经审批后，发放到各个部门，组织各部门和各岗位人员学习，提高各级人员的应急应变能力。

【要点】

查看企业是否定期评审应急预案，企业是否根据评审结果或实际情况的变化对应急预案进行修订和完善。

第二节 预案实施

【依据】

《中华人民共和国突发事件应对法》(中华人民共和国主席令第69号)。

《中华人民共和国港口法》第三十二条规定,港口经营人应当依法制定本单位的危险货物事故应急预案、重大生产安全事故的旅客紧急疏散和救援预案以及预防自然灾害预案,保障组织实施。

《港口经营管理规定》第二十六条规定,港口经营人应当依法制定本单位的危险货物事故应急预案、重大生产安全事故的旅客紧急疏散和救援预案以及预防自然灾害预案,并保障组织实施。

一、开展应急预案的宣传教育,普及生产安全事故预防、避险、自救和互救知识。

【释义】

本条是关于企业应急预案宣传教育的考核要求。

应急救援预案宣传教育,应达到提高增强安全意识和应急处置技能的目的。应急救援培训内容主要为事故预防、避险、自救和互救等知识。

【要点】

查看企业是否开展应急预案的宣传教育,是否普及生产安全事故预防、避险、自救和互救知识。

二、开展应急预案培训活动,使有关人员了解应急预案内容,熟悉应急职责、应急程序和应急处置方案。(★★★)

【释义】

本条是关于企业应急预案培训活动的考核要求。

应急预案培训活动,应使岗位人员了解预案的内容。通过开展应急预案培训活动,岗位人员应熟悉应急职责、应急程序和应急处置方案。

【要点】

查看企业是否开展应急预案培训活动,现场询问相关人员是否了解应急预案内容,是否熟悉应急职责、应急程序和应急处置方案。

需要注意的是,本评估要点为所有达标企业(一、二、三级企业)必备条件,本条标准不合格时终止考评,企业标准化不达标。

三、发生事故后,及时启动应急预案,组织有关力量进行救援,并按照规定将事故信息及应急预案启动情况报告有关部门。

【释义】

本条是关于企业应急预案应急响应的考核要求。

发生事故后,现场人员和应急救援指挥人员,应能正确启动应急预案的响应程序,迅速地组织人力、物力进行抢险救灾,减少事故损失和人员伤亡。

按规定将事故信息和应急预案启动情况,向当地港口管理部门和安监或其他负责安全监督的部门报告。

【要点】

查看企业是否发生事故,若发生事故企业能否及时启动应急预案,组织有关力量进行救援,能否按照规定将事故信息及应急预案启动情况报告有关部门。

第三节　应急队伍

【依据】

应急救援队伍建设是企业应急救援指挥体系建设的重要组成部分,是防范和应对突发事件的重要举措。突发事故时,应急救援队伍能最大度限度减少突发事故带来的损失。

《生产经营单位安全生产事故应急预案编制导则》(AQ/T 9002—2006)5.8.2。

5.8.2　应急队伍保障,明确各类应急响应的人力资源,包括专业应急队伍、兼职应急队伍的组织与保障方案。

一、建立与本单位安全生产特点相适应的专兼职应急救援队伍,或指定专兼职应急救援人员。

【释义】

本条是关于企业应急救援队伍的考核要求。

企业针对本单位安全生产特点建立应急救援队伍,企业规模小,不具备建立专职或兼职应急救援队伍者,应指定专职或兼职应急救援人员。人员配备应符合本单位应急救援预案中涉及的部门人员和专业技术人员,并以文件形式明确职责分工。

【要点】

查看企业是否建立与本单位安全生产特点相适应的专兼职应急救援队伍,是否指定专兼职应急救援人员。

二、组织应急救援人员日常训练。

【释义】

本条是关于企业应急救援队伍演练的考核要求。

企业应组织应急救援人员日常训练和演练,人员培训内容和方式,可采取理论知识培训和现场演练,队员自学,企业自培或外培。

【要点】

查看企业是否组织应急救援人员进行日常训练和演练,应急演练是否有字纸或影像的资料。

第四节　应急装备

【依据】

《中华人民共和国突发事件应对法》(中华人民共和国主席令第69号)第二十四条

第二款；

《生产经营单位安全生产事故应急预案编制导则》(AQ/T 9002—2006)5.8.3。

一、按照应急预案的要求配备相应的应急物资及装备。

【释义】

本条是关于企业应急物资及装备配备的考核要求。

企业应按国家有关规定，配备足够的应急物资及装备。

应急救援装备是应急救援的有力武器与重要保障，在应急救援工作中发挥着极为重要的作用。在事故发生时，面对各种复杂的危险性，必须使用大量种类不一的应急救援装备。如发生火灾，需要使用空气呼吸器、防毒面具；发生停电事故，要使用应急照明等。如果没有专业的应急救援装备，低下的应急救援能力将使事故不断升级恶化，造成难以估量的损失。

应急物资及装备应制定保管和使用管理制度。

【要点】

查看企业是否按照应急预案的要求配备相应的应急物资及装备。

二、建立应急装备使用状况档案，定期进行检测和维护，使其处于良好状态。

【释义】

本条是关于企业应急装备维护保养的考核要求。

《生产经营单位安全生产事故应急预案编制导则》(AQ/T 9002—2006)5.8.3 规定，应急物资装备保障，明确应急救援需要使用的应急物资和装备的类型、数量、性能、存放位置、管理责任人及其联系方式等内容。企业应急物资及装备应建立档案，明确应急救援需要使用的应急物资和装备的类型、数量、性能、存放位置、管理责任人及其联系方式等内容。应急物资及装备应定期检测和维护，并记录。

【要点】

查看企业是否建立应急装备使用状况档案，是否对应急装备定期进行检测和维护，使其处于良好状态。

第五节 应急演练

【依据】

《中华人民共和国突发事件应对法》(中华人民共和国主席令第 69 号)第二十九条第二款。

一、按照有关规定制定应急预案演练计划，并按照计划组织开展应急预案演练。(★★★)

【释义】

本条是关于企业应急预案演练计划的考核要求。

本评估要点是对港口客运企业应急演练的规定。

《中华人民共和国突发事件应对法》(中华人民共和国主席令第 69 号)第二十九条第二款规定，居民委员会、村民委员会、企业事业单位应当根据所在地人民政府的要求，结合各自的实际情况,开展有关突发事件应急知识的宣传普及活动和必要的应急演练。但由于各港口客运企业,特别是大型港口企业建立的是预案体系,涉及多个突发事件类型,为确保在一定的周期内使所有的突发事件应对工作得到检验,这就需要制定演练计划。演练计划是指在一定周期内,开展应急演练的频次和类别。这里所指的周期各单位可根据自身的情况确定,但一般和总体应急预案相衔接,应在发布新的总体应急预案前完成覆盖的所有科目。应急预案演练计划,明确应急演练的规模、方式、范围、内容、组织、评估、总结等内容。

企业根据演练计划组织开展应急预案演练。

具体的演练步骤如下:

①年初安全计划应有演练内容。

②演练前制定方案:目的、方法、人员、时间、安全措施。

③演练记录、参战人员、观摩人员。

④总结:安全部门起草,对演练的组织过程、应急反应能力等方面的检验。

⑤评审:通过演练对预案的评审。

【要点】

查看企业是否制定应急预案演练计划,是否按照有关规定组织开展应急预案演练。

需要注意的是,本项目为所有达标企业(一、二、三级企业)必备条件,本条标准不合格时终止考评,企业标准化不达标。

二、应急预案演练结束后,对应急预案演练效果进行评审,撰写应急预案演练评审报告,分析存在的问题,并对应急预案提出修订意见。(★)

【释义】

本条是关于企业应急预案演练效果评审的考核要求。

企业在应急预案演练结束后,应对应急预案演练效果进行评审,分析存在的问题,对演练的组织过程、应急反应能力、资源配备、后勤保障等方面进行分析,找出存在的问题,撰写应急预案演练评审报告,提出对应急预案的修订方案。

【要点】

查看企业是否在应急预案演练结束后,对应急预案演练效果进行评审,撰写应急预案演练评审报告,分析存在的问题,并对应急预案提出修订意见。

需要注意的是,本项目为一级标准化达标企业必备条件,本条标准不合格的企业,不能评为一级标准化达标企业。

第十五章　事故报告调查处理

本一级要素事故报告调查处理，包括2个二级要素、7个考评指标，共50分（其中，“★★★”一、二、三级必备条件指标项1条，“★”一级必备条件指标项1条），本要素是对港口客运企业事故报告调查处理的考核要求。

第一节　事 故 报 告

【依据】

《安全生产法》。

《中华人民共和国突发事件应对法》（中华人民共和国主席令第69号）。

《生产安全事故报告和调查处理条例》（国务院令第493号）第九条、第十四条。

《港口生产事故统计报表制度》（厅水字〔2010〕247号）。

一、发生事故及时进行事故现场处置，按相关规定及时、准确、如实向有关部门报告，没有瞒报、谎报、迟报情况。（★★★）

【释义】

本条是关于企业事故现场处置和上报的考核要求。

本评估要点是关于事故现场处置和报告的规定。

发生事故及时进行事故现场处置。《生产安全事故报告和调查处理条例》（国务院令第493号）第十四条规定，事故发生单位负责人接到事故报告后，应当立即启动事故应急预案，或者采取有效措施，组织抢救，防止事故扩大，减少人员伤亡和财产损失。事故发生后，港口客运企业应当立即启动相关应急预案，采取有效处置措施，开展先期应急工作，控制事态发展，并按规定向有关部门报告。对危及旅客生命安全的，标明危险区域，组织、协助应急救援队伍和工作人员救助受害人员，疏散、撤离、安置受到威胁的人员，并采取必要措施防止发生次生、衍生事故。

规范事故报告的法律法规主要有《安全生产法》、《生产安全事故报告和调查处理条例》（国务院令第493号），行业管理部门的有《港口生产事故统计报表制度》（厅水字〔2010〕247号）。

《安全生产法》第十七条规定，生产经营单位的主要负责人对本单位安全生产工作负有下列职责：（六）及时、如实报告生产安全事故。

《生产安全事故报告和调查处理条例》（国务院令第493号）第九条规定，事故发生后，事故现场有关人员应当立即向本单位负责人报告；单位负责人接到报告后，应当于1小时内向事故发生地县级以上人民政府安全生产监督管理部门和负有安全生产监督管理职责的有关部门报告。情况紧急时，事故现场有关人员可以直接向事故发生地县级以上人民政府安全生产监督管理部门和负有安全生产监督管理职责的有关部门报告。

《港口生产事故统计报表制度》（厅水字〔2010〕247 号）。

事故报告应当及时、准确、完整，任何单位和个人对事故不得迟报、漏报、谎报或者瞒报，这一规定是根据实践中事故报告存在的主要问题作出的，具有很强的现实针对性。由于港口客运码头是人员聚集场所，事故发生后，及时、准确、完整地报告事故，对于及时、有效地组织事故救援，减少事故损失，顺利开展事故调查具有非常重要的意义。

【要点】

查看企业是否建立事故报告的相关制度，企业在发生事故后能否按相关规定及时、如实向有关部门报告，企业是否及时进行事故现场处置。

需要注意的是，本项目为所有达标企业（一、二、三级企业）必备条件，本条标准不合格时终止考评，企业标准化不达标。

二、跟踪事故发展情况，及时续报事故信息，建立事故档案和事故管理台账。

【释义】

本条是关于企业事故档案和事故管理台账的考核要求。

企业应跟踪事故发展情况，及时向上级部门续报事故信息。企业应建立事故档案和事故管理台账。

【要点】

查看企业事故档案资料，企业是否建立事故档案和事故管理台账。企业发生事故后，是否及时将事故的发展变化情况向上级部门汇报。

第二节　事 故 处 理

【依据】

《安全生产法》第七十条规定，生产经营单位发生生产安全事故后，事故现场有关人员应当立即报告本单位负责人。

单位负责人接到事故报告后，应当迅速采取有效措施，组织抢救，防止事故扩大，减少人员伤亡和财产损失，并按照国家有关规定立即如实报告当地负有安全生产监督管理职责的部门，不得隐瞒不报、谎报或者拖延不报，不得故意破坏事故现场、毁灭有关证据。

第七十三条规定，事故调查处理应当按照实事求是、尊重科学的原则，及时、准确地查清事故原因，查明事故性质和责任，总结事故教训，提出整改措施，并对事故责任者提出处理意见。事故调查和处理的具体办法由国务院制定。

第七十四条规定，生产经营单位发生生产安全事故，经调查确定为责任事故的，除了应当查明事故单位的责任并依法予以追究外，还应当查明对安全生产的有关事项负有审查批准和监督职责的行政部门的责任，对有失职、渎职行为的，依照本法第七十七条的规定追究法律责任。

第七十五条规定，任何单位和个人不得阻挠和干涉对事故的依法调查处理。

《生产安全事故报告和调查处理条例》(国务院令第493号)。

一、接到事故报告后，迅速采取有效措施，组织抢救，防止事故扩大，减少人员伤亡和财产损失。

【释义】

本条是关于企业发生事故后应急处置的考核要求。

事故发生单位负责人接到事故报告后，应当立即启动事故相应应急预案，或者采取有效措施，组织抢救，防止事故扩大，减少人员伤亡和财产损失。

【要点】

查看企业的事故档案资料，企业在接到事故报告后，是否迅速采取有效措施，组织抢救，防止事故扩大，减少人员伤亡和财产损失。

二、发生事故后，按规定成立事故调查组，积极配合各级人民政府组织的事故调查，随时接受事故调查组的询问，如实提供有关情况。

【释义】

本条是关于企业发生事故后事故调查的考核要求。

企业发生事故后，按规定成立事故调查组，积极配合各级人民政府组织的事故调查，随时接受事故调查组的询问，如实提供有关情况。企业不得阻挠和干涉对事故的依法调查处理。

【要点】

查看企业事故档案资料，企业在发生事故后，是否按规定成立事故调查组，是否积极配合各级人民政府组织的事故调查，是否随时接受事故调查组的询问，是否如实提供有关情况。

三、按时提交事故调查报告，分析事故原因，落实整改措施。

【释义】

本条是关于企业法发生事故后事故报告的考核要求。

企业发生事故后，事故调查组应剖析事故原因，企业应落实整改措施，按时提交事故调查报告。

(1)事故调查组履行下列职责：

①查明事故发生的经过、原因、人员伤亡情况及直接经济损失。

②认定事故的性质和事故责任。

③提出对事故责任者的处理建议。

④总结事故教训，提出防范和整改措施。

⑤提交事故调查报告。

(2)事故调查报告应当包括下列内容：

①事故发生单位概况。

②事故发生经过和事故救援情况。

③事故造成的人员伤亡和直接经济损失。

④事故发生的原因和事故性质。

⑤事故责任的认定以及对事故责任者的处理建议。

⑥事故防范和整改措施。

(3)事故发生单位应当认真吸取事故教训,落实防范和整改措施,防止事故再次发生。防范和整改措施的落实情况应当接受工会和职工的监督。

【要点】

查看企业事故档案资料,查看企业是否按时提交事故调查报告,剖析事故原因,落实整改措施。

四、发生事故后,及时召开安全生产分析通报会,对事故当事人的聘用、培训、考核、上岗以及安全管理等情况进行责任倒查。

【释义】

本条是关于企业发生事故后事故责任追查的考核要求。

有关机关应当按照人民政府的批复,依照法律、行政法规规定的权限和程序,对事故发生单位和有关人员进行行政处罚,对负有事故责任的国家工作人员进行处分。

事故发生单位应当按照负责事故调查的人民政府的批复,对本单位负有事故责任的人员进行处理。负有事故责任的人员涉嫌犯罪的,依法追究刑事责任。

【要点】

查看企业事故档案资料,企业发生事故后是否及时召开安全生产分析通报会,对事故当事人的聘用、培训、考核、上岗以及安全管理等情况进行责任倒查。

五、按“四不放过”原则严肃查处事故,严格追究责任领导和相关责任人。处理结果报有关部门备案。(★)

【释义】

本条是关于企业发生事故后事故处理的考核要求。

事故发生单位主要负责人有下列行为之一的,处上一年年收入40%至80%的罚款;属于国家工作人员的,并依法给予处分;构成犯罪的,依法追究刑事责任:

①不立即组织事故抢救的。

②迟报或者漏报事故的。

③在事故调查处理期间擅离职守的。

事故发生单位主要负责人未依法履行安全生产管理职责,导致事故发生的,依照下列规定处以罚款;属于国家工作人员的,并依法给予处分;构成犯罪的,依法追究刑事责任:

①发生一般事故的,处上一年年收入30%的罚款。

②发生较大事故的,处上一年年收入40%的罚款。

③发生重大事故的,处上一年年收入60%的罚款。

④发生特别重大事故的,处上一年年收入80%的罚款。

事故发生单位对事故发生负有责任的,由有关部门依法暂扣或者吊销其有关证照;对事故发生单位负有事故责任的有关人员，依法暂停或者撤销其与安全生产有关的执业资格、岗位证书；事故发生单位主要负责人受到刑事处罚或者撤职处分的，自刑罚执行完毕或者受处分之日起，5 年内不得担任任何生产经营单位的主要负责人。

【要点】

查看企业事故档案资料，企业是否按“四不放过”原则严肃查处事故，严肃查处安全生产事故，是否严格追究责任领导和相关责任人。处理结果报有关部门备案。

需要注意的是，本项目为一级标准化达标企业必备条件，本条标准不合格的企业，不能评为一级企业。

第十六章 绩效考核与持续改进

本一级要素绩效考核与持续改进，包括3个二级要素、3个考评指标，共35分（其中，“★”一级必备条件指标项1条），本要素规定了港口客运企业绩效考核与持续改进的考核要求。

第一节 绩效评定

【依据】

《企业安全生产标准化基本规范（AQ/T 9006—2010）》。

一、每年至少一次对本单位安全生产标准化的实施情况进行评定，对安全生产工作目标、指标的完成情况进行综合考评。

【释义】

本条是关于企业标准化评定的考核要求。

港口客运企业应每年至少对本单位安全生产标准化的实施情况进行一次评定，验证各项安全生产制度措施的适宜性、充分性和有效性，检查安全生产工作目标、指标的完成情况。这里的评定可以理解为内部审核，检查标准化的实施情况，为完善安全生产标准化和进行综合考核提供依据。

企业主要负责人应对绩效评定工作全面负责。评定工作应形成正式文件，并将结果向所有部门、所属单位和从业人员通报，作为年度考评的重要依据。

本规定是“至少一次”，那么在什么情况下需要增加评定的次数呢？通常，在下列情况下应考虑进行评定，一是发生安全生产事故，特别是发生死亡事故后应重新进行评定；二是国家法律法规，相关管理规范、标准发生变化时；三是主要生产设施设备、工艺发生变化时；四是人员发生重大变化时。

【要点】

查看企业档案资料，企业对本单位安全生产标准化的实施情况进行评定的次数，对安全生产工作目标、指标的完成情况进行综合考核的客观依据，如奖惩记录、文件等。

第二节 持续改进

【依据】

《企业安全生产标准化基本规范》（AQ/T 9006—2010）。

一、提出进一步完善安全标准化的计划和措施，对安全生产目标、指标、管理制度、操作规程等进行修改完善。

【释义】

本条是关于企业标准化计划和措施，规章制度完善的考核要求。

持续改进又叫 PDCA 循环，其目的是把安全管理工作分成循环过程，通过循环不断的提高安全管理工作质量，促使安全管理工作规范化和条理化。实行安全绩效管理的关键在于持续改进，包括对于安全绩效管理体系的持续改进。因为，一个绩效考核体系的真正成功同时需要加与在实施过程中不断改进，成功公司安全绩效管理的成功经验认为，绩效考核体系在实施中经历一、两年后才能真正完善起来，相应的安全文化和氛围才能成熟。

企业应根据安全生产标准化的评定结果和安全生产预警指数系统所反映的趋势，对安全生产目标、指标、规章制度、操作规程等进行修改完善，持续改进，不断提高安全绩效。

【要点】

查看企业档案资料，企业是否提出进一步完善安全标准化的计划和措施，是否对安全生产目标、指标、管理制度、操作规程等进行修改完善。

第三节　安全管理体系建设

【依据】

企业安全管理体系是指企业全部管理体系中专门管理安全工作的部分，包括为制定、实施、实现、评审和保持安全方针、目标所需的组织机构、规划活动、职责、惯例、程序、过程和资源。安全管理体系是一个事前的、动态循环的、控制人的不安全行为和物的不安全状态的系统化的管理过程；是以持续改进的思想指导企业系统地实现其既定的安全管理目标，它和企业的质量管理体系、环境管理体系等一起，构成企业的全面管理体系。企业对影响职工的安全危险因素有害因素进行分析、评价，确定企业安全管理的目标和管理方案，消除或控制危险因素，确保职工安全。

一、根据企业生产经营实际，建立相应的安全管理体系，规范安全生产管理，形成长效机制。(★)

【释义】

本条是关于企业安全管理体系的考核要求。

企业应建立安全管理体系，并根据企业的运行情况，不断对安全体系进行修改完善，对安全体系的运行情况进行如下的评估改进，以形成长效机制。

①系统运行效果。

②系统运行中出现的问题和缺陷，所采取的改进措施。

③统计技术、信息技术等在系统中的使用情况和效果。

④系统各种资源的使用效果。

⑤绩效监测系统的适宜性以及结果的准确性。

⑥与相关方的关系。

【要点】

查看企业档案资料，企业是否根据企业生产经营实际，建立相应的安全管理体系，规范安全生产管理，形成长效机制。

需要注意的是，本项目为一级标准化达标企业必备条件，本条标准不合格的企业，不能评为一级标准化达标企业。

第二篇　港口普通货物码头企业安全生产达标考评指标释义

本篇是针对港口普通货物码头企业安全生产达标考评指标的释义，本释义针对港口普通货物码头企业安全生产达标考评指标的 16 个一级元素、50 个二级元素、126 条考评内容进行了释义。按照 16 个一级元素进行了章节的划分，指明了 16 个小节各自所涵盖的内容，对 50 个二级要素所引用的安全生产法律法规依据进行阐述，对 126 条考评内容进行了逐条的释义并提出了考评时的要点。

本考评标准所指的港口普通货物码头企业包括港口集装箱码头企业、件杂码头企业、散货码头企业。

第一章　安全目标

本一级要素安全目标，包括4个二级元素、7条考评指标，共35分（其中“★★★”一、二、三级企业必备条件的指标项1条，“★★”一、二级企业必备条件的指标项1条），主要针对企业的安全生产方针、目标制定及执行情况进行考核。

第一节　安全工作方针与目标

【依据】

安全生产方针、目标是整个安全生产标准化工作的前提和基础。《国务院关于进一步加强企业安全生产工作的通知》（国发〔2010〕23号）中要求“严格落实安全目标考核”。《国务院关于坚持科学发展安全发展促进安全生产形势持续稳定好转的意见》（国发〔2011〕40号）中要求“把安全生产考核控制指标纳入经济社会发展考核评价指标体系，加大各级领导干部政绩业绩考核中安全生产的权重和考核力度。”《关于进一步加强安全生产工作的决定》（国发〔2004〕2号）中要求“要制定全国安全生产中长期发展规划，明确年度安全生产控制指标，建立全国和分省（区、市）的控制指标体系，对安全生产情况实行定量控制和考核”。

一、制定企业安全生产方针、目标和不低于上级下达的安全控制指标。（★★★）

【释义】

本条是关于安全生产管理方针、目标的考核要求。

我国安全生产法规定，我国安全生产的基本方针是“安全第一，预防为主”，安全生产关系到人民群众生命和财产安全，关系到社会稳定和经济健康发展。“安全第一，预防为主”的方针是我国安全生产工作长期经验的总结。实践证明，要搞好安全生产工作，必须坚定不移地贯彻、执行这一方针。

安全生产方针、目标能够使各级领导及从业人员明确要重点防范的生产安全事故或安全生产工作的努力方向，有利于统一思想、统一调动港口企业的管理和技术资源。实施安全生产目标管理，可以做到责任明确，自觉落实。安全生产方针、目标的确定是港口企业向社会及从业人员作出的承诺，也是港口企业社会责任的一种体现。港口企业的各级人员、各职能管理部门，会更加自觉地根据自身在实现安全生产目标的作用，明确责任，落实到位，形成推动落实安全生产责任制的激励机制。

【要点】

(1)企业应根据国家法律法规和企业自身的实际情况，确定企业的安全生产方针；企业制定安全方针时，应考虑以下因素：

①企业的安全风险。

②法律法规及其他要求。

③企业的安全生产状况、绩效。

④企业安全文化、理念。

(2)企业应根据自身的实际情况制定安全生产目标的管理制度。

(3)企业制定的安全生产目标管理制度中,应明确目标与指标的制定、分解、实施、考核等环节的内容和相应的责任部门,安全生产目标指标的制定、分解、实施、考核一般由安全生产委员会负责,具体工作由安全生产委员会办公室来完成。

(4)各类企业制定目标的原则有一定的差别,但一般需遵循以下几项原则:

①符合性原则。制定的安全生产目标要是贯彻国家安全生产法律法规、方针政策,以及上级有关安全生产的要求,企业制定的安全目标要不低于上级有关部门下达的安全考控制指标。

②可行性原则。制定的目标是结合公司的实际情况,依照上级下达指标等综合因素制定。

(5)制定的目标应包括管理类目标、整改类目标和事故类目标。

制定安全生产目标时应考虑以下内容:

①企业安全生产方针。

②管理评审的结果。

③风险评价的结果。

④以往安全生产的绩效。

⑤法律法规与其他要求。

⑥上级单位的指标。

(6)企业年度安全生产目标与指标制定完成后,以企业最高行政文件下发给各基层单位和职能部门,一般以企业年度的第 1 号通知下发各基层单位和职能部门。

需要注意的是,本条为所有达标企业(一、二、三级企业)必备条件,本条标准不合格时终止考评,企业标准化不达标。

二、制定实现安全工作方针与目标的措施。

【释义】

本条是关于企业实现所制定的安全方针与目标措施的考核要求。

为保障企业制定的安全工作方针与目标能顺利实现,企业在制定安全工作方针与目标时应确定实现该安全工作方针与目标的措施。

【要点】

(1)企业根据基层单位和部门在安全生产中所承担的职能,以及可能面临的风险大小,将企业年度的安全生产目标与指标分解到各个基层单位和部门,成为各个基层单位和部门的年度安全生产目标与指标。

(2)企业应制定保证安全生产目标实现的组织措施和技术措施。

组织措施:加强领导、加强管理;

技术措施:制定安全生产目标指标完成情况的考核办法,严格考核,奖罚分明;企业根据所属基层单位和部门的职能,通过层层签订安全生产目标责任书的方式,逐级明确安全生产目标至班组和岗位。

第二节　中长期规划

【依据】

《关于进一步加强安全生产工作的决定》(国发〔2004〕2 号)中要求"要制定全国安全生产中长期发展规划,明确年度安全生产控制指标,建立全国和分省(区、市)的控制指标体系,对安全生产情况实行定量控制和考核"。为了避免企业重生产、轻安全,一味追求经营效益,忽视安全工作的短期行为,促进企业安全生产工作与企业发展同步规划、同步实施,企业应制定一个可测量的、持续改进的、能够实现的战略目标和中长期安全生产规划。

一、制定和实施企业安全生产中长期规划和跨年度专项工作方案。(★★)

【释义】

本条是关于企业制定和实施安全生产规划和专项工作方案的考核要求。

为了避免企业重生产、轻安全,一味追求经营效益,忽视安全工作的短期行为,促进企业安全生产工作与企业发展同步规划、同步实施,企业应制定一个可测量的、持续改进的、能够实现的战略目标和中长期安全生产规划。

为了指导企业下一年度的安全工作,企业应结合企业当前安全工作的实际制定跨年度专项工作方案。

【要点】

(1)企业制定安全生产中长期规划时,规划的整体性应与阶段性计划相统一,规划针对性强,有配套的措施、检查、考核办法,每年应有诊断总结。

(2)企业制定安全生产中长期规划和跨年度专项工作方案中的目标指标要科学合理,尽可能量化,且有认证分析的支撑材料。

需要注意的是,本条为一、二级标准化达标企业必备条件,本条标准不合格的企业,不能评为一、二级标准化达标企业。

第三节　年度计划

【依据】

工作计划是工作任务的明确。一个企业的计划有年度计划、季度计划、月计划,这些计划明确了我们企业当年要完成什么任务,这个季度要完成什么任务,以及这个月要完成的任务。企业的年度计划应明确企业的安全生产任务、质量任务、管理任务、节资降耗任务等,以便我们的企业在工作中围绕这些任务开展工作。

一、根据中长期规划，制定年度计划和年度专项活动方案，并严格执行。

【释义】

本条是关于企业制定年度计划和年度专项活动方案的考核要求。

年度计划是中长期规划转化而来的一年里的可执行计划，这就从一个比较宏观的角度界定了年度计划的功能。年度计划完整的功能是“承上启下”：承上，承接中长期规划，将长期战略具体到每一年的工作要求明确出来；启下，则是对一年度具体的工作进行细分、制定专项活动的主要依据。年度计划的承上启下的作用将中长期规划落实到每个年度的详细工作计划。

年度计划有四项主要功能。年度计划具有由中长期规划分解到一年的可执行计划为其核心的功能，这项功能从安全业绩考核、安全管理、资源配置的角度，分别可以衍生出不同的功能。从安全业绩考核的角度看，年度计划是各个职能的安全工作及业绩的评价的主要标准。从安全管理的角度看，年度计划是高层管理各个职能的主要手段。从资源配置的角度看，年度计划是向各个职能以及各个职能内配置资源的主要依据。

年度专项活动方案是针对一些特殊的活动制定的专项方案。

【要点】

(1)企业应根据中长期规划结合企业当前的安全工作形势，制定年度计划和年度专项活动方案。

(2)企业制定的年度计划应有规范的文本资料。

(3)企业制定年度计划和年度专项活动方案应以文件的形式发布。

(4)年度计划确定后，企业每年组织专项安全生产检查活动，检查各部门贯彻落实情况，每年组织年中和年底对计划执行情况检查，查找未完成计划的问题和原因，制定改进措施。

第四节　目 标 考 核

【依据】

《国务院关于进一步加强企业安全生产工作的通知》(国发〔2010〕23 号)中要求“严格落实安全目标考核”。

一、将安全生产管理指标进行细化和分解，制定阶段性的安全生产控制指标。

【释义】

本条是关于企业安全生产指标细化、分解的考核要求。

企业安全生产目标管理绩效考核应建立不同层次的安全生产目标及对安全生产指标进行细化、分解到各部门，对各部门的指标完成情况进行考核、奖惩，形成规范化管理体系中一个相对完整的部分。

阶段性的安全生产控制指标是将年度指标进行细分，分成月、季度、半年进行指标的考核，便于及时发现问题，采取补救措施，确保年度安全生产指标的完成。

【要点】

(1)企业应将安全生产管理指标进行细化和分解到各部门。

(2)企业细化和分解的安全生产管理指标的应覆盖公司所有部门。

(3)企业应制定阶段性的安全生产控制指标。

(4)企业应对将细化、分解的安全生产指标及阶段性控制指标以文件的形式发布。

二、制定安全生产目标考核与奖惩办法。

【释义】

本条是关于安全生产目标考核与奖惩的考核要求。

安全生产目标考核与奖惩办法是企业安全管理体系中重要的一个安全管理制度。安全生产目标考核与奖惩办法是对公司各部门、各员工在完成公司制定的安全生产目标，给予奖励和惩罚的规定。安全生产目标考核与奖惩办法要同经济责任制紧密结合，同员工的责、权、利挂钩，充分体现奖优罚劣。

【要点】

(1)企业应结合企业的安全生产实际，制定安全生产目标考核与奖惩办法。

(2)企业制定安全生产目标考核与奖惩办法需要遵循以下原则：

针对达到什么样的目标进行奖励和惩罚，以及奖励和惩罚的方式和程度必须事先进行明确；所制定的奖惩依据必须全面公开，让管理者和被管理者都能准确、全面地把握其具体内涵和要求，以避免发生为了奖励而奖励，为了惩罚而惩罚的无效活动；必须严格明确奖惩的依据，只能对这种依据制定和公布之后，让每个人明确了，才具有约束力。不能把新制定的奖惩依据用于其正式颁布之前的行为上。

三、定期考核年度安全生产目标完成情况，并奖惩兑现。

【释义】

本条是关于安全生产目标考核的考核要求。

安全生产目标考核与奖惩是通过一系列正向刺激和反向刺激的作用，引导和规范员工的行为朝着符合企业安全发展方向发展。对实现目标的行为，公司用奖励进行强化，也就是正向刺激；对未完成目标的行为，利用处罚措施进行约束，也就是反向刺激。两者相辅相成，才会有效促进企业安全生产目标的实现。

【要点】

(1)企业应根据所制定《安全生产目标考核与奖惩办法》的规定，定期对安全生产目标和指标实施计划的完成情况进行考核，并根据考核情况按照规定进行奖惩。

(2)企业应对考核中发现的问题进行积极的整改，若考核指标设置不合理，应及时调整安全生产目标和指标的实施计划。

(3)企业应保存所有有关考核记录资料。

第二章　管理机构和人员

本一级要素管理机构和人员，包括2个二级元素、4条考评指标，共35分（其中“★★★”一、二、三级企业必备条件的指标项2条，“★★”一、二级企业必备条件的指标项1条），主要针对企业的安全管理机构的设置情况和安全管理人员的配置情况进行考核。

第一节　安全管理机构

【依据】

《安全生产法》第十九条规定，矿山、建筑施工单位和危险物品的生产、经营、储存单位，应当设置安全生产管理机构或者配备专职安全生产管理人员。以外的其他生产经营单位，从业人员超过三百人的，应当设置安全生产管理机构或者配备专职安全生产管理人员；从业人员在三百人以下的，应当配备专职或者兼职的安全生产管理人员，或者委托具有国家规定的相关专业技术资格的工程技术人员提供安全生产管理服务。

一、成立安全生产委员会（或领导小组），下属各分支机构分别成立相应的领导机构。安委会职责明确，实行主要领导负责制。（★★）

【释义】

本条是关于企业安全生产领导机构的考核要求。

安全生产领导机构是企业负责安全生产工作计划、组织、协调、监督、控制必不可少的综合管理职能组织。企业可以结合企业实际设置相应的安全生产领导机构，大中型企业可以设置安全生产委员会，小微型企业可以设置安全生产领导小组。

【要点】

（1）企业应建立“安全生产委员会（或领导小组）”，统一协调企业中的安全生产问题，企业主要负责人同时是“安全生产委员会（或领导小组）”的主要领导。

（2）“安全生产委员会（或领导小组）”应有成员名单、职责和权限、工作制度等内容，且对企业中的重大安全健康问题进行评议、协调和决策。

（3）大型企业集团的各下属各分支机构应分别成立相应的领导机构。

（4）企业成立的安全生产委员会或领导小组，或下属各分支机构成立的相应领导机构应以公司文件的形式发布。

需要注意的是，本条为一、二级标准化达标企业必备条件，本条标准不合格的企业，不能评为一、二级标准化达标企业。

二、按规定设置与企业规模相适应的安全生产管理机构。(★★★)

【释义】

本条是关于企业安全生产管理机构设置的考核要求。

安全生产管理机构指的是企业专门负责安全生产监督管理的内设机构,其工作人员都是专职安全生产管理人员。安全生产管理机构的作用是落实国家有关安全生产法律法规,组织港口企业内部各种安全检查活动,负责日常安全检查,及时整改各种事故隐患,监督安全生产责任制落实等。它是港口企业安全生产的重要组织保证。

根据《安全生产法》的规定,港口企业涉及经营、储存危险物品的单位应设置安全生产管理机构或者配备专职安全生产管理人员。普通货物港口企业从业人员超过三百人的,应当设置安全生产管理机构或者配备专职安全生产管理人员;从业人员在三百人以下的,应当配备专职或者兼职的安全生产管理人员,或者委托具有国家规定的相关专业技术资格的工程技术人员提供安全生产管理服务。

【要点】

(1)企业应按规定设置安全生产管理机构,配备得力的安全管理人员,并保持相对稳定。

(2)企业设置的安全生产管理机构应以公司文件的形式发布。

(3)企业应建立安全管理机构的管理制度,明确安全管理机构的职责。安全生产管理机构的主要职责是落实国家有关安全生产法律法规,组织港口企业内部各种安全检查活动,负责日常安全检查,及时整改各种事故隐患,监督安全生产责任制落实等,其具体的职责如下:

①监督检查企业各部门对国家有关安全生产的方针、政策和法规以及安全措施计划的贯彻执行情况。

②调查研究生产建设中的不安全因素,提出改进意见,督促企业、部门内的有关单位加以解决。

③对特殊工种进行培训,对新工人进行厂级的安全教育。

④制止违章指挥和违章作业,必要时,有权停止作业,并及时报告领导。

⑤参加本单位各种生产会议,对企业的生产计划、组织管理等各项活动提出安全生产的意见和要求。

⑥组织和协调有关部门制定、修订、审查安全生产制度和操作规程、安全技术操作规程等,并经常检查贯彻执行情况。

⑦开展经常性的安全宣传、教育活动。

⑧做好防尘、防毒和防寒工作,参加本单位新建、改建和新工艺的设计审查和竣工验收工作。

⑨编制安全技术措施计划,并负责实施。

⑩组织安全生产大检查和日常现场安全检查,发现影响安全的问题,及时向领导和有关部门报告,并提出处理意见,落实整改措施。

⑪事故的抢救、调查、处理工作,做好伤亡事故的统计、分析和事故档案管理工作,按时上报本单位的伤亡事故报表。

⑫有权拒绝上级不符合安全生产、文明生产的指令和意见。

需要注意的是，本条为所有达标企业（一、二、三级企业）必备条件，本条标准不合格时终止考评，企业标准化不达标。

三、定期召开安全生产委员会会议。安全生产管理机构和下属各分支机构每月至少召开一次安全工作例会。

【释义】

本条是关于企业安全管理机构定期召开安全会议的考核要求。

安委会安全会议是为了加强公司负责人与部门之间安全工作的沟通和推进安全管理，及时了解公司的安全状态，保证公司生产安全正常运行，及时消除生产安全事故隐患，实现公司安全生产目标而要求定期或不定期召开的会议。

【要点】

（1）企业应制定《安全会议制度》，制度中应明确安委会、安全管理机构召开安全会议的相关要求。

（2）安委会或安全生产领导机构每季度应至少召开一次安全专题会，协调解决安全生产问题。

（3）安全会议应有安全会议纪要，会议纪要应归档保存。

第二节　管理人员配备

【依据】

《安全生产法》第十九条规定，矿山、建筑施工单位和危险物品的生产、经营、储存单位，应当设置安全生产管理机构或者配备专职安全生产管理人员。以外的其他生产经营单位，从业人员超过三百人的，应当设置安全生产管理机构或者配备专职安全生产管理人员；从业人员在三百人以下的，应当配备专职或者兼职的安全生产管理人员，或者委托具有国家规定的相关专业技术资格的工程技术人员提供安全生产管理服务。

2004 年国发 2 号文第十条规定，依法加强和改进生产经营单位安全管理。强化生产经营单位安全生产主体地位，进一步明确安全生产责任，全面落实安全保障的各项法律法规。生产经营单位要根据《安全生产法》等有关法律规定，设置安全生产管理机构或者配备专职（或兼职）安全生产管理人员。

《港口危险货物管理规定》第九条规定，从事危险货物港口作业的港口经营人，应当具备以下条件：

（1）至少有一名企业主要负责人应当具备与本单位所从事的危险货物港口作业相关的安全生产知识和管理技能；

（2）配备足够的具有上岗资格证书的管理、作业人员。

一、按规定足额配备专职安全生产和应急管理人员。（★★★）

【释义】

本条是关于安全生产管理人员和应急管理人员配备要求的考核要求。

安全生产管理人员的主要职责是宣传、贯彻、执行“安全第一，预防为主”的安全生产方针、政策、法律、法规和标准；组织制定或修订企业各级安全生产责任制和各项安全规章制度及安全操作规程；履行安全生产监管职责，组织安全检查，注意发现监控重大危险源，督促整改事故隐患，组织开展安全生产宣传教育活动；制止违章作业、违章指挥和不安全行为，监督落实各项安全生产设备、设施的防护措施，对发生的生产安全事故进行报告、调查，采取预防措施。安全生产管理人员在企业安全生产工作中的作用不可忽视。

【要点】

(1)企业应结合自身实际和国家法律法规的要求配备相应的专兼职安全生产和应急管理人员。

(2)企业的各职能部门、各装卸作业泊位应有主管安全的负责人，各职能部门、各装卸作业泊位应有专(兼)职安全员。

(3)负责安全生产的主要管理人员要有通过安全生产法律法规要求的培训证明材料。安全生产管理人员必须具备与本单位所从事的生产经营活动相应的安全生产知识和管理能力。

(4)企业应制定《安全管理人员和应急管理人员的安全管理制度》，制度中应明确安全管理人员和应急管理人员的配备要求，职责、职能及具体工作内容和程序。其职责应能体现“分级管理，分线负责”的原则，涵盖企业生产经营活动及其他活动的全方位、全过程。

(5)企业配置的安全管理人员应以公司文件的形式发布，安全管理人员应持有主管部门考核合格的证书。

需要注意的是，本条为所有达标企业(一、二、三级企业)必备条件，本条标准不合格时终止考评，企业标准化不达标。

第三章　安全责任体系

本一级要素安全责任体系，包括2个二级元素、6条考评指标，共45分（其中“★★★”一、二、三级企业必备条件的指标项1条，“★★”一、二级企业必备条件的指标项2条），主要针对企业的安全责任制的建立情况、安全职责的落实执行情况、考核情况进行考核。

第一节　健全责任制

【依据】

安全生产责任制是企业一项最基本的安全生产制度，是各种职业安全健康制度的核心，它明确规定了企业领导者、管理者及各类人员对安全生产应负的责任、权利和义务。认真贯彻、落实安全生产责任制是搞好安全健康工作的重要环节，是各层次、各类人员在安全生产中分工协作、各负其责的具体体现，也是“分级管理、分线负责”的安全管理体系形成和正常运行的关键。

《安全生产法》第四条规定，生产经营单位必须遵守本法和其他有关安全生产的法律、法规，加强安全生产管理，建立、健全安全生产责任制度，完善安全生产条件，确保安全生产。

《中华人民共和国港口法》第三十二条规定，港口经营人必须依照《中华人民共和国安全生产法》等有关法律、法规和国务院交通主管部门有关港口安全作业规则的规定，加强安全生产管理，建立健全安全生产责任制等规章制度，完善安全生产条件，采取保障安全生产的有效措施，确保安全生产。

《港口经营管理规定》第二十六条规定，港口经营人应当依照有关法律、法规和交通运输部有关港口安全作业的规定，加强安全生产管理，完善安全生产条件，建立健全安全生产责任制等规章制度，确保安全生产。

一、企业主要负责人、分管领导、全体员工安全职责明确，制定并落实安全生产责任制，层层签订安全生产责任书，并落实到位。（★★★）

【释义】

本条是关于企业各级人员安全责任制的考核要求。

企业安全生产责任制应涵盖企业的所有部门和人员，按照“横向到边、纵向到底”的原则，建立健全各级各岗位人员的安全生产责任制。通过层层签订安全生产责任书是确保企业各级人员的安全职责能落到实处的有效途径。

【要点】

（1）企业应建立、健全安全生产责任制，明确各级人员的安全生产职责。

（2）企业各级人员的安全职责应悬挂或张贴在相应的岗位上。

(3)企业的各级人员应层层签订安全生产责任书。

(4)企业应定期对各级人员的安全责任落实情况进行考核。

需要注意的是,本条为所有达标企业(一、二、三级企业)必备条件,本条标准不合格时终止考评,企业标准化不达标。

二、主要负责人或实际控制人是安全生产第一责任人,按照安全生产法律法规赋予的职责,对安全生产负全面组织领导、管理责任和法律责任,并履行安全生产的责任和义务。(★★)

【释义】

本条是关于主要负责人安全职责的考核要求。

根据《安全生产法》的规定,生产经营单位的主要负责人对本单位的安全生产工作全面负责,因此企业的主要负责人或实际控制人是安全生产第一责任人,应履行国家相关法律法规规定和要求的安全生产责任和义务。

港口企业的主要负责人是指在港口企业中起决策作用的领导人或领导层,包括厂长、经理以及其他主要的领导人员,如国有港口企业的法定代表人、公司的董事会成员或者有决策权的经理层人员、个人投资港口企业的投资人等。

港口企业的主要负责人具备以下特征:

①是本单位日常生产经营活动的最高负责人,负有生产经营的决策权和指挥权。

②是日常生产经营活动的直接指挥者,也就是港口企业是其日常工作的地点。

③在港口企业日常经营活动中能够有效地实施指挥和决策。

④港口企业的主要负责人可能同时包括几个高层决策者。

由于港口企业的主要负责人在港口企业中处于决策者、指挥者的重要地位,因此,其是否重视安全生产,对本单位的安全生产具有至关重要的意义。为了搞好安全生产,必须明确港口企业的主要负责人是安全生产的第一责任人,对本单位的安全生产全面负责。这样才能促使港口企业的主要负责人切实负起责任,管生产又管安全,而不能重生产、轻安全。单位主要负责人对安全生产工作所承担的职责明确了,对安全生产工作真正重视了,整个单位的安全生产工作在很大程度上就有了保障。

【要点】

(1)企业建立的安全生产责任体制中,应首先明确主要负责人的安全职责。

(2)企业主要负责人应按照安全生产法律法规赋予的职责,全面负责安全生产工作,并履行安全生产义务。主要负责人全面负责安全生产工作,并履行下列主要职责:

①组织建立、健全本单位的安全生产责任制,并保证有效执行。

②组织制定安全生产规章制度和操作规程,并保证其有效实施。

③保证本单位安全生产投入的有效实施。

④督促检查本单位安全生产工作,及时消除生产安全事故隐患。

⑤组织制定并实施本单位的生产安全事故应急救援预案。

⑥及时、如实报告生产安全事故。

(3)港口企业的主要负责人应当具备与所从事生产经营活动相应的安全知识和安全技

能，并按照国家有关规定依法获得任职的资格。港口企业一旦发生生产安全事故，其主要负责人必须如实向有关部门报告，积极组织进行抢救。对事故的发生负有责任的，并根据事故的具体情况，依法承担相应的民事责任、行政责任或者刑事责任。

需要注意的是，本条为一、二级标准化达标企业必备条件，本条标准不合格的企业，不能评为一、二级标准化达标企业。

三、分管安全生产的负责人是安全生产的重要负责人，统筹协调和综合管理企业的安全生产工作，对安全生产负重要管理责任。

【释义】

本条是关于企业分管安全生产责任人安全职责的考核要求。

大中型企业（集团）通常任命有其他人员负责分管具体的安全生产工作，这样分管安全生产的负责人就是公司安全工作的直接负责人，承担着安全管理工作的重要责任，负责统筹协调和综合管理企业的安全生产工作。分管安全生产的负责人虽说是公司安全生产的重要负责人，可以承担或协助第一负责人的安全生产管理工作，但不能代替第一负责人承担国家法律法规赋予第一负责人的法定安全责任与义务。

【要点】

（1）企业建立的安全生产责任体制中，应明确分管安全生产的负责的安全职责。

（2）企业分管安全生产的负责人是安全生产的重要负责人，对安全生产负重要管理责任。应履行以下职责：

①全面贯彻执行安全生产法律法规、国家标准和行业标准；认真贯彻落实上级和本单位关于安全生产工作的部署和要求。

②认真组织实施本单位安全生产责任制、安全生产各项规章制度和操作规程，并严格检查落实。

③受主要领导委托，每个月至少组织召开1次安全生产工作会议；定期不定期召开专题工作会，及时研究和解决本单位安全生产工作存在的问题。

④加强对本单位安全管理机构和安全监管人员的管理，督促其制定完善的工作制度并认真履职。

⑤推行安全性能可靠的新工艺、新技术、新设备和新材料，提高生产装备自动化水平，不断改善安全生产基础设施和条件。

⑥组织实施事故隐患排查、治理、报告制度，落实事故隐患和职业危害的监控防治措施；严格重大危险源管理等。

⑦加强现场安全管理，落实安全防范措施，加强现场检查，提高安全生产管理水平。

⑧本单位发生生产安全事故，立即组织抢救并及时向单位主要负责人汇报。

⑨法律法规明确的其他安全责任。

四、其他负责人和全体员工实行"一岗双责"，对业务范围内的安全生产工作负责。

【释义】

本条是关于安全生产"一岗双责"的考核要求。

“一岗双责”顾名思义就是指一个岗位承担两方面的职责。安全生产“一岗双责”，每个岗位人员既要对所在岗位应当承担的具体业务工作负责，又要对所在岗位安全生产工作负责。

安全生产“一岗双责”是指企业及有关部门主要负责人是本企业、本部门职责范围内安全生产工作第一责任人，对安全生产工作负全面领导责任；分管安全生产工作的负责人对安全生产工作负综合监管领导责任；其他负责人对分管业务工作范围内的安全生产工作负直接领导责任；岗位员工对本岗位的安全工作负直接责任。

企业安全生产“一岗双责”制是落实企业安全生产主体责任的重要保证措施之一。

【要点】

(1)企业应建立健全各岗位员工的岗位职责和岗位安全职责，明确各岗位的“一岗双责”。

(2)企业应根据公司安全考核规定，定期对各岗位人员的安全生产职责履行情况进行考核。

(3)企业应将各岗位安全职责应悬挂或张贴在相应的岗位上。

五、安全生产管理机构、各职能部门、生产基层单位的安全职责明确并落实到位。

【释义】

本条是关于企业各级各部门安全责任制的考核要求。

企业安全生产责任制应涵盖企业的所有部门，按照“横向到边、纵向到底”的原则，建立健全各级各部门的安全生产职责。企业的安全生产不只是安全管理部门的事情，应该是全公司所有部门的共同的事情，只有公司上下、所有部门协同才能将安全生产工作做好。

【要点】

(1)企业应建立健全各职能部门的安全责任制，明确安全生产管理机构、各职能部门、生产基层单位的安全职责。

(2)企业应根据公司安全考核规定，定期对各部门的安全生产职责履行情况进行考核。

第二节　责任制考评

【依据】

为增强干部对安全生产管理工作的责任感和使命感，提高干部对企业安全管理工作的积极性，对各部门负责人在安全管理方面的工作进行绩效考评。

一、根据安全生产责任进行定期考核和奖惩，公告考评和奖惩情况。(★★)

【释义】

本条是关于安全生产责任考核的考核要求。

安全生产责任考核是企业为了实现安全生产目的，运用特定的标准和指标，采取科学的方法，针对各岗位各级人员的安全生产职责履行情况，作出判断的过程。

明确这个概念，可以明确安全生产责任考核的目的及重点。企业在制定安全发展规划、战略目标时，为了更好地完成这个目标把目标分阶段分解到各部门，最终落实到每一位员工身上，也就是每个岗位的安全生产职责。安全生产责任考核就是企业对各岗位人员履行安全职责情况的一个跟踪、记录、考评。

安全生产责任考核本质上是一种过程管理，有考核就有奖惩，与利益不挂钩的考核是没有意义的，员工的工资一般都会为两个部分：固定工资和安全绩效工资。安全绩效工资的分配与员工的安全生产职责的考核得分息息相关。

安全生产责任考核目的不是处罚，而是发现问题、解决问题，找到差距进行改进，从而实现企业安全生产的目标。

【要点】

（1）企业应建立健全安全生产责任制的考核机制，制定具体的考核制度、方案和实施细则。

（2）企业应根据考核制度，定期对各级管理部门、各级管理人员及从业人员安全职责的履行情况进行定期考核、根据考核结果按照相关制度规定予以奖惩。

（3）企业应将安全责任制考核和奖惩情况采取有效方式进行公告。

（4）企业应将考核的资料、记录归档保存。

需要注意的是，本条为一、二级标准化达标企业必备条件，本条标准不合格的企业，不能评为一、二级标准化达标企业。

第四章　法规和安全管理制度

本一级要素法规和安全管理制度，包括5个二级元素、12条考评指标，共70分（其中“★★★”一、二、三级企业必备条件的指标项3条），主要针对企业的主体合法情况，国家有关安全生产的法律法规的收集、宣传、学习教育情况，安全管理制度、安全操作规程建立健全情况及制度的执行情况进行考核。

第一节　资　　质

【依据】

《港口经营管理规定》第六条规定，从事港口经营，应当申请取得港口经营许可。《港口经营管理规定》第十五条规定，申请人凭港口行政管理部门或者交通运输部核发的《港口经营许可证》到工商管理部门办理工商登记，取得营业执照后方可从事港口业务。

一、《港口经营许可证》、《企业法人营业执照》合法有效，经营范围符合要求。（★★★）

【释义】

本条是关于企业主体合法中经营资质方面的考核要求。

根据《港口经营管理规定》的要求，从事港口经营，应当申请取得港口经营许可。港口经营申请人凭港口行政管理部门或者交通运输部核发的《港口经营许可证》到工商管理部门办理工商登记，取得营业执照后方可从事港口业务。港口经营人应当按照港口行政管理部门许可的经营范围从事港口经营活动。根据《港口危险货物管理规定》，未取得危险货物港口作业资质的，不得从事危险货物港口作业。从事危险货物港口作业的企业应当在危险货物港口作业认可证上核定的危险货物港口作业范围内从事危险货物港口作业活动。港口经营人变更经营范围的，应当就变更事项按照《港口经营管理规定》第十二条或者第十三条规定办理许可手续，并到工商部门办理相应的变更登记手续。港口经营人变更企业法定代表人或者办公地址的，应当向港口行政管理部门备案并换发《港口经营许可证》。

【要点】

（1）港口经营企业应取得《港口经营许可证》，并根据要求进行年审，经营的货物在许可范围内。

（2）港口经营企业应取得《企业法人营业执照》，并根据要求进行年审，经营的货物在营业范围内。

需要注意的是，本条为所有达标企业（一、二、三级企业）必备条件，本条标准不合格时终止考评，企业标准化不达标。

第二节 法 规

【依据】

《安全生产法》第十六条规定,生产经营单位应当具备本法和有关法律、行政法规和国家标准或者行业标准规定的安全生产条件;不具备安全生产条件的,不得从事生产经营活动。

一、及时识别、获取适用的安全生产法律法规、标准规范。

【释义】

本条是关于收集企业适用的安全生产法律法规的考核要求。

法的概念有广义与狭义之分。广义的法是指国家按照统治阶级的利益和意志制定或者认可,并由国家强制力保证其实施的行为规范的总和。狭义的法是指具体的法律规范,包括宪法、法令、法律、行政法规、地方性法规、行政规章、判例、习惯法等各种成文法和不成文法。

法律规范一般可以分为技术规范和社会规范两大类。法律规范是社会规范的一种。法律规范是国家机关制定或者认可、由国家强制力保证其实施的一般行为规则,它反映由一定的物质生活条件所决定的统治阶级的意志。技术规范是指规定人们支配和使用自然力、劳动工具、劳动对象的行为规则。

安全生产法律体系是社会主义法律体系中的子体系,安全生产立法是社会主义法的重要组成部分。安全生产法律体系是一个包含多种法律形式和法律层次的综合性系统,从法律规范的形式和特点来看,既包括作为整个安全生产法律法规基础的宪法规范,也包括行政法律规范,技术性法律规范,程序性法律规范。

【要点】

(1)企业应建立识别和获取适用的安全生产法律法规、标准规范的制度,明确主管部门,确定获取的渠道、方式,及时识别和获取适用的安全生产法律法规、标准规范。

(2)企业各职能部门应及时识别和获取本部门适用的安全生产法律法规、标准规范,并跟踪、掌握有关法律法规、标准规范的修订情况,及时提供给企业内负责识别和获取适用的安全生产法律法规的主管部门汇总。

(3)企业应按照规定定期识别和获取适用的安全生产法律法规与其他要求,并发布其清单。

(4)企业应广泛获取识别对本单位安全生产有关的安全生产法律法规,根据法律地位及效力同等原则,安全生产法律体系有以下七个门类:

一是宪法:宪法是安全生产法律体系框架的最高层级,“加强劳动保护,改善劳动条件”是有关安全生产方面最高法律效力规定。

二是安全生产方面的法律:有基础法(安全生产法)、专门法律(港口法、消防法、道路交通安全法)、相关法律(涵盖有安全生产内容的法律:劳动法、建筑法、煤炭法、铁路法、工会法;与安全生产监督执法工作有关的法律:刑法、刑事诉讼法、行政处罚法、行政复议法、国家赔偿法、标准化法);

三是安全生产行政法规：是由国务院组织制定并批准公布，是为实施安全生产法律或规范安全生产监督管理制度而制定并颁布的一系列具体规定（《国务院关于特大安全事故行政责任追究的规定》）；

四是地方性安全生产法规：是由有立法权的地方权力机关—人民代表大会及其常务委员会和地方人民政府制定的安全生产规范性文件；

五是部门安全生产规章、地方政府安全生产规章：根据《立法法》的有关规定，部门规章之间、部门规章与地方政府规章之间具有同等效力，在各自的权限范围内施行；

六是安全生产标准：分为设计规范类、安全生产设备工具类、生产工艺安全卫生、防护用品类四类标准；

七是已批准的国际劳工安全公约：我国政府已批准国际劳工组织（ILO）185 个国际公约中的 23 个，其中 4 个与职业安全卫生相关。

二、将法规标准和相关要求及时转化为本单位的规章制度，贯彻到各项工作中。

【释义】

本条是关于将法律法规和企业安全管理有效结合的考核要求。

企业只有将国家的安全生产法律法规要求融入企业的日常安全管理过程中，才能确保国家的安全生产法律法规得到有效执行，因此要求企业在制定安全管理规章制度时，应将国家的安全生产法规标准和相关要求及时转化为本单位的规章制度。

【要点】

（1）企业在制定安全规章制度时，应充分收集国家法律法规的相关要求，将国家安全生产法规标准和相关要求融入制度中。

（2）企业制定的安全规章制度不得和国家安全生产法律法规相违背、抵触，要求不得低于相关法律法规的基本要求。

（3）企业应组织员工加强安全规章制度的学习和日常安全管理，确保各项安全规章制度得到有效执行。

（4）当法律法规有变更时，企业应及时修订相应安全管理规章制度。

三、执行并落实安全生产法律法规、标准规范。

【释义】

本条是关于执行并落实安全安全生产法律法规、标准规范的考核要求。

安全生产法律法规、标准规范是全面规范安全生产的专门法规体系，是各级政府及有关部门进行监督管理和行政执法的法律依据，也是制裁各种安全生产违法犯罪行为的有力武器，是各类港口企业及其从业人员实现安全生产所必须遵循的行为准则。

【要点】

（1）企业应将各项安全生产法律法规、标准规范贯彻到日常的安全管理工作中。

（2）企业应加强安全管理，对安全生产法律法规、标准、规范的执行、落实情况进行考核，对违反相关法律法规的人员进行处罚。

四、将适用的安全生产法律、法规、标准及其他要求及时对从业人员进行宣传和培训。

【释义】

本条是关于安全生产法律法规的宣传和培训的考核要求。

企业要安全生产发展，企业员工对安全生产法律、法规、标准及其他要求的熟悉掌握尤为重要，因此企业对本单位适用的安全生产法律、法规、标准及其他要求进行宣传和培训十分必要。企业负责人和安全管理部门应充分认识安全生产法律法规的重大意义，提高学习宣传贯彻的主动性和自觉性，把学习宣传活动当作一项重点工作，切实抓紧、抓实、抓好，进一步提高从业人员的安全意识和法律素质，实现企业安全生产的目标。

【要点】

(1)企业应将安全生产法律法规的培训学习要求，纳入到企业制定的安全学习培训制度中。

(2)企业应将适用的安全生产法律法规、标准规范及其他要求及时传达给从业人员。

(3)企业应对新的重要的法律法规进行专门培训，并对学习情况进行考核。

(4)企业应对安全生产法律法规的宣传培训、考核资料归档保存。

第三节　安全管理制度

【依据】

《安全生产法》第八十五条规定，生产经营单位有下列行为之一的，责令限期改正；逾期未改正的，责令停产停业整顿，可以并处二万元以上十万元以下的罚款；造成严重后果，构成犯罪的，依照刑法有关规定追究刑事责任：(一)生产、经营、储存、使用危险物品，未建立专门安全管理制度、未采取可靠的安全措施或者不接受有关主管部门依法实施的监督管理的。

《港口经营管理规定》第七条规定，从事港口经营(港口理货、船舶污染物接收除外)，应当具备下列条件：(四)有健全的经营管理制度和安全管理制度以及生产安全事故应急预案。

一、制定并及时修订安全生产管理制度，包括：1)安全生产责任制；2)安全例会制度；3)文件和档案管理制度；4)安全生产费用提取和使用管理制度；5)设施、设备、货物安全管理制度；6)安全生产培训和教育学习制度；7)安全生产监督检查制度；8)事故统计报告制度；9)安全生产奖惩制度。

【释义】

本条是关于安全管理制度的考核要求。

安全生产管理制度是保证企业生产安全而制定的一系列管理制度和行为规范的总称，是关系企业安全营运保障，其内容包括本单位的安全生产责任制，本单位的安全生产操作规程，本单位的安全生产监督检查制度，本单位的安全生产投入有效实施的制度，本单位的设施、设备管理制度等。

【要点】

(1)企业应按相关规定建立健全安全生产规章制度。

(2)企业制定的安全生产责任制度应当包含以下几个方面的内容：

①明确、具体的安全生产要求，这些安全生产要求主要是为了保证有效地预防生产安全事故的发生。

②明确、具体的安全生产管理程序，即为了安全生产，要进行哪些常规检查和防范工作。

③明确、具体的安全生产管理人员，即哪个岗位由哪个人来负责，责任落实到人。

④明确、具体的安全生产培训要求，包括哪个岗位要经过什么样的安全生产培训，应当具备什么样的安全生产知识等。

⑤明确、具体的安全生产责任，即对安全生产方面存在的问题，具体由谁负责，负什么样的责任等。

⑥确保安全生产的关键是建立健全安全生产责任制度，使安全生产有人管，安全生产责任制的落实有人抓。通过安全生产责任制度的落实，从源头上消除事故隐患，从制度上预防生产安全事故的发生。

(3)企业应对制定的规章制度定期或不定期地进行评审修订，并建立评审修订记录。

二、对从业人员进行安全管理制度的学习和培训。

【释义】

本条是关于安全管理制度的学习、培训的考核要求。

安全管理制度是否能够得到有效的执行，很大程度上取决于从业人员对安全管理制度的熟悉掌握程度，只有从业人员了解和掌握了安全管理规章制度的要求，才可能自觉的遵守安全规章制度。因此企业对从业人员必须进行安全管理制度的学习和培训。

【要点】

(1)企业制定的安全培训学习制度中，应包括安全管理制度的学习和培训内容。

(2)企业应按照制度规定对从业人员进行安全管理制度的学习、培训和考核，并建立相应的学习、培训和考核记录。

(3)企业应将安全生产规章制度发放到相关工作岗位，便于员工学习使用。

(4)企业应将安全管理制度的学习、培训、考核记录归档保存。

第四节　岗位安全生产操作规程

【依据】

《安全生产法》第二十一条规定，生产经营单位应当对从业人员进行安全生产教育和培训，保证从业人员具备必要的安全生产知识，熟悉有关的安全生产规章制度和安全操作规程，掌握本岗位的安全操作技能。未经安全生产教育和培训合格的从业人员，不得上岗作业。第三十六条规定，生产经营单位应当教育和督促从业人员严格执行本单位的安全生产规章制度和安全操作规程；并向从业人员如实告知作业场所和工作岗位存在的危险因素、防范措施以及事故应急措施。

一、制定并及时修订各岗位的安全生产操作规程，并发放到岗位（职工）。（★★★）

【释义】

本条是关于安全操作规程制定和修改的考核要求。

安全生产操作规程是企业根据其自身生产经营范围、危险程度、工作性质及具体工作内容的不同，根据国家有关法律、行政法规、规章和标准，有针对性的规定的、具有可操作性的、保障安全生产的工作运转制度及工作的方式、方法和操作程序。

安全生产操作规程是企业员工在生产工作中必须遵守的操作活动规则，它是员工在劳动生产过程中非常实用且有效的科学管理方法和行为准则，是约束员工在生产过程当中行之有效的防范措施。它是根据企业的生产性质，结合工作特性和技术要求，以具体情况及群众经验为基础制定出的安全操作守则。它要求员工在劳动生产活动中每一环节，都要对自己进行行为的安全性进行检查确认，避免因违章或误操作而引发安全生产事故。

制定《安全生产操作规程》不仅能规范员工的工作行为，同时还能强化员工的安全意识，在实际情况下，员工能够分清什么是正确的，什么是不违章的或者更进一步地说，针对特殊情况或者突发情形时，员工可依据《安全生产操作规程》来确定到底怎么去做才是最合理有效的。

安全操作规程不是死板且一成不变的，随着生产技术日益提升，人们的安全素质也在大幅度提高，生产越来越科学化、系统化，同时必然会要求安全操作规程不断更新和完善。

【要点】

（1）企业应基于岗位生产特点中的特定风险的辨识，编制齐全、适用的岗位安全生产操作规程。

（2）岗位安全生产操作规程应包括：岗位危险源、控制标准、操作中的安全方法和严禁事项，凡有重大或重要危险源的岗位，应有应急救援预案或应急措施。

（3）企业采用新技术、新工艺、新设备在投入使用前，应先制定安全操作规程或安全操作注意事项。

（4）岗位安全生产操作规程应随工艺或设备的变更情况，及时进行更新，且是有效版本。

（5）企业应将各岗位的安全生产操作规程悬挂或张贴在相应的岗位上，便于员工学习和操作。

需要注意的是，本项目为所有达标企业（一、二、三级企业）必备条件，本条标准不合格时终止考评，企业标准化不达标。

二、对从业人员进行安全操作规程的学习和培训；从业人员严格执行本单位的安全操作规程。

【释义】

本条是关于安全操作规程培训学习的考核要求。

安全操作规程是安全生产实践经验的总结，是每个员工为了预防安全生产事故而必须严格遵守的操作规程和程序，是防止伤亡事故的有效方法之一，是属于强制性的，一切人员都必须严格遵守和执行的。

从业人员能否严格遵守和执行安全操作规程，很大程度上取决于从业人员对安全操作规程的熟悉掌握程度，只有从业人员熟练掌握了安全操作规程的要求，才可能自觉的遵守各项安全操作规程。因此企业必须对从业人员进行安全操作规程的学习和培训，从业人员必须严格遵守和执行的公司的安全操作规程。

【要点】

(1)企业制定的安全培训学习制度中，应包括安全操作规程的学习和培训内容。

(2)企业应按照制度规定对从业人员进行安全操作规程的学习、培训和考核，并建立相应的学习、培训和考核记录。

(3)企业应将安全操作规程发放到相关工作岗位，便于员工学习使用。

(4)企业应加强员工的安全管理，对员工违反安全操作规程的行为及时进行制止，对不严格遵守安全操作规程的员工进行处罚。

(5)企业应将安全操作规程的学习、培训、考核记录归档保存。

第五节　制度执行及档案管理

【依据】

《安全生产法》第四十九条规定，从业人员在作业过程中，应当严格遵守本单位的安全生产规章制度和操作规程，服从管理，正确佩戴和使用劳动防护用品。

《中华人民共和国港口法》第三十二条规定，港口经营人必须依照《安全生产法》等有关法律、法规和国务院交通主管部门有关港口安全作业规则的规定，加强安全生产管理，建立健全安全生产责任制等规章制度，完善安全生产条件，采取保障安全生产的有效措施，确保安全生产。

一、执行国家有关安全生产方针、政策、法规及本单位的安全管理制度和操作规程，依据行业特点，制定企业安全生产管理措施。

【释义】

本条是关于企业安全管理的考核要求。

企业的安全生产管理要坚持“依法治安”，即执行国家有关安全生产方针、政策、法规，对本单位制定的安全管理规章制度和操作规程也要严格执行。各个行业都各有的特点，企业应结合自身的特点制定企业的安全生产管理措施。

【要点】

(1)企业的各级各部门各类人员应认真贯彻落实国家有关安全生产的方针、政策、法规。

(2)企业的各级各部门各类人员应严格执行本单位的安全管理制度和操作规程。

(3)企业应根据本行业、本企业的安全生产特点、安全风险，制定相应的安全管理措施。

二、每年至少一次对安全生产法律法规、标准规范、规章制度、操作规程的执行情况进行检查。

【释义】

本条是关于安全生产法律法规、标准规范、规章制度、操作规程的执行情况检查的考核

要求。

安全生产法律法规、标准规范、规章制度、操作规程贵在执行，因此企业应对其执行情况进行定期检查，每年检查次数不得少于一次，如有特殊情况可临时安排检查。

【要点】

（1）企业应每年至少一次对安全生产法律法规、标准规范、规章制度、操作规程的执行情况进行检查评估。

（2）企业应根据检查评估情况、安全检查反馈的问题、生产安全事故案例、绩效评定结果等，对安全生产管理规章制度和操作规程进行修订，确保其有效和适用，保证每个岗位所使用的为最新有效版本。

三、建立和完善各类台账和档案，并按要求及时报送有关资料和信息。（★★★）

【释义】

本条是关于安全生产方面台账、档案管理的考核要求。

台账就是明细记录表，它是企业为了加强某方面的管理和更加详细地了解某方面的信息而设置的一种辅助账簿，没有固定的格式，没有固定的账页，企业可根据实际需要自行设计，尽量详细，以全面反映某方面的信息。

生产安全生产管理方面的台账是反映一个单位安全生产管理的整体情况的资料记录。企业建立健全各类型的安全生产管理台账有如下作用：

（1）在安全生产台账资料的记录、整理和积累过程中起到自我督促、强化安全生产管理的作用。

（2）是企业规范安全管理，提高企业安全管理水平的需要。

（3）对单位和安全管理人员起到了自我保护的作用，对发生安全生产事故后的事故调查提供依据。

档案是组织或个人在以往的社会实践活动中直接形成的清晰的、确定的、具有完整记录作用的固化信息。档案是直接形成的历史纪录，档案来源于文件。档案是由文件有条件地转化而来的，这里的“文件”是指广义文件，即一切由文字、图表、声像等形式形成的各种材料。安全生产档案是指企业在安全生产管理过程中，产生的与安全相关的文字、图表、声像等形式形成的各种材料。

企业安全生产档案是指企业在安全生产活动过程中，形成的具有保存价值的文件材料，是企业档案的一个重要组成部分。在当前竞争激烈的市场经济中，建立完整、准确、系统的安全管理档案，对于全面反映企业的安全生产信息，为领导层的安全决策，制定安全管理目标和措施，摸索安全生产规律，积累经验，全面提高安全管理水平的有力手段。

【要点】

（1）企业应建立和完善各类台账，员工应认真如实地填写台账。比如：设施设备台账、安全管理人员统计台账、特种（设备）作业人员统计台账、安全设施和劳保用品购买、发放登记台账等。

（2）企业应建立文件和档案的管理制度，明确责任部门、人员、流程、形式、权限及各类安全生产档案及保存要求等。

(3)企业应建立主要安全生产过程、事件、活动、检查的安全记录档案，并加强对安全记录的有效管理。安全生产相关的资料主要如下：

①公司安全方针、安全生产管理机构设置、分管安全负责人、安全管理人员任命等文件。

②安全责任书(公司与各部门、各部门与各班组签订的安全生产目标管理责任书)。

③安全生产管理制度(安全生产责任制、安全技术措施计划、安全生产教育、安全生产定期检查、伤亡事故的调查和处理制度等)、安全生产操作规程、事故应急预案及演练等。

④安全生产法律法规、上级有关安全生产管理部门制定和下发的制度性文件、通知、通报等。

⑤安全宣传教育培训、学习、活动资料。

⑥安全生产检查资料。

⑦各类型记录、台账。比如设备维护和校验记录、安全会议记录、三级教育培训记录、劳保用品购买、发放登记台账等。

⑧港口装卸设设备、电气设备等管理资料、技术图纸、安全技术交底资料。

⑨法定检测检验报告，如职业卫生检测报告、特种设备检验报告等。

⑩安全生产事故记录和报告资料，安全事故调查处理资料等。

⑪安全管理人员、特种(设备)作业人员、船员等特殊岗位人员的培训考核合格证或从业资格证书。

⑫安全评价报告、承包商和供应商信息等与安全生产有关的资料。

(4)企业应上级或主管的部门的要求及时报送有关资料和信息。

需要注意的是，本项目为所有达标企业(一、二、三级企业)必备条件，本条标准不合格时终止考评，企业标准化不达标。

第五章 安全投入

本一级要素安全投入，包括2个二级元素、5条考评指标，共45分(其中“★★★”一、二、三级企业必备条件的指标项1条，“★★”一、二级企业必备条件的指标项1条)。主要针对企业的安全资金投入情况和安全投入资金的管理情况进行考核。

第一节 资金投入

【依据】

《安全生产法》第十七条规定，生产经营单位的主要负责人对本单位安全生产工作负有下列职责：保证本单位安全生产投入的有效实施；第十八条规定，生产经营单位应当具备的安全生产条件所必需的资金投入，由生产经营单位的决策机构、主要负责人或者个人经营的投资人予以保证，并对由于安全生产所必需的资金投入不足导致的后果承担责任。

《企业安全生产费用提取和使用管理办法》第九条规定，交通运输企业以上年度实际营业收入为计提依据，按照以下标准平均逐月提取：普通货运业务按照1%提取；客运业务、管道运输、危险品等特殊货运业务按照1.5%提取。

一、按规定足额提取安全生产费用。(★★★)

【释义】

本条是关于安全投入资金提取的考核要求。

安全生产费用是指企业按照规定标准提取在成本中列支，专门用于完善和改进企业或者项目安全生产条件的资金。港口企业应当具备的安全生产条件所必需的资金投入，由港口企业的决策机构、主要负责人或者个人经营的投资人予以保证，并对由于安全生产所必需的资金投入不足导致的后果承担责任。

交通运输企业以上年度实际营业收入为计提依据，按照以下标准平均逐月提取：普通货运业务按照1%提取；客运业务、管道运输、危险品等特殊货运业务按照1.5%提取。

【要点】

(1)企业应建立安全生产投入保障制度，完善和改进安全生产条件，按规定提取安全费用，专项用于安全生产，并建立安全费用台账。

(2)企业应根据财企〔2012〕16号《关于印发〈企业安全生产费用提取和使用管理办法〉的通知》第九条规定进行安全生产专项费用的提取。即交通运输企业以上年度实际营业收入为计提依据，按照以下标准平均逐月提取：普通货运业务按照1%提取；客运业务、管道运输、危险品等特殊货运业务按照1.5%提取。

需要注意的是，本项目为所有达标企业(一、二、三级企业)必备条件，本条标准不合格时终止考评，企业标准化不达标。

二、安全生产经费专款专用，保证安全生产投入的有效实施。（★★）

【释义】

本条是关于安全生产投入经费使用的考核要求。

保证必要的安全生产投入是实现安全生产的重要基础，为保证安全生产费用能足额使用，安全费用实行专户储存，专款专用。《企业安全生产费用提取和使用管理办法》第二十七条规定，企业提取的安全费用应当专户核算，按规定范围安排使用，不得挤占、挪用。年度结余资金结转下年度使用，当年计提安全费用不足的，超出部分按正常成本费用渠道列支。

【要点】

(1)企业财务应建立安全投入资金的专门储存账户，实行专户储存。

(2)企业应根据制定的《安全生产投入保障制度》，保证安全生产费用投入，实行安全生产费用专款专用，并建立安全生产费用使用台账。

(3)安全生产投入相关票据、记录台账应归档保存。

需要注意的是，本项目为一、二级标准化达标企业必备条件，本条标准不合格的企业，不能评为一、二级标准化达标企业。

三、及时投入满足安全生产条件的所需资金。

【释义】

本条是关于安全资金投入时限的考核要求。

安全资金投入是为了改善企业安全生产条件、预防各种事故伤害、消除安全隐患和治理尘毒等有害作业环境的，如果安全资金投入不到位或投入不及时，就可能导致安全隐患得不到及时的消除而引发事故，因此要求安全生产所需的资金必须及时投入。

【要点】

(1)企业应制定安全生产费用的使用计划，并根据计划需求及时投入安全生产所需的资金。

(2)企业应根据安全生产的需要，及时投入满足安全生产条件的所需资金。

第二节　费 用 管 理

【依据】

财企〔2012〕16号《关于印发〈企业安全生产费用提取和使用管理办法〉的通知》第三条规定，本办法所称安全生产费用(以下简称安全费用)是指企业按照规定标准提取在成本中列支，专门用于完善和改进企业或者项目安全生产条件的资金。安全费用按照“企业提取、政府监管、确保需要、规范使用”的原则进行管理。

第二十一条规定，交通运输企业安全费用应当按照以下范围使用：

(1)完善、改造和维护安全防护设施设备支出(不含“三同时”要求初期投入的安全设施)，包括道路、水路、铁路、管道运输设施设备和装卸工具安全状况检测及维护系统、运输设施设备和装卸工具附属安全设备等支出。

(2)购置、安装和使用具有行驶记录功能的车辆卫星定位装置、船舶通信导航定位和自动识别系统、电子海图等支出。

(3)配备、维护应急救援器材、设备支出和应急演练支出。

(4)开展重大危险源和事故隐患评估、监控和整改支出。

(5)安全生产检查、评价(不包括新建、改建、扩建项目安全评价)、咨询和标准化建设支出。

(6)配备和更新现场作业人员安全防护用品支出。

(7)安全生产宣传、教育、培训支出。

(8)安全生产适用的新技术、新标准、新工艺、新装备的推广应用支出。

(9)安全设施及特种设备检测检验支出。

(10)其他与安全生产直接相关的支出。

第三十一条规定,企业应当建立健全内部安全费用管理制度,明确安全费用提取和使用的程序、职责及权限,按规定提取和使用安全费用。

第三十二条规定,企业应当加强安全费用管理,编制年度安全费用提取和使用计划,纳入企业财务预算。企业年度安全费用使用计划和上一年安全费用的提取、使用情况按照管理权限报同级财政部门、安全生产监督管理部门和行业主管部门备案。

一、跟踪、监督安全生产专项经费使用情况。

【释义】

本条是关于安全生产专项经费使用情况进行监督管理的考核要求。

为确保安全投入资金真正用于改善安全生产条件上,对安全投入资金使用过程进行跟踪、监督十分必要。

【要点】

(1)企业使用安全生产资金时,应编制计划,及时报企业负责人进行审批,审批权限及资金限额按有关财务制度执行。

(2)企业财务部门应对安全生产资金使用进行统计、汇总、跟踪、监督,安全管理部门应督促相关部门按计划实施,后勤采购部门应掌握采购的安全设施、设备、物资是否合格有效。

(3)企业应按照《企业安全生产费用提取和使用管理办法》规定的范围内使用安全资金,交通运输企业安全费用应当按照以下范围使用:

①完善、改造和维护安全防护设施设备支出(不含“三同时”要求初期投入的安全设施),包括道路、水路、铁路、管道运输设施设备和装卸工具安全状况检测及维护系统、运输设施设备和装卸工具附属安全设备等支出。

②购置、安装和使用具有行驶记录功能的车辆卫星定位装置、船舶通信导航定位和自动识别系统、电子海图等支出。

③配备、维护应急救援器材、设备支出和应急演练支出。

④开展重大危险源和事故隐患评估、监控和整改支出。

⑤安全生产检查、评价(不包括新建、改建、扩建项目安全评价)、咨询和标准化建设支出。

⑥配备和更新现场作业人员安全防护用品支出。

⑦安全生产宣传、教育、培训支出。

⑧安全生产适用的新技术、新标准、新工艺、新装备的推广应用支出。

⑨安全设施及特种设备检测检验支出。

⑩其他与安全生产直接相关的支出。

二、建立安全费用使用台账。

【释义】

本条是关于安全费用使用台账的考核要求。

安全生产费用使用台账是反映一个单位安全投入的整体情况的资料记录,它能反应企业是否进行安全投入、在哪些方面进行了安全投入等安全投入基本信息统计汇总,便于企业负责人、管理人员掌握本单位的安全投入状况,因此企业应建立安全费用使用台账。

【要点】

(1)企业应建立安全费用使用台账,并明确项目责任人,项目名称,投入金额等。

(2)企业的安全投入台账应认真如实填写,并归档保存。

第六章 装备设施

本一级要素装备设施包括3个二级元素、12条考评指标,共140分(其中"★★★"一、二、三级企业必备条件的指标项4条,"★"一级企业必备条件的指标项1条),规定了普通货物码头企业装备设施的考核要求。

在港口,港口设施是指港界内的水工建筑物、陆上建筑物及所有装卸机械等的总称。港口设备主要分为如下几类:装卸类:岸吊、起重机、龙门吊、抓斗、输送带、传送管、卷扬机、牵引机。辅助设备:拖轮、快艇、疏浚船、挖泥船、交通船、引航船等;通信类:港口控制中心、工班服务处理中心、装卸安排中心;其他:码头安全设备、警卫、边检等。

第一节 设 施

【依据】

《中华人民共和国港口法》第十四条至第十九条,第二十三条;取得港口经营许可,应当有固定的经营场所,有与经营业务相适应的设施、设备、专业技术人员和管理人员,并应当具备法律、法规规定的其他条件。第四十七条码头或者港口装卸设施、客运设施未经验收合格,擅自投入使用的,由港口行政管理部门责令停止使用,限期改正,可以处五万元以下罚款。

《港口建设管理规定》。

《安全生产法》第二十八条规定,生产经营单位应当在有较大危险因素的生产经营场所和有关设施、设备上,设置明显的安全警示标志。

《港口经营管理规定》第七条规定,从事港口经营(港口理货、船舶污染物接收除外),应当具备下列条件:

(1)有固定的经营场所。

(2)有与经营范围、规模相适应的港口设施、设备,其中:

①码头、客运站、库场、储罐、污水处理设施等固定设施应当符合港口总体规划和法律、法规及有关技术标准的要求。

②为旅客提供上、下船服务的,应当具备至少能遮蔽风、雨、雪的候船和上、下船设施。

③为国际航线船舶服务的码头(包括过驳锚地、浮筒),应当具备对外开放资格。

④为船舶提供码头、过驳锚地、浮筒等设施的,应当有相应的船舶污染物、废弃物接收能力和相应污染应急处理能力,包括必要的设施、设备和器材。

《港口危险货物管理规定》(交通部令2003年第9号)。

《烟花爆竹安全管理条例》(国务院令第455号)。

一、具备满足安全生产需要的建筑、场地和设施设备，并符合相关安全规范和技术要求。(★★★)

【释义】

本条规定了对港口普通货物码头企业建筑、场地和设施设备配备情况以及管理情况的考评要求。

如前所述，港口设施是指港界内的水工建筑物、陆上建筑物及所有装卸机械等的总称。港口设备主要分为装卸类、辅助设备、通信类和其他，港口设施大多数是港口建设时通过建设程序建设的，遵循的规范和技术要求纷繁复杂，既有国家强制标准，也有行业标准。同时，由于港口普通货物码头作业的货物种类很多，有件杂货、散货、集装箱和重件货物。其中，集装箱码头一般还要从事港口危险货物作业，甚至还要进行烟花爆竹作业，为适应这些作业安全管理的需要，设施设备的构成十分复杂，如逐一进行现场考评工作量大，十分困难。同时，对设施设备符合相关安全规范和技术要求考评专业性强，难以掌握。因此，为了方便考评工作的开展，将本条“具备满足安全生产需要的建筑、场地和设施设备”具体到两个方面来考评，一是建设，二是现状。

所谓建设，就是港口建设项目，包括港口企业后期进行的改扩建执行建设程序的情况。港口企业设施设备作为港口建设项目的一部分，在建设阶段共同经过了设计、施工和验收，可作为其符合相关法律法规和标准规范要求的客观依据。因此，建议港口企业编制设施设备汇总表，企业在评估前对所有的设施设备进行梳理检查，评估时提供给考评人员对照检查。设施设备汇总表详见表＊＊-＊＊。

设施设备汇总表(推荐) 表＊＊-＊＊

序 号	设施设备名称	型 号	规 格	出厂日期	启用日期	主要技术参数	备 注

需要注意的是，以下几种特殊情况的处理。一类是进行了改扩建的。对于这类码头，其设施设备以最后已经竣工投入使用的为准。另一类是正在进行改扩建的。对于这类码头，其设施设备以最近一次已经竣工的为准。例如，有一个泊位，1990 年建设，2000 年进行了更新改造，2011 年底又再次开始改造，并且计划 2015 年 7 月才能投产。如考评时间是 2015 年 7 月以前，只能以 2000 年改造后投产的设施设备情况为依据进行考评。还有一类是老码头建设资料缺失的。对于这类码头，可根据交通部下发的《关于明确港口经营管理有关问题的通知》(交水发〔2005〕416 号)来处理。《关于明确港口经营管理有关问题的通知》(交水发〔2005〕416 号)第 13 条“关于老码头《港口经营许可证》的核发问题”规定，“一些老码头因建设年代久远，有的码头验收基础资料缺失，有的甚至没有经过验收，不能满足《规定》所规定的港口经营许可条件，对此，港口经营申请人应当组织专家或有评估资质的单位进行技术检测评估。港口行政管理部门对经评估符合条件的，应核发《港口经营许可证》，不符合条件的不核发《港口经营许可证》。申请人组织技术评估有困难的，可以委托港口行政管理部门集中组织评估，所需费用由申请人负担”。因此，对于这类码头，既然技术检测评估资料

可以作为申请港口经营许可资质的要件，那么也可以作为标准化考评资料，其经营人应根据设施设备的技术检测评估资料，编制设施设备汇总表。

所谓现状，指的是港口设施设备的管理、使用、养护和维修情况。港口设施设备的管理，部分有规定，如港口装卸机械的管理，交通部发布了《港口装卸机械管理规定》（交通部令1998年第1号）；对于辅助设备的管理，如港口辅助设备中的各类船舶，如拖轮、快艇、疏浚船、挖泥船、交通船、引航船等，船舶检验机构有详细的规定，对于这类设备，港口企业根据这些规定，将涉及的设施设备列表自查和备查。如港口企业可参照《港口装卸机械管理规定》（交通部令1998年第1号）的规定，建立设施设备明细表。从管理、使用、养护和维修等几个方面的人员落实情况，设备的技术等级（《港口装卸机械管理规定》第二十条规定，港机根据技术状况分为四类：一类：各零、部件完整无缺、零件磨损在允许范围之内，技术性能良好，确保安全运行和正常作业。二类：非主要零、部件欠完整、非主要零件的磨损虽超过允许范围，但对整机的原有技术性能影响不大，经维修保养后能安全运行。三类：主要零、部件有较大的损坏或磨损，原有技术性能下降，经常发生故障。四类：主要零、部件严重缺损，已丧失原有技术性能。正在修理的港机按修理前类别划定），对于养护和维修应标明周期。设施设备明细表见表＊＊-＊＊。

设施设备明细表 表＊＊-＊＊

序号	设备名称	管理负责人	使用	养护		维修		技术状况	备注
				养护人	养护周期	负责人	计划维修时间		

在港口设施中，集装箱码头的危险货物管理是重点之一，港口经营人应按照《危险化学品安全管理条例》、《港口危险货物管理规定》的规定，根据危险化学品的种类、特性，对库房、堆场和拆装箱区等作业场所设置的监测、通风、防晒、调温、防火、灭火、防爆、泄压、防毒、消毒、中和、防潮、防雷、防静电、防腐、防渗漏、防护围堤或者隔离操作等安全设施、设备进行专门的说明。

另外，还有极少数集装箱码头从事烟花爆竹作业，集装箱码头烟花爆竹作业有专项要求。烟花爆竹集装箱的储存必须有专用仓库或场地且远离办公、生活场所及高压输电线路、通信线路、输油（气）管道、加油站等重要设施，安全距离必须符合国家有关安全规范的规定。仓库或场地的建设应符合国家有关建筑设计防火规范的规定，并设置相应的通风、降温、防火、防潮、防爆、避雷、防静电等安全设施。

在港口设施设备中，还有一类设备尽管不是直接关系到安全，但和安全管理工作有着密切关系的设备，如集装箱码头的衡重设备，直接关系到起重设备和船舶的安全，也应纳入其中。对于特种设备，尚需按照特种设备的管理要求实施，将在下一条中专门论述。

港口企业的建筑、场地应满足《建筑抗震设计规范》（GB 50011）、《建筑设计防火规范》（GB 50016）、《河港工程总体设计规范》（JTJ 212）、《海港总平面设计规范》（JTJ 211）、《水运工程抗震设计规范》（JTJ 225）、《港口工程地基规范》（JTS 147）、《港口工程荷载规范》

(JTS 144)、《滚装码头设计规范》(JTS 165)等安全技术规范的要求。

港口设施设备应满足《斜坡码头及浮码头设计与施工规范》(JTJ 294)、《码头附属设施设计规范》(JTJ 297)、《港口工程劳动安全卫生设计规定》(JT 320)、《港口防雷与接地技术要求》(JT 556)、《供配电系统设计规范》(GB 50052)、《低电压配电设计规范》(GB 50054)、《通用用电设备配电设计规范》(GB 50055)、《固定式钢梯及平台安全要求》(GB 4053)、《港口保安基本措施和程序》等安全技术规范的要求。

【要点】

根据港口企业提供的设施设备明细表，对照港口企业的固定资产登记表，检查港口企业提供资料的是够全面准确。对每一类设施设备，对技术状态最好的、一般的、较差的和停用的重点设施设备进行检查。

注：本项目为所有达标企业(一、二、三级企业)否决项，本条标准不合格时终止考评，企业标准化不达标。

二、按国家有关规定配足有效的安全、消防、救生设备及器材。(★★★)

【释义】

本条是关于安全、消防、救生和环境保护设备及器材的要求。

本条涉及四个方面，分别是安全、消防、救生和环境保护设备。本条的港口安全设备是指在港口码头中，直接用于保障人员在生产、生活活动中的人身或财产免于各种自然、人为侵害的设备，主要包括用于防火防爆(含火灾报警)、安全标志，可燃气体报警、码头附属设施、常规防护设施等。

港口企业应按《中华人民共和国消防安全法》、《人员密集场所消防安全管理》(GA 654)、《建筑设计防火规范》(GB 50016)、《河港工程总体设计规范》(JTJ 212)、《海港总平面设计规范》(JTJ 211)、《滚装码头设计规范》(JTS 165)、《港口工程环境保护设计规范》(JTS 149)等安全法规、技术规范的要求配足有效的安全、消防、救生和环境保护设备及器材。

本条所称“配足”是指，港口经营企业应该配备与经营规模、范围及经营管理形式相关安全和消防设施、设备及器材，保证一旦有事能够及时妥善应对；所称“有效”特指这些设备及器材处于良好状态，能够在出现突发事态时能够发挥出处置危害或危险的作用。

需要注意的是，由于此次评估时普通货物码头包含集装箱码头，而集装箱码头进行港口危险货物作业是十分普遍的现象，因此，消防和环保应充分考虑港口危险货物作业的需要。

【要点】

(1)接岸设施通道表面应采取防滑措施。接岸设施车辆通道两侧应设置安全护栏或护轮坎。接岸设施应设置警示标志及警示灯。

(2)室外消火栓有明显漆色标志，所有消防器材完好，消防设施、重要防火部位有明显的消防安全标志，消防通道和应急疏散通道畅通。

需要注意的是，本项目为所有达标企业(一、二、三级企业)必备条件，本条标准不合格时终止考评，企业标准化不达标。

三、设有覆盖安全重点部位视频监控设备，并保持实时监控。

【释义】

本条是关于企业视频监控的考评要求。

视频监控由摄像、传输、控制、显示、记录登记5大部分组成，是安全防范系统的重要组成部分，它是一种防范能力较强的综合系统。视频监控以其直观、准确、及时和信息内容丰富而广泛应用于许多场合。普通货物码头作为人员密集场所和物流货运信息集散中心，加强码头、站场进出通道等重点场所的动态管理十分必要。

本条所称“重点部位”是指易发安全生产事故的场所，主要有码头与外界相通的出入口，进出码头、库房的主要交通要道、发船位，码头装卸作业现场等港口经营活动频繁地点。所称“实时监控”是指视频监控系统应不间断工作，港口企业应安排专人值守视频监控设备，确保视频监控系统的正常运转，对港口的生产经营活动进行不间断监控，并做好相关记录。

【要点】

(1)码头的重点部位应设置视频监控设备，应对安全重点部位的视频监控应全覆盖。

(2)视频监控系摄像机的选型、选址与安装除应符合《安全防范工程技术规范》(GB 50348)、《视频安防监控系统工程设计规范》(GB 50395)的相关要求，同时还应符合以下要求：

①公共区域(含正门外)不应出现监控盲区，在面积较大的公共区域(含制高点)宜安装具有转动和变焦放大功能的摄像机或多台摄像机，通过监视屏应能辨别监视范围内的人员活动情况。

②重要场所应配置声音复核装置，配置的声音复核装置应与该处安装的摄像机在位置和数量上应一一对应，音视频信号应同步记录，回放时应能清楚辨别客户与服务人员的对话内容。

③与外界相通出入口、监控中心等其他重点部位应选用固定焦距和方向的彩色摄像机。

④安装于主要通道(含楼梯口)的摄像机，其监控范围应覆盖主要通道的道口，监控图像应能清晰显示进出道口人员的体貌特征。

⑤机动车出入口、停车场(库)出入口及其他与外界相通的出入口应选用低照度带强光抑制功能的彩色固定摄像机和自动光圈镜头，应能清楚的辨别出入人员的面部特征及机动车牌号。

⑥电梯厅安装的摄像机，其监控范围应能覆盖整个电梯厅，不应有盲区，监控图像应能清晰显示电梯厅内人员的活动情况和体貌特征；当楼梯口与电梯厅处在同一区域且通过同一个进出口时，可通过电梯厅安装的摄像机实施统一监控；电梯轿厢内的摄像机，应安装在电梯厢门的左上方或右上方，其监控图像应叠加楼层显示，视频信号应该采取防干扰措施。

⑦在满足监视目标现场范围的情况下，摄像机安装高度要求：室内离地不宜低于2.5米，室外离地不宜低于3.5米；摄像机安装角度宜减小监控图像俯视程度；室外摄像机如采用立杆安装，立杆的强度和稳定度应满足摄像机的使用及安装场所设备所需的防护等级的要求。

⑧摄像机的安装宜避免或减少逆光对监控图像的影响；摄像机的最低照度应与环境相协调，彩色摄像机的最低照度指标宜大于监控目标区域的最低照度的10倍，黑白摄像机的最低照度指标宜大于监控目标区域的最低照度的100倍。在环境照度较低区域宜采用低照度摄像机或采用补光措施，增设辅助照明后，监控目标区域的最低照度宜高于5勒克斯，但最低不低于3勒克斯。如环境不宜采用补光措施时，可选用红外摄像机。环境照度变化大的区域宜采用宽动态摄像机。

四、按规定设有应急通道，并标识清晰。(★★★)

【释义】

本条是关于应急通道的规定。

应急通道主要是指码头为应对突发火灾等事故、人为突发公共事件而专门用于站场内经营车辆器具、人员安全转移疏散的专用通道。港口企业人员密集场所均应设置专用应急通道，并设置指示标识，标识的设置应符合《安全标志及其使用导则》(GB 2894)的要求。

【要点】

(1)通道总长度超过60米时应设紧急出口，并在通道内设在醒目的紧急出口引导标志。相邻进出口之间的距离不大于60米。

(2)存在火灾危险的场所，应设置双通道，安全出口的数目均不应小于两个，并规范标识。

(3)应急通道应保持畅通，不得被侵占或挪作他用。

注：本项目为所有达标企业（一、二、三级企业）否决项，本条标准不合格时终止考评，企业标准化不达标。

五、按规定设置宣传告示设备、安全警告标志、指示牌。

【释义】

本条是关于安全警示标识、安全宣传图文的规定。

宣传告示设备包括电子显示屏、宣传橱窗、广播电视、触摸屏等；安全标志按照《安全标志及其使用导则》(GB 2894)分为四类：禁止标志表示不准或制止人们的某种行为；警告标志使人们注意可能发生的危险；指令标志表示必须遵守，用来强制或限制人们的行为；提示标志示意目标地点或方向。港口客运站应用宣传告示设备加强安全宣传教育，正确使用各类安全标志，及时提醒公众，科学引导公众疏散，防止事故、危害发生以及人员伤亡。

【要点】

查看企业相关部位设置的警示标志和安全宣传标语位置、数量、内容是否符合《安全标志及其使用导则》(GB 2894)的规定。可能的话，企业应使用平面布置图，标明本企业设置的警示标志和安全宣传标语位置、数量、内容供评估组检查时参考。评估时，评估组应到作业现场、码头、储存场所、火车和汽车通道交汇处等重点部位进行核实，发现不一致或和标志的外观不符合要求的，应扣分。

第二节　设　备

【依据】

《安全生产法》第三十条规定，生产经营单位使用的涉及生命安全、危险性较大的特种设备，以及危险物品的容器、运输工具，必须按照国家有关规定，由专业生产单位生产，并经取得专业资质的检测、检验机构检测、检验合格，取得安全使用证或者安全标志，方可投入使用。检测、检验机构对检测、检验结果负责。

《港口经营管理规定》第二十条规定，港口行政管理部门及相关部门应当保证港口公用基础设施的完好、畅通。港口经营人应当按照核定的功能使用和维护港口经营设施、设备，并使其保持正常状态。

《内贸码头港口保安基本措施和程序（试行）》（交水发〔2008〕57 号）第四条第二款。

《港口危险货物管理规定》（交通部令 2003 年 第 9 号）。

《危险化学品安全管理条例》（国务院令第 591 号）第二十条。

《集装箱港口装卸作业安全规程》（GB 11602—2007）。

《危险货物集装箱港口作业安全规程》（JT 397—2007）。

一、集装箱码头配备满足需要的易燃易爆危险品监测设备，并按要求投入使用。（★）

【释义】

本条是对企业配备易燃易爆危险品监测设备及使用情况的考评要求。

根据《危险货物集装箱港口作业安全规程》（JT 397—2007）3.5 规定，易燃易爆危险货物，GB 6944 中第 1 类爆炸品、第 2.1 项易燃气体和第 2.3 项中毒性气体中兼有易燃气体、第 3 类包装类别Ⅰ和Ⅱ的易燃液体、第 4.1 项包装类别Ⅰ的易燃固体和自反应物质、第 4.2 项易自燃物质、第 4.3 项中包装类别Ⅰ的遇水放出易燃气体的物质、第 5.1 项中包装类别Ⅰ的氧化物质、第 5.2 项有机过氧化物等。

根据《内贸码头港口保安基本措施和程序（试行）》（交水发〔2008〕57 号）第四条规定，配备保安设备设施，达到港口保安要求”要求，“（二）码头前沿。在码头前沿配备足够的照明设备，保证码头作业和前沿水域照明，并能够保证应急照明。危险品码头照明设备应符合有关安全要求，并至少配备 1 台便携式可燃气体探测仪。因此，进行危险货物港口作业的集装箱码头应至少配备 1 台便携式可燃气体探测仪。

《危险化学品安全管理条例》（国务院令第 591 号）第二十条规定，生产、储存危险化学品的单位，应当根据其生产、储存的危险化学品的种类和危险特性，在作业场所设置相应的监测、监控、通风、防晒、调温、防火、灭火、防爆、泄压、防毒、中和、防潮、防雷、防静电、防腐、防泄漏以及防护围堤或者隔离操作等安全设施、设备，并按照国家标准、行业标准或者国家有关规定对安全设施、设备进行经常性维护、保养，保证安全设施、设备的正常使用。

【要点】

检查集装箱码头配备易燃易爆危险品监测设备情况。

需要注意的是，本条为一级标准化达标企业必备条件，本条不合格的企业，不能评为一级标准化达标企业。

二、集装箱码头有易燃易爆等危险品检测措施，并有效落实。（★★★）

【释义】

本条是关于企业易燃易爆等危险品检测措施的考评要求。

集装箱码头有易燃易爆等危险品检测措施，《危险货物集装箱港口作业安全规程》（JT 397—2007）有十分严格的要求，现摘录如下：

4　一般要求

4.5　从事危险货物集装箱港口作业应根据所装卸危险货物的特性，配备相应的防护用品。

4.6　装有危险货物的集装箱，箱体两侧及两端应粘贴或印刷符合 GB 190 或"国际海运危规"规定且与箱内所装危险货物性质相一致的危险货物标志。

4.7　从事危险货物集装箱港口作业的企业，应制定本单位事故应急救援预案，配备必要的器材、设备。应急预案应定期组织演练，做好记录，适时进行修订。

4.8　危险货物集装箱的港口装卸作业安全技术要求执行 GB 11602 的有关规定。

4.9　易燃易爆危险货物集装箱装卸时，距装卸地点 50m 范围内为禁止明火作业区域。

4.10　从事危险货物集装箱港口作业的企业或作业委托人，在作业前应将危险货物品名、数量、理化性质、作业地点和时间、安全防范措施等事项向主管部门申报。未经同意，不得进行港口作业。

4.11　危险货物集装箱作业、堆存区域不得进行车辆维修、保养等工作。

4.12　作业前，相关作业人员应确认危险货物申报内容与所装卸的危险货物集装箱标志、标牌一致，详细了解其性质、危险程度、安全应急措施和医疗急救措施。

4.13　作业中，应严格按照相关操作规程进行作业。

4.14　作业结束，应按规定妥善处置残留物和有关工具及防护用品。

4.15　危险货物集装箱堆场和仓库四周应采用围栏或实体围墙封闭并设置环形消防通道；出入口应不少于两处，并安装明显的安全警示标志牌；灭火器材配置应符合 GB 50140 的规定。

5　装卸作业

5.1　码头前沿作业

5.1.1　危险货物集装箱在装船或卸船前，作业方应会同船方对集装箱外观进行检查，重点检查集装箱结构是否有损坏、有无撒漏或渗漏现象。发现异常情况应通知有关部门处理。在未处理之前不得装卸。

5.1.2　舱内作业时，作业人员下舱前应先开舱通风，确认无危险后方可作业。

5.1.3　装卸作业指挥人员佩戴的标志应明显，指挥信号应清晰、准确。

5.1.4　应根据危险货物的性质、配装要求及船方确认的配载图进行装载。

5.1.5　危险货物集装箱的操作人员，应做到谨慎操作，稳起稳落。

5.1.6　装卸易燃易爆危险货物集装箱期间，不得进行加油、加水（岸上管道加水除外）等作业。

5.2　水平运输作业

5.2.1　港内运输车辆应配备灭火器材和在车顶悬挂危险标志灯。

5.2.2　港内运输车辆应遵守港区有关危险货物车辆运行路线、时间及速度等规定。

5.2.3　港内运输危险货物集装箱车辆的驾驶员严禁超车、急转弯、急制动，前后车辆应保持安全距离。

5.3　堆场作业

5.3.1　危险货物集装箱应在专门区域内存放。其中1.1项、1.2项爆炸品和硝酸铵类物质的危险货物集装箱，应实行直装直取，不准在港内存放；除1.1项、1.2项以外的爆炸品、2类气体和7类放射性物质的危险货物集装箱的堆场存放，应经具有资质的中介机构安全评价和港口行政管理部门批准后，可以限时限量存放。

5.3.2　危险货物集装箱堆场作业，应在装卸管理人员的现场指挥下进行。

5.3.3　危险货物集装箱堆场，应严格划分各类危险货物的堆存区域，按危险货物的性质和类别要求堆码。

5.3.4　易燃易爆危险货物集装箱，最高只许堆码两层，其他危险货物集装箱不超过三层，并根据不同性质的危险货物，做好有效的隔离，隔离要求参见附录A。

5.3.5　装有遇潮湿易产生易燃气体的4.3项货物的集装箱和需敞门运输的易产生易燃气体的集装箱，宜在最上层堆码。

5.3.6　液化天然气罐式集装箱相互不得叠放，与其他非易燃易爆危险货物集装箱叠放时，应放置在最上层。

5.3.7　装有毒性物质中包装类别Ⅰ的危险货物集装箱应箱门对箱门，集中堆放。

5.3.8　熏蒸作业不得在危险货物堆场进行。

6　拆、装箱作业

6.1　一般要求

6.1.1　港内拆、装和查验危险货物集装箱作业时，应在专门区域进行。

6.1.2　作业人员要求：

①作业前，作业人员应穿戴好必需的防护用品。

②拆、装易燃易爆危险货物集装箱时，禁止穿带铁掌、铁钉鞋和易产生静电的工作服。

③拆、装毒害品的作业期间严禁进食；温度高、时间长、作业量大时，应轮换或间歇作业；作业完毕后应立即进行全身冲洗、换装后方可进食；穿过的工作服、手套等防护衣物应单独清洗。

6.1.3　凡进入作业现场的水平运输机械应配备火星熄灭装置，作业完毕，及时撤离作业现场。

6.1.4　拆、装易燃易爆危险货物集装箱，应使用防爆型电器设备和不会摩擦产生火花的工属具，并有专人负责现场监护。

6.1.5　在拆、装装有爆炸品、有机过氧化物、毒害气体、毒性物质中包装类别Ⅰ集装箱时，所有机具应按额定负荷降低25%使用。

6.1.6　拆、装感染性物质集装箱，应经有关部门监测批准后方可作业。

6.1.7　拆熏蒸集装箱时，打开箱门后应强制通风，确认无危险后方可作业。

6.1.8　在夏季高温季节，拆、装对温度敏感的危险货物集装箱时，应根据港口所在地气候条件，确定作业时间，并采取有效的降温措施，在有遮蔽通风良好的环境下进行，货物不得在阳光直射处存放。

6.1.9　拆、装危险货物集装箱，遇有闪电、雷雨或附近发生火灾时，应立即停止作业并关闭箱门，对箱外货物作妥善处理；雨雪天、大雾天禁止露天拆、装遇水放出易燃气体的物质集装箱。

6.2　装箱作业

危险货物集装箱的装箱作业要求应符合JT 672的规定。

6.3　拆箱作业

6.3.1　拆箱前应先检查施封是否完好。开启箱门时，应先打开一扇门，不准在门前站立，在通风并确认无危险后，方可拆箱作业。

6.3.2　拆箱过程中应谨慎操作，轻拿轻放，发现损坏、渗漏应立即报告有关部门处置。

6.4　仓库作业

6.4.1　待装箱和拆箱后的危险货物，应执行危险货物的出入库制度，核对、检验出入库的货物的规格、数量、包装标记，单证、资料不符的不得出入库。

6.4.2　危险货物堆码应符合“水路危规”的相关规定。同库存放的危险货物应符合隔离要求，隔离要求见附录A。

6.4.3　危险货物分装、改装、开箱、开桶检查应在库外安全地点进行。

6.4.4　作业结束后，应当对库区、库房进行检查，确认安全后方可离开。

6.5　清洗箱作业

危险货物集装箱的清洗应交由有资质的单位处理。

【要点】

查制度，检查企业是否制定了集装箱码头有易燃易爆等危险品检测措施，是否覆盖《危险货物集装箱港口作业安全规程》（JT 397—2007）的要求。查记录，检查港口企业现场作业记录，检查措施是否得到落实。

需要注意的是，本条为一、二、三级标准化达标企业必备条件，本条不合格的企业，标准化不达标。

三、趸船、港作拖轮、起重装卸设备、车辆、压力容器等符合相关安全规范和技术要求，设备及操作人员证书齐全有效。

【释义】

本条是关于企业趸船、港作拖轮、起重装卸设备、车辆、压力容器与相关安全规范和技术要求的考评要求。

本条共涉及趸船、港作拖轮等辅助设备,起重装卸设备,车辆,压力容器,共四个方面。每个方面又分为两块内容,一是设备本身符合安全规范和技术要求的情况,二是操作人员的资质情况。下面分别叙述。

关于趸船、港作拖船,趸船、港作拖船属于港口辅助设备,同时又属于船舶,适用的技术规范有《国内航行海船法定检验技术规则(2011)》、《沿海小型船舶法定检验技术规则(2007)》、《国内航行海船法定检验技术规则(2004)》和《海船法定建造检验技术规程(2011)》等,其符合安全规范和技术要求的证明文件为船检机构核发的合法有效的《船舶检验报告》。船舶操作人员证书是否齐全可根据国家海事管理机构对船舶管理的相关规定来确定,包括两类,一是船员的职业身份证件,即船员服务簿;二是船员的任职资格证件,即船员适任证书。船员担任相应的职务时,需要持有相应的适任证书。同时,在船舶担任持证相适应的职务时,还应有公司的任命文件。船员适任证书还要求注明船员适任的航区(线)、船舶类别和等级、职务以及有效期限等事项。对于船舶操作人员证书是否齐全,可根据船员数量和持有适任证书的船员数量是否满足《中华人民共和国船舶最低安全配员规则》(交通部令2004年第7号)规定的要求来考评,符合的齐全,否则不满足要求。

关于其中起重装卸设备,这类设备分为四类:起重机械、输送机械、装卸搬运机械、专用机械。可根据其是否满足《港口装卸机械管理规定》(交通部令1998年第1号)第十一条至第十九条的规定来判断是否满足相关安全规范和技术要求,《港口装卸机械管理规定》(交通部令1998年第1号)第十一条至第十九条主要内容如下:

第十一条规定,港口企业应当根据生产发展需要和港机技术状态,编制港机更新和改造的中、长期规划和年度计划,并组织实施。

第十二条规定,港机选型应当遵循经济合理、技术先进、满足生产、安全可靠、方便维修、利于管理、节约能源和符合环境保护的原则综合择优选择。

第十三条规定,港口企业自制港机应当有完整的技术资料,按有关规定进行审批,并组织技术鉴定和验收。未经鉴定或者验收不合格的,不得生产和使用。

第十四条规定,港口企业应当建立新购置港机的验收工作程序,认真按工作程序进行验收,写出验收报告。凡验收不合格的,不得投入使用。

第十五条规定,新购置的港机验收工作如下:

(一)根据合同及有关文件清点和核对技术资料、附件、随机工具及备件;

(二)根据有关技术资料检查港机的技术状况和性能。

第十六条规定,港机经验收合格,应当建立"港机设备登记卡",其内容如下:

(一)名称、型号和规格;

(二)产地或者制造厂;

(三)出厂、动力、底盘、机械和固定资产编号;

(四)出厂、购置和启用日期;

(五)规定使用年限和购置全值(原值);

(六)主要技术参数;

（七）主要图纸目录。

第十七条规定，新购置港机在保修期内，发生属于制造质量的故障与损坏，应当及时做好技术鉴定和记录，按有关规定办理修复、索赔或退货。

第十八条规定，新型港机投产前，必须编制有关使用操作规程和维修保养规定，建立单机技术档案。

第十九条规定，购置的二手港机或者经过技术改造的港机，其验收可以适用本节新购置港机验收的规定进行。

凡满足上述要求的，应视起重装卸设备为满足符合相关安全规范和技术要求，否则为不满足。

对于车辆，这里的车辆指的是港区内的港口装卸搬运车辆，主要有牵引车、挂车、叉车等，应按照相关技术规范的要求进行维修和检验，配租操作人员。

港口的压力容器范围指氧气瓶、乙炔瓶、压力表、安全阀等，港口企业应根据压力容器相关安全规范和技术要求，定期进行检验、检查，并做好记录备查。

【要点】

趸船、港作拖轮等检查其《船舶检验报告》是否合法有效，检查船舶考勤表，对照最低配员证书，检查船员数量、持证船员是否满足要求，企业将船员持有船员服务簿、适任证书列表备查。起重装卸设备检查其技术鉴定和验收资料，操作人员数量是否满足生产的需要；车辆检查维修和检验记录，压力容器检查定期进行检验、检查记录。对于上述需要检查的资料，企业列表备查。

四、按规定对设施设备进行定期检验，检验证书合法有效。

【释义】

本条是关于设施设备进行定期检验的考评要求。

本条是上一条的延续，各类设施设备均有固定的检验周期，应根据各类标准的规定进行定期检验，检验应由符合规定的机构实施。

【要点】

港口企业以表格列明所有设施设备、检验周期、本次检验的日期和结论、下次检验的日期，同时备齐所有设施设备的检验证书和载明设施设备的固定资产表备查。在考评过程中，应对照固定资产表检查企业提供的设施设备是否有遗漏，对设施设备分类抽查，大型企业一级企业不少于10%，二级不少于20%，三级企业不少于50%；中小微型企考评中根据实际情况实施。在检查中，如发现与企业提供的资料不一致时，应做好记录，并继续检查，两处以上不符时应扣除该项的分值。

五、按规定对设施设备进行定期维护保养，设备技术状况良好。

【释义】

本条是关于设施设备维护保养的评估要求。

设备使用的前提和基础是设备的日常维护和保养。设备在长期，不同环境中的使用过程中，机械的部件磨损，间隙增大，配合改变，直接影响到设备原有的平衡，影响设备的稳定性，可靠性，安全性。因此必须建立科学、有效的设备管理机制，加大设备日常管理力度，科学合理的制定设备的维护、保养计划。专人负责和落实各项制度、规定、计划，做好日常的维护和保养工作；定期对维护、保养情况进行检测，并认真做好机械的运行、保养记录，确保设备技术状况良好，避免安全生产事故的发生。

【要点】

（1）港机的日常维护是使港机保持良好技术状况和进行维修的基础，港口企业应当建立健全港机日常维护制度，包括司机交接班制度，技术操作规程和日常检查保养规范等。

（2）港机日常维护由操作人员负责，基本要求是：

①严格按操作规程使用港机，在运行过程中经常观察港机运行情况。

②保持港机完整无损，安全防护装置完备有效，保证港机安全运行。

③按规定对港机进行清洁、检查、调整、紧固、润滑，保持无油垢、无积灰、无泄漏、无松动，使港机保持良好技术状态。

④填写“运行日志”和“日常维护记录卡”。

（3）定期对设施设备进行维护保养，确保设备的技术状况良好，建立设备设施的维护保养记录，并如实填写。

（4）建立健全设施设备维护保养制度，加强设备管理作用，完善数据统计系统。具体维护保养要求有三个：一是要有专人负责管理各种设施、设备，建立台账，明确责任，定期检维修；二是设施设备检维修前应制定检维修计划方案，检维修中应执行隐患控制措施并进行监督检查；三是设施设备不得随意拆除、挪用或弃置不用；确因检维修拆除的，应采取临时安全措施，检维修完毕后立即复原。

六、指定专人对特种设备进行管理。

【释义】

本条是关于特种设备管理的考评要求。

特种设备使用单位应当对在用特种设备进行经常性日常维护保养，并定期自行检查。

特种设备使用单位对在用特种设备应当至少每月进行一次自行检查，并作出记录。特种设备使用单位在对在用特种设备进行自行检查和日常维护保养时发现异常情况的，应当及时处理。

港口企业应当根据本单位特种设备情况和相关要求设置特种设备安全管理机构或者配备专职、兼职的安全管理人员，特种设备安全管理人员应当经质监部门考核合格，取得国家统一格式的特种设备安全管理人员证书，方可从事相应的特种设备管理工作。

特种设备安全管理人员职责：

（1）熟悉和宣传贯彻有关特种设备法律、法规、规章和安全技术常识。

（2）编制本单位特种设备安全管理的规章制度和相关的操作规程，并负责本单位特种设备使用登记工作和特种设备安全技术资料的归档工作。

（3）建立健全本单位特种设备的安全管理组织体系，分层次、分类别地对本单位特种设备使用状况进行经常性的检查，并做好记录检查和纠正特种设备使用中的违章行为，发现问题应及时处理，情况紧急时，可以决定停止使用特种设备并报告本单位负责人。

(4)对本单位职工进行特种设备安全知识教育和培训，组织开展各种安全宣传教育活动，并根据本单位制定特种设备事故应急救援预案和组织应急救援演练。

(5)编制常规性计划并组织落实，做好日常的特种设备定期检修、维护保养，按时申报并配合特种设备检验机构做好特种设备的定期检验工作。

(6)根据规定，配合有关机构做好特种设备事故报告、调查、处理、汇总和统计工作。

【要点】

企业应当根据情况设置特种设备安全管理机构或者配备专职、兼职的特种设备安全管理人员。

七、建立并规范设备管理台账。

【释义】

本条是关于企业设备管理台账的考评要求。

企业的设备台账应按照企业档案管理的相关要求，进行规范管理。设备管理台账主要包括以下类别：

(1)设备统计台账。

(2)设备的定期检验和定期自行检查的台账记录。

(3)设备的日常运行状况台账记录。

(4)设备及其安全附件、安全保护装置、测量调控装置及有关附属仪器仪表的日常维护保养台账记录。

(5)设备运行故障和事故台账记录。

【要点】

(1)企业应建立健全设施设备安全管理台账，对设备进、出情况，设备运行情况，性能指标及维修保养情况，均应详细登录在案，做到一机一册，有据可查。

(2)企业应对设施设备台账进行归档管理。

第三节 电气安全管理

【依据】

《10kV 及以下变电所设计规范》(GB 50053—1994)。

《工业与民用电力装置的接地设计规范》(GBJ 65—1983)。

《建筑照明设计标准》(GB 50034—2004)。

《低压配电设计规范》(GB 50054—1995)。

《供配电系统设计规范》(GB 50052—1995)。

一、按照国家相关法律法规规范码头电气安全管理。

【释义】

本条是对企业电气安全管理的考评要求。

港口企业应按《10kV 及以下变电所设计规范》(GB 50053)、《工业与民用电力装置的接地设计规范》(GBJ 65)、《建筑照明设计标准》(GB 50034)、《低压配电设计规范》(GB 50054)、《供配电系统设计规范》(GB 50052)等规范的要求,规范码头电气设施的安全管理。

【要点】

(1)内河港供电电压宜为 35 千伏及其以下。

(2)港口应有可靠的电力供应,电源应取自电力系统。

(3)港口内配电电压,高压宜采用 10 千伏,低压宜采用 380/220 伏。

(4)变配电所宜接近负荷中心,且应便于进出线和设备运输。

(5)变配电所宜避开多尘或有腐蚀性气体的场所。

(6)变配电所宜避开有剧烈振动的场所。

(7)变配电所应设在爆炸和火灾危险区域范围以外,当变配电所设在爆炸和火灾危险区域范围以内时,应符合现行国家标准《爆炸和火灾危险环境电力装置设计规范》(GB 50058)的有关规定。

(8)变配电所宜留有扩建的余地。

(9)变配电所的室内地坪宜高出室外地坪 0.15 ~0.3 米。设在防汛堤临水侧的变配电所,其室内地坪高程应高于重现期 50 年一遇高水位 0.5 米。

(10)港口配电线路设计应合理选用铜、铝材质的导体。在盐雾或腐蚀性气体严重的场所和易燃易爆的场所,应采用铜导线或铜芯电缆。配电线路宜采用电缆,在不妨碍流动机械作业的地方,可采用架空线。

(11)电缆沟和电缆隧道应有防水、排水措施。

(12)通过堆场的地下电缆宜穿保护管敷设。

第七章　科技创新与信息化

本一级要素科技创新与信息化，包括2个二级元素、6条考评指标，共55分。主要针对企业的科技创新情况，信息化在港口企业推广应用情况进行考核。

第一节　科技创新及应用

【依据】

《安全生产法》第十四条　国家鼓励和支持安全生产科学技术研究和安全生产先进技术的推广应用，提高安全生产水平。

《关于进一步加强安全生产工作的决定》要求，加强安全生产科研和技术开发。加强安全生产科学学科建设，积极发展安全生产普通高等教育，培养和造就更多的安全生产科技和管理人才。加大科技投入力度，充分利用高等院校、科研机构、社会团体等安全生产科研资源，加强安全生产基础研究和应用研究。建立国家安全生产信息管理系统，提高安全生产信息系统的准确性、科学性和权威性。积极开展安全生产领域的国际交流与合作，加快先进的生产技术引进、吸收和自主创新步伐。

一、使用先进的、安全性能可靠的新技术、新工艺、新设备和新材料，优先选购安全、高效、节能的先进设备。

【释义】

本条是关于企业使用先进技术、新工艺、新设备和新材料的考核要求。

随着我国经济的迅速发展、科学的长足进步以及引进国外先进技术和先进设备的增加，越来越多的新工艺、新技术的新材料或者新设备被广泛应用于港口企业生产经营活动中，这对于促进港口企业安全生产和提高生产经营效率，具有重要意义。

港口企业采用新技术、新工艺、新材料、新设备（以下简称“四新技术”）的作用和效果是十分明显的。如港口装卸机械采用“四新技术”后，提高装卸机械的安全性能，装卸机械安全装置的配备和不断创新，如门式起重机二级防风制动装置的开发应用，为确保装卸机械安全正常运行提供了必要的技术保障，提高了装卸机械作业综合能力；利用变频调速技术对门吊进行增吨改造，既提高了装卸机械最大起重能力，又提高了装卸机械的作业效率和作业比重。

【要点】

（1）企业应加大安全生产的投入力度，淘汰技术落后的生产设施设备、购买本质安全型的设施设备。

（2）企业应不断淘汰生产效率低下、能耗高的设施设备，引进高效、节能的设施、设备。

二、组织开展安全生产科技攻关或课题研究。

【释义】

本条是关于企业开展安全生产科技攻关或课题研究的考核要求。

科学技术是“第一生产力”，随着国家对安全生产工作的越来越重视，安全生产领域的科技研究越来越重要，只有企业加大安全生产科技研究投入，积极开展安全生产科技攻关和课题研究，解决安全生产领域的技术难题，提升企业的本质安全水平，改善劳动环境、加强劳动者的劳动保护。

【要点】

(1)企业应加大安全生产科技的研发投入，分析研究本企业存在的安全风险及安全防范技术难题，积极开展安全生产科技攻关或课题研究。

三、设有安全生产管理信息系统或平台。

【释义】

本条是关于企业安全生产管理信息系统或平台的考核要求。

安全生产管理信息系统是为安全生产管理部门开展安全生产检查、落实、监督等工作提供服务的计算机管理信息系统，可实现对客运站的基本情况登记、安全检查落实、设备年审等数据的本地录入、远程传送、统计分析、综合评估、报表打印等功能，为安全管理机构、相关主管部门提供安全生产管理工作的基本信息。

目前，我国港口企业的安全管理信息系统建设仍处于起步阶段，为促进港口企业的健康发展，必须尽快提高港口企业的安全管理水平和港口安全管理信息化程度，结合我国港口企业及港口企业安全管理实际情况，借鉴国内外先进经验，引进先进的港口企业安全管理信息系统，利用信息技术提高我国港口企业安全管理水平入手，以期实现港口企业在安全管理、监督、检查、培训、事故预防、劳动保护等方面的信息化，有效控制港口企业伤亡事故发生，提高港口客运站安全管理效率与水平。

【要点】

(1)企业应根据只身安全生产管理的需要，建立安全生产管理信息系统。

(2)企业应广泛利用现代通信、信息网络等先进技术，建立灵敏高效、反应快捷、运行可靠的安全生产信息管理体系，及时掌握本单位的安全生产动态，提高安全生产管理信息化水平。

四、应用现代科技手段，提升安全管理水平。

【释义】

本条是关于企业安全管理与时俱进，安全管理与现代科技有效结合的考核要求。

随着国家科学技术的进步和国家对安全生产领域科技的重视，越来越多针对安全生产的科技得以应用，解决企业安全生产管理中粗放型的管理，应用现代科技手段，可大大提升企业的安全管理水平。

【要点】

企业应根据自身的实际，引进先进的现代科技手段，提升企业自身的安全管理水平。

第二节 科技信息化

一、设有电子显示设备。

【释义】

本条是关于企业管理信息化的考核要求。

企业应在其危险部位,设置电子监控检测设备,能及时地发现异常和记录危险发生变化过程,员工能在第一时间发现异常,并进行处置。若事发突然,通过电子显示监控设备记录功能还能查出事故发生的经过,便于事故原因的分析查找。

【要点】

企业应根据自身安全管理工作的需要,设立相应的电子显示监控设备。

二、设有其他的安全监管信息系统。

【释义】

本条是关于企业其他的安全监管信息系统的考核要求。

随着科技的进步和国家、港口企业对港口安全工作的越来越重视,目前针对港口安全监管信息系统越来越多,比如视频监控系统、重大危险源安全管理信息系统、港口堆场信息管理系统等专门针对港口安全开发的安全监管信息系统的应用,为港口企业的安全管理插上了信息化的翅膀,安全管理的效率大大提高,有效的防范安全生产事故的发生。

【要点】

(1)企业应建立视频监控系统,对作业场所等主要场所进行时时监控。

(2)企业应根据只身的需要,设置其他安全监管信息系统。

第八章 队伍建设

本一级要素队伍建设,包括5个二级元素、9条考评指标,共90分(其中“★★★”一、二、三级企业必备条件的指标项1条,“★★”一、二级企业必备条件的指标项1条)。主要针对企业人员的安全培训教育情况,培训资料档案的管理情况进行考核。

第一节 培训计划

【依据】

《安全生产法》第二十一条规定,生产经营单位应当对从业人员进行安全生产教育和培训,保证从业人员具备必要的安全生产知识,熟悉有关的安全生产规章制度和安全操作规程,掌握本岗位的安全操作技能。未经安全生产教育和培训合格的从业人员,不得上岗作业。

一、制定并实施年度及长期的继续教育培训计划,明确培训内容和年度培训时间。

【释义】

本条是关于企业培训教育计划的考核要求。

所谓培训计划是按照一定的逻辑顺序排列的记录,它是从组织的战略出发,在全面、客观的培训需求分析基础上作出的对培训时间、培训地点、培训者、培训对象、培训方式和培训内容等的预先系统设定。年度培训计划是对企业全年培训工作的规划,其科学性与否直接影响当年的培训效果。

企业培训计划是企业文化的一个有机组成部分,可以促进企业文化的建设。成熟的企业培训计划有助于企业制度的落实与深入人心。在培训中员工不断了解企业的价值观和使命,明晰企业的规章制度和经营理念,在工作中自觉地以企业经营理念为指导,模范地遵守企业的各项制度。加强了责任感和使命感,使企业的规章制度内化为员工的自觉行为,大大提高了企业的管理水平和工作效率。

安全教育培训可以提高员工的安全意识、安全常识和安全操作技能,降低安全生产事故发生率,从而达到企业安全生产的方针、目标。

【要点】

(1)企业的安全培训教育主管部门应制定符合企业安全生产特点的安全培训教育目标和要求,在年末或年初进行安全培训教育需求调查,了解基层单位的从业人员的培训需求,制定年度安全培训教育计划,计划中明确培训经费。

(2)培训的主要内容包括:安全生产法律法规,安全生产规章制度和操作规程;安全生产管理知识、安全生产技术知识及岗位操作技能;安全设备、设施、工具、劳动防护用品的使用、维护和保管知识;生产安全事故的防范和应急措施、自救互救知识,生产安全事故案例及启示。

(3)由于生产特点的变化,培训教育计划可能需要增加或减少。当培训教育计划变更时应进行记录,制定培训教育变更计划。

第二节　宣传教育

【依据】

企业安全文化是企业文化重要组成部分,安全文化建设需要深入推进,广泛宣传教育,才能得到全体员工的认同,形成建设合力。安全宣传教育则是企业安全文化的一项重要内容,是促使企业和谐发展的动力源泉,作为宣传部门应积极宣传和培育共享核心价值观的安全理念,大力宣传安全文化系统推进的意义,形成全员参与、全面管理、全过程预防的安全文化,实现企业安全生产的积极性与主动性,发挥其积极的舆论作用。

一、组织开展安全生产的法律、法规和安全生产知识的宣传、教育。

【释义】

本条是关于安全生产的法律、法规和安全生产知识的宣传、教育的考核要求。

企业要推进安全生产法律法规的宣传贯彻,做到安全宣传教育日常化。要及时分析和掌握安全生产工作的规律和特点,定期开展安全生产技术方法、事故案例及安全警示教育,普及安全生产基本知识和风险防范知识,提高员工安全风险辨析与防范能力。

【要点】

(1)企业应为开展安全培训教育提供充足的人力、资金和设施等资源,根据制定的教育培训计划,组织开展培训内容,逐一落实。

(2)企业应组织开展安全生产的法律、法规和安全生产知识的宣传、教育,查阅相关记录。

第三节　管理人员

【依据】

《安全生产法》第二十条规定,生产经营单位的主要负责人和安全生产管理人员必须具备与本单位所从事的生产经营活动相应的安全生产知识和管理能力。

一、企业主要负责人和管理人员具备相应安全知识和管理能力,并取得行业主管部门培训合格证。(★★★)

【释义】

本条是关于企业主要负责人、安全管理人员应当具备的知识、能力和资格的考核要求。

港口企业的主要负责人对本单位的安全生产工作全面负责;安全生产管理人员直接、具体承担本单位日常的安全生产管理工作。因此,生产经营单位的主要负责人和安全管理人员在安全生产方面的知识水平和管理能力，直接关系到本单位的安全生产管理工作水平。近年来发生的生产安全事故表明，生产经营单位的主要负责人和安全生产管理人员缺乏基本的安全生产知识，安全生产管理和组织能力不强，指挥不当、调度不及时，措施不得力，是导致事故发生的重要原因之一。因此，港口企业的主要负责人和安全管理人员应当具备安全生产知识和管理能力，其不仅要懂生产经营，也要懂得安全生产管理。

如何确定港口企业主要负责人和安全生产管理人员是否具有“相应的安全生产知识和管理能力”，既要考虑单位的生产经营范围，又要考虑经营规模，还要考虑单位的性质、危险程度等因素。一般说来，港口企业的主要负责人，要熟悉和了解国家有关安全生产的法律、法规、规章以及方针政策，要对本单位所从事的生产经营活动必需的安全知识有一定的了解，并能够较好地组织和领导本单位的安全生产工作。对安全生产管理人员来说，还需要对本单位所从事的生产经营活动需要的安全生产知识有比较具体的、深入的了解和掌握，并能够熟练地在安全生产管理工作中运用。

主要负责人和安全生产管理人员，应当由有关主管部门对其安全生产知识和管理能力考核合格后方可任职。

【要点】

(1)企业的主要负责人，要熟悉和了解国家有关安全生产的法律、法规、规章以及方针政策，要对本单位所从事的生产经营活动必需的安全知识有一定的了解，并能够较好地组织和领导本单位的安全生产工作。

(2)安全生产管理人员除熟悉和了解国家有关安全生产的法律、法规、规章以及方针政策外，还需要对本单位所从事的生产经营活动需要的安全生产知识有比较具体的、深入的了解和掌握，并能够熟练地在安全生产管理工作中运用。

(3)企业的主要负责人和安全管理人员应经过行业主管部门组织的培训，并经考核合格，取得安全资格证书，并按照规定接受再培训。

生产经营单位主要负责人安全培训应当包括下列内容：

①国家安全生产方针、政策和有关安全生产的法律、法规、规章及标准。

②安全生产管理基本知识、安全生产技术、安全生产专业知识。

③重大危险源管理、重大事故防范、应急管理和救援组织以及事故调查处理的有关规定。

④职业危害及其预防措施。

⑤国内外先进的安全生产管理经验。

⑥典型事故和应急救援案例分析。

⑦其他需要培训的内容。

生产经营单位安全生产管理人员安全培训应当包括下列内容：

①国家安全生产方针、政策和有关安全生产的法律、法规、规章及标准。

②安全生产管理、安全生产技术、职业卫生等知识。

③伤亡事故统计、报告及职业危害的调查处理方法。

④应急管理、应急预案编制以及应急处置的内容和要求。

⑤国内外先进的安全生产管理经验。

⑥典型事故和应急救援案例分析。

⑦其他需要培训的内容。

(4)企业主要负责人和安全生产管理人员初次接受安全生产教育和培训时间不得少于32学时，每年再培训时间不得少于12学时。经营危险化学品的港口企业主要负责人和安全生产管理人员安全资格培训时间不得少于48学时；每年再培训时间不得少于16学时。

需要注意的是，本项目为所有达标企业（一、二、三级企业）必备条件，本条标准不合格时终止考评，企业标准化不达标。

二、专(兼)职安全管理人员具备专业安全生产管理知识和经验，熟悉各岗位的安全生产业务操作规程，运用专业知识和规章制度开展安全生产管理工作，并保持安全生产管理人员的相对稳定。

【释义】

本条是关于企业专(兼)职安全管理人员安全生产管理知识和能力的考核要求。

港口企业配备专(兼)职安全管理人员的目的是为了加强港口码头的安全生产管理，防止发生生产安全事故。要真正达到这个目的，安全生产管理人员必须具备专业安全生产管理知识和经验，熟悉各岗位的安全生产业务操作规程，能运用专业知识和规章制度开展安全生产管理工作，才能及时发现本单全安全生产工作中存在的问题并妥善处理。实践中，一些港口企业虽然配备了安全生产管理人员，但由于所配备的安全管理人员不具备专业安全生产管理知识，对各岗位的安全生产业务操作规程不熟悉，也有一些安全生产管理人员怠于履行职责，应付差事，使安全生产管理人员的设置形同虚设。因此，要求港口企业配备的专(兼)职安全管理人员应具备专业安全生产管理知识和经验，熟悉各岗位的安全生产业务操作规程，能运用专业知识和规章制度开展安全生产管理工作。

安全生产管理工作是一项长期工作，安全生产管理知识经验需要不断地积累，因此企业应重视安全生产管理人员，应保持安全生产管理人员的相对稳定，越稳定的安全生产管理人员队伍，对企业的安全生产状况越了解越熟悉，对企业的安全生产管理工作也越有利。

【要点】

(1)企业配备的专(兼)职安全管理人员应具备专业的安全生产知识和管理能力，熟悉各岗位的安全生产业务操作规程，能运用专业知识和规章制度开展安全生产管理工作。

(2)企业应保持安全生产管理人员的相对稳定，确保企业安全生产工作的正常有序开展。

第四节　从业人员培训

【依据】

《安全生产法》第二十一条规定，生产经营单位应当对从业人员进行安全生产教育和培训，保证从业人员具备必要的安全生产知识，熟悉有关的安全生产规章制度和安全操作规程，掌握本岗位的安全操作技能。未经安全生产教育和培训合格的从业人员，不得上岗作业。第二十二条规定，生产经营单位采用新工艺、新技术、新材料或者使用新设备，必须了解、掌握其安全技术特性，采取有效的安全防护措施，并对从业人员进行专门的安全生产教育和培训。

《安全生产培训管理办法》（国家安全生产监督管理总局令第44号）第二十条规定，生产经营单位应当建立安全培训管理制度，保障从业人员安全培训所需经费，对从业人员进行与其所从事岗位相应的安全教育培训；从业人员调整工作岗位或者采用新工艺、新技术、新设备、新材料的，应当对其进行专门的安全教育和培训。未经安全教育和培训合格的从业人员，不得上岗作业。

《生产经营单位安全培训规定》（国家安全生产监督管理总局令第3号）第四条规定，生产经营单位应当进行安全培训的从业人员包括主要负责人、安全生产管理人员、特种作业人员和其他从业人员。

生产经营单位从业人员应当接受安全培训，熟悉有关安全生产规章制度和安全操作规程，具备必要的安全生产知识，掌握本岗位的安全操作技能，增强预防事故、控制职业危害和应急处理的能力。未经安全生产培训合格的从业人员，不得上岗作业。

一、从业人员每年接受再培训，提高从业人员的素质和能力，再培训时间不得少于有关规定学时。未经安全生产培训合格的从业人员，不得上岗作业。（★★）

【释义】

本条是关于企业员工培训的考核要求。

人是生产活动的第一要素，生产经营活动最直接的承担者就是从业人员，如果每个岗位从业人员都做到了安全生产，整个港口企业的安全生产就能够得到保障。对从业人员进行安全生产教育和培训，是港口企业的法定义务，也是贯彻落实“安全第一，预防为主、综合治理”方针的必然要求，更是关系到从业人员生命安全的大事。

由于我国港口企业还处于发展阶段，港口一线从业人员的科学文化水平普遍较低，大量的农民工走上了工作岗位，这些从业人员普遍存在着文化素质低、安全意识差，缺乏处理事故隐患及紧急情况的能力等问题。这些问题必须通过必要的安全生产教育和培训加以解决。因此，港口企业应当对从业人员每年进行安全生产教育和培训，不断提高从业人员的素质和能力。近年来发生的一些事故表明，港口企业没有搞好对从业人员的安全生产教育和培训，从业人员不具备必要的安全生产知识，不掌握安全生产规章制度和本岗位的安全操作规程、技能等，是事故发生的重要原因之一。因此，禁止未经安全生产教育和培训的从业人员上岗作业，是“防患于未然”的重要措施，也是对企业员工安全负责的重要体现。港口企业必须保证上岗的从业人员，都已经过了安全生产教育和培训并合格，如果发现未经安全生产教育和培训合格的从业人员上岗作业，港口企业要承担法律责任。

根据《生产经营单位安全培训规定》（国家安全生产监督管理总局令第3号）第十五条规定，生产经营单位新上岗的从业人员，岗前培训时间不得少于24学时。危险化学品生产经营单位新上岗的从业人员安全培训时间不得少于72学时，每年接受再培训的时间不得少于20学时。

【要点】

(1)安全培训教育主要包括岗前安全教育培训和经常性再培训教育。岗前安全培训教育包括"厂级"、"车间级"、"班组级"三级安全培训教育。

①厂级岗前安全教育的培训内容应当包括：本单位安全生产情况及安全生产基本知识；本单位安全生产规章制度和劳动纪律；从业人员安全生产权利和义务；有关事故案例等。

②车间级岗前安全培训内容应当包括：工作环境及危险因素；所从事工种可能遭受的职业伤害和伤亡事故；所从事工种的安全职责、操作技能及强制性标准；自救互救、急救方法、疏散和现场紧急情况的处理；安全设备设施、个人防护用品的使用和维护；各码头泊位安全生产状况及规章制度；预防事故和职业危害的措施及应注意的安全事项；有关事故案例；其他需要培训的内容。

③班组级岗前安全培训的内容应当包括：岗位安全操作规程；岗位之间工作衔接配合的安全与职业卫生事项；有关事故案例；其他需要培训的内容。

经过"三级安全培训教育"后，应进行考核，未经安全生产培训合格的从业人员，不得上岗作业。

(2)企业要树立终身教育的观念和全员安全培训目标，对从业人员经常不断地进行安全培训教育。经常性的安全培训教育应以安全意识、安全态度、规章制度、技术技能为主。通过各种形式的培训教育和活动，激发从业人员搞好安全生产的热情，促使员工从事安全，实现安全生产。

经常性的安全培训教育形式有：班前、班后会的安全技术交底、安全活动日、安全生产会议、事故现场会、张贴标语和招贴画等。

需要注意的是，本项目为一、二级标准化达标企业必备条件，本条标准不合格的企业，不能评为一、二级标准化达标企业。

二、转岗人员及时进行岗前培训。

【释义】

本条是关于企业转岗人员的安全培训规定。

企业要保证从业人员具备从事本职工作所应当具备的安全生产知识，熟悉有关的安全生产规章制度和安全操作规程，掌握本岗位的安全操作技能，对于没有经过安全生产教育和培训包括培训不合格的从业人员，企业不得安排其上岗作业。《生产经营单位安全培训规定》(国家安全生产监督管理总局令第3号)第十九条规定，从业人员在本生产经营单位内调整工作岗位或离岗一年以上重新上岗时，应当重新接受车间和班组级的安全培训。

【要点】

(1)操作岗位人员转岗、离岗一年以上重新上岗者，应进行工段、班组安全教育培训，经考核合格后，方可上岗工作。

(2)岗前培训时间不得少于24学时。

(3)教育培训、考核记录应归档保存。

三、新技术、新设备投入使用前,对管理和操作人员进行专项培训。

【释义】

本条是关于新技术、新设备投入使用的考核要求。

随着我国经济的迅速发展、科学的长足进步以及引进国外先进技术和先进设备的增加,越来越多的新工艺、新技术的新材料或者新设备被广泛应用于港口企业的生产经营活动中。新工艺、新技术、新材料的采用或者新设备的使用,对港口企业从业人员来说,是一种陌生的东西,如果仍按照老知识、老方法来应付,就会出问题,就可能引发事故。因此,采用新工艺、新技术、新材料或者使用新设备的港口企业,必须针对新工艺、新材料或者新设备的安全技术特性,对从业人员进行专门的安全生产教育和培训,保证从业人员了解、掌握其安全技术特性、防护措施等,并能够在工作中加以运用。

港口企业采用新工艺、新技术、新材料或者使用新设备对从业人员进行专门的安全生产教育和培训,是港口企业必须承担的对本单位从业人员进行安全生产教育和培训义务的一部分。

【要点】

(1)企业应将采用新工艺、新技术、新材料或者使用新设备对从业人员的培训要求,纳入企业教育培训制度中。

(2)企业工艺、技术、设备等主管部门,在新工艺、新技术、新设备投入使用前,应对管理人员和操作人员进行专门培训,经考核合格后,方可上岗操作。未经培训教育或考核不合格的人员不得上岗作业。

(3)教育培训、考核记录应归档保存。

第五节　规 范 档 案

【依据】

《企业安全生产标准化基本规范》(AQ/T 9006—2010)规定,应做好安全教育培训记录,建立安全教育培训档案,实施分级管理,并对培训效果进行评估和改进。

《生产经营单位安全培训规定》(国家安全生产监督管理总局令第 3 号)第二十四条规定,生产经营单位应建立健全从业人员安全培训档案,详细、准确记录培训考核情况。

教育与培训档案的内容应包括:教育或培训的内容、培训时间、培训地点、授课人、参加培训人员的签名、考核人员、安全管理人员的签名、培训考试情况等。档案保存期限不少于 3 年。

一、建立健全安全宣传教育培训考评档案,详细、准确记录培训考评情况。

【释义】

本条是关于安全宣传教育培训考核档案管理的考核要求。

企业安全宣传教育培训考核档案是企业档案管理的一个重要组成部分,企业应将各级各岗位人员的安全培训、考核情况，进行详细、准确的记录，并将相关记录、资料归档保存。

企业建立健全安全宣传教育培训考核档案，不仅是企业自身安全管理的需要，也是国家法规的硬性要求，根据《生产经营单位安全培训规定》（国家安全生产监督管理总局令第3号）第二十九条规定，生产经营单位未建立健全从业人员安全培训档案，由安全生产监管监察部门责令其限期改正，并处2万元以下的罚款。

【要点】

（1）企业应建立健全所有人员的培训教育档案，安全生产教育培训的内容和培训考核结果要纳入从业人员安全生产教育培训考核档案，培训情况要记入从业人员安全生产记录卡，并由从业人员和考核人员签名。

（2）教育与培训档案的内容应包括：教育或培训的内容、培训时间、培训地点、授课人、参加培训人员的签名、考核人员、安全管理人员的签名、培训考试情况等。

（3）教育与培训档案保存期限不少于3年。

二、对培训效果进行评审，改进提高培训质量。

【释义】

本条是关于企业安全培训效果的考核要求。

为提高安全宣传教育培训质量和效果，改进培训工作，企业应及时做好安全教育培训考评工作，建立安全教育培训考评档案，实施分级管理。

【要点】

（1）企业应建立安全教育培训效果的评审、评估制度，监督规范安全培训教育行为，不断提升培训质量。

（2）企业的安全培训教育主管部门应对培训教育方式和效果进行评价，这种评价可以在培训过程中进行，也可以通过现场检查或监测培训产生的长期效果来评价是否已达到相应的能力，不断改进提高培训质量。

第九章 作业管理

本一级要素作业管理,包括5个二级元素、16条考评指标,共140分(其中“★★★”一、二、三级企业必备条件的指标项3条,“★★”一、二级企业必备条件的指标项1条,“★”一级企业必备条件的指标项1条),规定了普通货物码头企业作业管理的考核要求。

广义上的现场作业管理是指用科学的标准和方法对生产现场各生产要素,包括人(工人和管理人员)、机(设备、工具、工位器具)、物、料(运输的人员、货物)、法(装卸、运输的方法)、环(港口环境)、信(信息、通信)等进行合理有效的计划、组织、协调、控制和检测,使其处于良好的结合状态,达到优质、高效、低耗、均衡、安全、文明生产的目的。现场管理是生产第一线的综合管理,是生产管理的重要内容,也是生产系统合理布置的补充和深入。具体到港口普通货物码头企业,应结合相关法律法规的要求,根据码头、所处水域特点和港口经营的类别,制定现场作业管理、安全值班、相关方管理、装卸作业管理和警示标志等现场管理制度,并确保落实到位。认真做好工作记录,为工作的开展情况留下客观依据。

第一节 现场作业管理

【依据】

《中华人民共和国港口法》;

《中华人民共和国内河交通安全管理条例》(国务院令〔2002〕第355号);

《港口经营管理规定》(交通运输部令2009年第13号);

《中华人民共和国港口设施保安规则》(交通部2007年第10号令);

《交通行业职业技能要求 港口》(JT/T 29—2004);

《港口码头劳动定员》(JT/T 331—2006)。

一、严格执行操作规程和安全生产作业规定,严禁违章指挥、违章操作、违反劳动纪律。

【释义】

本条是关于港口企业执行操作规程和安全生产作业的规定考评要求。

对于严格执行操作规程和安全生产作业的规定,在考评设置上最终落到了“严禁违章指挥、违章操作、违反劳动纪律”,即反“三违”。反“三违”是遏制事故的重要措施,经过多年的尝试,反“三违”形成了一些比较成熟的工作模式。企业可根据自身的实际情况开展,既可融入日常安全生产管理中实施,也可开展反“三违”专项活动。专项活动一般分为制定方案,开展舆论宣传和教育培训、隐患排查治理、制定整改措施和总结提高几个工作阶段。在每个工作阶段均应做好记录或工作总结,以备检查。

【要点】

检查企业岗位安全操作规程制定情况，是否制定了覆盖全部员工的岗位安全操作规程；全部员工严格执行操作规程和安全生产作业规定的客观依据，作业现场有无违章指挥、违章操作、违反劳动纪律的情况。查看企业“三违”档案、相关工作记录。

二、具有与经营规模、范围相适应的专业技术人员、管理人员和操作人员，按规定持证上岗。(★★★)

【释义】

本条是关于港口企业配备与经营规模和范围相适应的专业技术人员、管理人员和操作人员，并按规定持证上岗的考评要求。

在行业内，港口规模是按照吞吐量来确定的，分为特大型港口(年吞吐量>3000万吨)、大型港口(年吞吐量1000万～3000万吨)、中型港口(年吞吐量100万～1000万吨)及小型港口(年吞吐量<100万吨)。同样的，港口企业也是根据吞吐量来确定的，一般与港口的规模对应。在实际考评中，可参照港口企业(或所在港口)上年度的吞吐量来确定。对于上年度没有投产的港口企业，如新建、试运行阶段的港口企业，如按照吞吐量无法确定时，在实际考评中可根据《中小企业划型标准规定》(工信部联企业〔2011〕300号)的规定，从营业收入的数量和从业人员的数量来划分规模。

经营范围则是根据港口经营许可来确定，根据《港口经营管理规定》和《关于做好〈港口经营管理规定〉实施工作的通知》(交水发〔2010〕46号)规定，港口普通货物码头企业的经营范围可能涉及除旅客服务以外的方方面面。一是码头及其他港口设施服务，为船舶提供码头、过驳锚地、浮筒等设施。二是货物装卸、仓储服务，在港区内提供货物装卸、仓储、物流服务；集装箱装卸、堆放、拆拼箱；车辆滚装服务；对货物及其包装进行简单加工处理。三是港口拖轮、驳运服务，为船舶进出港、靠离码头、移泊提供顶推、拖带服务；港内驳运。四是港口理货服务(由交通运输部核发经营许可证)。五是船舶港口服务，为船舶提供岸电；淡水供应；船员接送；国际、国内航行船舶物料、生活品供应；国内航行船舶油料供应；船舶污染物接收；围油栏供应。国际航行船舶油料(含保税油)供应(经国家有关部门批准后，由港口行政管理部门核发经营许可证)。六是港口设施、设备和港口机械的租赁、维修服务。在考评工作中，可根据港口行政管理部门核发的《港口经营许可证》来明确。

明确了规模和经营范围后，企业依据《交通行业职业技能要求　港口》(JT/T 29—2004)和《港口码头劳动定员》(JT/T 331—2006)的要求，对配置专业技术人员、管理人员和操作人员列表进行检查。其参考格式如表＊＊-＊＊、＊＊-＊＊和＊＊-＊＊。

专业技术人员配置情况表

表＊＊-＊＊

序　号	专业技术人员岗位	规　定	实际配置数量	符合情况	备　注

管理人员配置情况表

表＊＊-＊＊

序　号	管理人员岗位	规　定	实际配置数量	符合情况	备　注

操作人员配置情况表　　表＊＊－＊＊

序　号	操作人员岗位	规　定	实际配置数量	符合情况	备　注

安全管理人员应考虑文化层次、年龄和知识结构以及思想素质、业务能力，以适应工作需要。专职安全管理人员应按规定接受培训考核合格，取得资格证书，持证上岗。

关于持证上岗，在普通货物码头企业，按规定需要持证上岗的有安全管理人员（安全管理人员资格证书）、船员、特种设备操作人员等，持证人员应按照相关规定定期进行复训。其中，船员，包括趸船、交通船、拖轮等船舶上的船员，应持有海事管理机构颁发的合格有效的船员服务簿，担任相应的职务时，需要持有相应的适任证书（船员适任证书详见“人员章节”）；港口装卸机械属于特种设备的，操作人员应持有特种设备人员操作证书。

需要注意的是，在本考评标准中，集装箱纳入普通货物码头进行考评，而在实际工作中，集装箱码头一般都要都要从事港口危险货物作业，应按照港口危险货物的安全管理规定，对装卸管理、申报、集装箱装箱现场检查等业务的人员以及企业主要负责人等相关人员，应持有符合危险货物的安全管理规定的证书。

【要点】

核实企业的经营规模、范围，查看企业是否按照《交通行业职业技能要求　港口》（JT/T 29—2004）和《港口码头劳动定员》（JT/T 331—2006）的要求配备专业技术人员、管理人员和操作人员，列表检查安全管理人员和特殊工种和特殊岗位人员持证上岗情况。

需要注意的是，本项目为一、二、三级必备条件，本条不合格的，标准化不达标。

三、在下达生产任务的同时，布置安全工作要求。

【释义】

本条是港口生产任务与安全工作关系的考核要求。

在港口企业，完成生产任务是最终目的。从理论上讲，安全是生产的保障，生产必须安全，两者并没有什么矛盾，两者在宗旨上也是完全一致的。安全工作与生产工作的矛盾，表现为采取安全措施时会影响生产，增加成本。这些矛盾只是暂时，从长远看，矛盾解决后，很快就会促进生产，提高劳动生产率。另外，这种矛盾只是一种表面的浅层次的矛盾，而从本质上看，安全与生产是统一的。严格执行安全规定，表面上降低劳动生产率，但如果从深层次看，一旦发生事故，将会损失更多工时，将会造成生命和财产损失。而且，事故的发生将会影响企业生产和形象，给企业带来不可估量的损失。因此，本条规定了下达生产任务的同时，布置安全工作要求，布置安全工作可以以作业指导书下达，在“第四节装卸作业管理”中将进行讨论。

【要点】

检查装卸作业指导书，是否布置了安全，安全措施是否符合相关规定和要求。

四、按规定定期对码头设备设施、电气线路、消防设施等进行维护保养，特种设备定期进行检测检验。（★★★）

【释义】

本条规定了码头设施设备、电气线路、消防设施等进行维护保养，特种设备定期进行检测检验的考评要求。

码头的设备设施、消防设施等进行定期的维护保养，并有维护保养记录。落实消防设施的管理、检查、检测、维修、保养、建档等工作制度，电器设备、电气线路每年至少进行一次全面检测，检测报告存档备查。室外消火栓有明显漆色标志，所有消防器材完好，消防设施、重要防火部位有明显的消防安全标志，消防通道和应急疏散通道畅通。

码头的电气线路应定期进行检查，对破损和绝缘老化的线路进行更换。

防雷装置完好，接闪器无损坏，引下线焊接可靠，接地电阻应低于10Ω；对防雷区域和防雷装置能定期进行预防性检查、评价和检测，且有关资料齐全有效。

种设备使用单位应当对在用特种设备的安全附件、安全保护装置、测量调控装置及有关附属仪器仪表进行定期校验、检修，并作出记录。

【要点】

查看企业是否按规定定期对码头设备设施、电气线路、消防设施等进行维护保养，特种设备是否定期进行检测检验。

五、建立危险作业、临水作业、高处作业、进入受限空间、生产现场动火、临时用电等审批制度，明确责任部门、人员、许可范围、审批程序等，并落实到位。

【释义】

本条规定了危险作业、临水作业、高处作业、进入受限空间、生产现场动火、临时用电等审批制度，明确责任部门、人员、许可范围、审批程序的考评要求。

下面摘录部分港口企业的相关管理制度供参考。某公司危险作业制度实例：

动火用火管理规定

一、认真贯彻执行国家颁布的消防法规、法令，并在实际工作中贯彻执行。

二、自觉遵守公司各项安全防火制度和安全操作规定。

三、公司生产作业现场、危险品区域禁止一切动火、用火作业。

四、若遇特殊情况必须进行动火、用火作业时，必须向公司安全、消防部门请示。

五、消防、安全部门要对动火、用火现场进行检查，采取防范措施，派人进行监护，确保安全的情况下方能作业。

六、动火、用火作业完毕后，对现场余火进行清除，同时安排人员对现场进行监控。特别要注意对在隔热层上进行作业后的监控，其监控由使用部门负责。

七、对违反防火制度和安全操作规定，造成火灾事故者或虽未造成事故，违反规定不听劝阻者，给予罚款或行政处分。

防止高空作业人员坠落事故发生的规定

为保障公司作业人员的人身安全，预防高空作业过程中人员坠落事故的发生，依据安全生产高空作业的有关规定，特制定本规定。

高空作业是指作业人员的工作面(点)悬空垂直于地面高度2米以上的作业。本规定禁止患高血压、心脏病、恐高症人员进行高空作业;严禁作业中穿硬底鞋和带钉鞋作业;严禁恶劣气候下安排高空作业。

本规定将公司内高空作业人员分为五类:(1)装卸类。(2)维修类。(3)司机类。(4)水手类。(5)其他类。

(1)装卸类。装卸作业现场进行高空作业时,领班(控制员)在布置安排作业任务的同时,必须交代高空作业的安全事项,督促作业人员做好高空作业的防范措施。用简易吊架作业集装箱装卸工必须站进安全栏并挂上安全链;在用空钩作业集装箱时装卸工必须将保险绳套上钢丝绳。司机必须在经过仔细观察后才能够作业。装卸工遇上高度超过2米的货物要上高作业时必须使用楼梯,楼梯下边要有人控制。上下缆车时注意观察防止跌伤。

(2)维修类。进行高空设备设施修理或维护保养前,设备设施修理项目主管(或维修组长)在安排维修的同时,必须布置高空作业的安全事项,督促作业人员做好高空作业的防范措施。进行高空作业时,作业人员必须按规定穿戴好劳动保护用品,栓套牢安全保险绳,特别危险有条件的作业面应设置安全防护围栏,维修现场应设立安全监护人。高空修理维修时对搁置于修理设备、材料、配件要进行固定或搁置于安全地点。维修工管理好随身携带的修理工具防止坠落。严禁安排重叠作业面,严禁随意抛丢更换件,废材料和垃圾。高空(6米以上)高空吊运配件、材料、修理设备时要捆套牢,并打好浪风绳,做到上喊下应。协助维修作业的装卸工也要遵照执行。

(3)司机类。司机(门机、桥吊、行车、浮吊)对作业场所通道、栏杆进行检查,发现问题及时汇报,分管维修的负责人应及时解决。在对高度超过2米处进行设备检查时必须拴套保险绳。人员上下时注意观察防止跌伤。保持环境清洁,及时清除油污。

(4)水手类。水手在为船舶保养作业时凡超过2米时,要拴套保险绳或设置安全围栏,设专人负责作业时防止高空坠物伤人。

(5)其他类。公司内其他员工凡是涉及高空作业要遵照执行。

各单位行政负责人对本单位安全生产管理负全面领导责任。各单位分管安全工作的领导对本单位安全生产负领导责任。班组长对所在班组的安全生产负全面责任,安全员负监督责任,职工对自己的违章违纪行为负直接责任。

凡违反此规定按照公司《安全质量奖惩条例》予以处理,酿成事故者照损失的大小予以赔偿。安保部对此规定监督执行。

危险品作业流程

一、操作部按规定受理客户危险货物在港区装卸箱作业的申请后,向生产部汇报。

二、生产部接到危险货物在港区作业的信息后,根据实际情况,编制作业计划,通知安保部(消防人员)和医务室(医务人员)到现场监护。

三、安保部消防人员和医务人员接到通知后做好相关准备工作,由生产部安排车辆送到现场进行监护。

四、安保部消防人员到现场后,应对环境、消防设施进行检查,核对所作业危险货物性质及应急措施。医务人员在规定的地点，对现场进行监护，直到作业完毕。

五、接到危险货物进行作业的通知后，参加危险货物作业的人员（领班、理货、装卸、监护人员等）应及时赶到现场。由领班主持召开工前会，安排具体的作业任务，交代注意事项，提出安全作业要求，布置安全作业措施，以确保危险货物作业安全。

六、参加危险货物装卸作业的人员应按规定穿戴好防护用品，不得携带火种和穿铁钉鞋进入作业现场；凡身体不适或有异常反应的人员，皮肤有伤口的人员不得参加危险货物装卸作业；无关人员不得进入危险货物装卸作业区域。

七、在对危险货物进行装卸作业前，理货人员应对其包装进行检查（凡包装破损、渗漏、受到污染或不符合有关规定，不得安排作业），在作业中进行监装监卸，确保危险货物装卸质量。

八、对参加危险货物装卸作业的机械、设备、工属具进行认真检查，确保其安全有效，处于良好的工作状态；装卸作业机械应安置有火星熄灭装置，应按额定负荷降低25%使用。

九、不得在高温下对危险货物进行装卸作业，如遇有雷鸣、闪电或附近发生火灾，应立即停止作业，并将危险货物妥善处理；雨、雪天气禁止作业遇湿易燃易爆的危险货物。

十、对危险货物进行装卸作业时，要稳拿轻放，严禁撞击、滑落、摔跌；堆码要整齐、稳固、规范；桶盖、瓶口、标志朝上；严禁倒置、倒放。

十一、对危险货物进行装卸作业时，严禁手摸、鼻嗅、口尝。离开作业现场必须洗手、洗脸，作业完毕应全身冲洗，更换衣物。

十二、作业完毕后，监护人员向生产部汇报，由生产部派车辆将人员接回。

十三、每周对消防车进行两次动车作业，车队负责检查机械性能完好状态，安保部消防队负责检查消防设施的完好状态。消防人员作业危险货物时，车队应留有司机处于应急待令状态，确保随时出动。

大件作业的有关规定

一、负责现场作业的部门在接到客户的有关大件作业装卸信息和计划后，应及时报告负责生产组织的部门，由负责生产组织的部门根据实际情况编制大件装卸作业计划。

二、负责现场作业的部门在报告装卸作业计划时，应报货物的品名、单件质量、货物流向、件数、有无附（配）件、接卸载船（驳）名等内容。

三、负责生产组织的部门接到负责现场作业的部门装卸作业计划后，应及时编制生产作业计划，将作业时间、船（驳）到达等情况及时通报负责现场作业的部门，并督促有关单位、部门作好作业前的一切准备工作。

四、铁路运输大件车到达后，由负责线路管理的班组对大件运输车所经驶线路进行检查，确认线路情况良好后通知交接室，交接室下达取车作业计划，由运行室领导负责领车执行取车对位作业，机车运行速度控制在5km/h以内运行。

五、进行大件作业时，由负责生产组织的部门通知负责安全管理的部门人员到场；作业单件货重达150t以上大件时，通知负责安全管理的部门、工程部（PLC相关人员）到现场进行监护作业，以确保大件作业安全。

六、负责生产组织的部门负责大件作业前和作业过程中的相关调度安排工作，以及作业完毕后协调相关部门做好后续工作。

七、在进行特殊大件作业时，由负责生产组织的部门根据实际情况及相关规定，另行通知公司领导、相关部门及人员到现场进行指挥和监护作业。

【要点】

查制度。是否建立危险作业、临水作业、高处作业、进入受限空间、生产现场动火、临时用电等审批制度，查记录，责任部门、人员、许可范围、审批程序是否落实到位。

六、指定专人对危险作业进行现场管理。（★）

【释义】

本条是上一条的延续，规定了指定专人对危险作业进行现场管理的考评要求。

港口企业危险作业、临水作业、高处作业、进入受限空间、生产现场动火和临时用电明确现场管理人员，指定专人进行现场管理，落实安全措施，确保安全。

【要点】

检查港口企业现场作业部门危险作业现场记录，是否有现场监管人员。检查危险作业现场安全管理部门的记录，是否与现场作业部门的记录一致。

第二节　安全值班

【依据】

《中华人民共和国港口法》。

《中华人民共和国突发事件应对法》（中华人民共和国主席令第69号）。

《港口经营管理规定》。

一、制定并落实安全生产值班计划和值班制度，重要时期实行领导到岗带班，有值班记录。（★★）

【释义】

本条是关于企业安全生产值班计划和值班制度的考核要求。

安全值班是由航海人命救助值班演变而来的，经过多年的实践，安全值班制度成了安全生产最为有效的制度之一，被各类企业广泛的应用，是企业安全生产和应对突发事件的重要保证。港口客运企业特别是从事水路旅客运输的港口客运企业最早运用该制度，经过多年的演变，已经十分成熟。港口客运企业安全值班涉及调度值班、船员（趸船，拖轮、交通船和带缆船等辅助船舶）值班。对于船员值班，交通运输部海事局已经制定了较为完善的值班制度，港口客运企业必须严格遵守。调度值班和领导到岗值班则需要各个企业根据自身的特点来制定，且满足企业安全生产的需要。如，对于全天24小时从事生产的，值班制度应充分考虑交接班问题。

需要注意的是，制定安全生产值班计划和值班制度较为容易，但是落实难。究其原因，一是由于近年来人工成本的大幅上升,部分企业的员工数量不足以保证安全值班。二是部分企业员工安全生产责任心不强,离岗串岗。因此,完善的值班制度应包括严格的问责和处罚条款。

除此之外,本考评指标中规定“重要时期实行领导到岗带班”,一般来说,重要时期指的是主要节假日、特殊水情(洪峰过境、山洪暴发等)、特殊气象(暴雨、台风等)和承担特殊任务(军事运输和应急救灾物资、人员运输、承担接待任务)等。

【要点】

查看企业是否制定安全生产值班计划和值班制度,重要时期领导到岗带班制度。是否有值班记录,值班记录是否符合规定。

第三节　相关方管理

【依据】

《安全生产法》第四十条和四十一条。

《企业安全生产标准化基本规范》(AQ/T 9006—2010)第5.7.4条。

一、两个或两个以上单位共用同一设施设备进行生产经营的现场安全生产管理职责明确,并落实到位。

【释义】

本条是关于两个或两个以上单位共用同一设施设备进行生产经营现场安全的考评要求。

在港口,两个或两个以上单位共用同一设施设备进行生产经营较多,两个或两个以上单位共用同一设施设备进行生产经营管理又称第三方管理,目前在港口企业较为普遍。特别是普通货物码头,目前广泛的聘用第三方进行现场装卸作业,加强管理十分重要。

两个或两个以上单位共用同一设施设备进行生产经营的现场,涉及的各方之间应签订安全协议,明确各方的安全责任,并落实到位;各方应建立沟通协调机制,明确分工和责任,避免各方相互推诿,逃避安全责任。

企业在对外发包或出租生产经营项目、场所、设备时,或有外来施工单位时,应审查承包承租方资质,以及外来施工单位资质,并与之签订安全责任协议,明确双方各自的安全责任。在有短期合同工、临时用工、实习人员、外来参观人员等进入作业现场时企业应制定相应的安全管理制度和措施。所有资料均应形成文件,并有相应的执行记录。

【要点】

查看企业是否存在两个或两个以上单位共用同一设施设备进行生产经营,若企业存在两个或两个以上单位共用同一设施设备进行生产经营的,查阅双方是否签订安全责任书,是否明确各自的安全生产管理职责,约定的相关安全责任是否得到有效落实。

二、对外发包或出租生产经营项目、场所、设备,对承包承租方进行资质审查。

【释义】

本条是关于企业对外发包或出租生产经营项目、场所、设备,对承包承租方进行资质审查的考评要求。

外来施工(作业)方应有相应的安全资质、项目负责人和安全负责人,且建立了各级安全责任制和管理制度,具备安全生产的保障条件。外来施工(作业)方与企业签订安全协议,施工现场有可靠的安全防范措施。外来施工(作业)队伍进入企业,在签订工程项目承包协议书的同时,签订安全管理承包协议书,应明确双方的责任,以及安全管理、防火管理、设备使用、人员教育与培训、安全检查与监督等方面的管理要求,且必须符合《合同法》和《安全生产法》的要求,不能侵犯双方的合法权益。承包工程项目有新增或削减项目内容时,应重新办理相关手续。

对生产区域内的外来劳务人员应建立相应的安全管理制度和考核办法,且应符合当地政府的统一规定。对生产区域内的外来劳务人员应进行安全健康培训,规定其操作规程,告知作业场所的危险源和控制办法。对生产区域内的外来劳务人员应加强现场安全检查,杜绝违章作业。对港口内外来劳务人员应建立相应的安全管理制度和考核办法。

【要点】

查看企业的档案资料,企业是否制定了针对外来施工单位和外来劳务人员的安全管理制度和措施。

三、与外来施工(作业)方签订安全协议,明确双方各自的安全责任。

【释义】

本条是关于企业与外来施工(作业)方签订安全协议,明确双方各自的安全责任的考评要求。

外来施工(作业)方应有相应的安全资质、项目负责人和安全负责人,且建立了各级安全责任制和管理制度,具备安全生产的保障条件。外来施工(作业)方与企业签订安全协议,施工现场有可靠的安全防范措施。外来施工(作业)队伍进入企业,在签订工程项目承包协议书的同时,签订安全管理承包协议书,应明确双方的责任,以及安全管理、防火管理、设备使用、人员教育与培训、安全检查与监督等方面的管理要求,且必须符合《合同法》和《安全生产法》的要求,不能侵犯双方的合法权益。承包工程项目有新增或削减项目内容时,应重新办理相关手续。

对生产区域内的外来劳务人员应建立相应的安全管理制度和考核办法,且应符合当地政府的统一规定。对生产区域内的外来劳务人员应进行安全健康培训,规定其操作规程,告知作业场所的危险源和控制办法。对生产区域内的外来劳务人员应加强现场安全检查,杜绝违章作业。对港口内外来劳务人员应建立相应的安全管理制度和考核办法。

【要点】

查看企业的档案资料,企业是否制定了针对外来施工单位和外来劳务人员的安全管理制度和措施。

四、对短期合同工、临时用工、实习人员、外来参观人员、客户及其车辆等进入作业现场有相应的安全管理制度和措施。

【释义】

本条是关于港口企业对短期合同工、临时用工、实习人员、外来参观人员、客户及其车辆等进入作业现场安全管理的规定。

根据港口相关法律法规的规定，港口企业作业现场应实行封闭管理，特别是集装箱码头从事港口危险货物作业时。因此，应制定短期合同工、临时用工、实习人员、外来参观人员、客户及其车辆等进入作业现场有相应的安全管理制度和措施，确保安全。制度实例如下：

某公司外来参观人员、客户管理制度

1. 管理职能

安全监察部是外来培训、参观人员进入公司生产现场安全管理的归口部门，负责外来培训、参观人员的安全教育管理。总经理工作部协助抓好外来培训、参观人员的安全管理。

2. 管理内容和要求

2.1　外来培训人员的安全教育

2.1.1　外来培训人员由总经理工作部组织对其进行三级安全教育，经考试合格后，方可开始实习。

2.1.2　公司安全教育由总经理工作部、安全监察部共同负责。

2.1.3　部门的安全教育，在哪个部门实习，由哪个部门负责。

2.1.4　班组安全教育，由实习人员所在班组负责。

2.1.5　三级安全教育的内容，按照公司安全教育管理标准执行。

2.1.6　凡来公司培训实习的人员必须与总经理工作部签订培训合同，合同内必须明确安全责任。

2.1.7　在实习期间，由培训实习部门负责对实习人员的安全管理。

2.2　外来参观人员的安全教育

2.2.1　外来参观人员的安全教育由具体接待部门负责。

2.2.2　安全教育的主要内容是：进入生产现场有关的安全管理标准、制度。

2.2.3　公司陪同参观的人员负责对外来参观人员的安全管理。

2.3　接待部门必须保证外来培训、参观人员做到下述要求

2.3.1　所有外来人员都必须自觉遵守安全生产工作规定和本公司的各项规章制度。

2.3.2　所有外来人员在参观、实习、工作期间，必须服从本公司有关人员的安全监督。

2.3.3　所有外来人员不得擅自动用现场设备。

2.3.4　所有外来人员必须接受本公司安全监察部监察，并对提出的问题立即整改。

3. 检查与考核

3.1　本标准的执行情况由安全监察部、总经理工作部组织检查与考核。

3.2　按公司考核标准进行检查与考核。

【要点】

查制度，检查港口企业是否制定了短期合同工、临时用工、实习人员、外来参观人员、客户及其车辆等进入作业现场安全管理的规定。查记录，短期合同工、临时用工、实习人员、外来参观人员、客户及其车辆等进入作业现场是否有记录，记录是否连续。

第四节　装卸作业管理

【依据】

《中华人民共和国港口法》。

《中华人民共和国内河交通安全管理条例》(国务院令〔2002〕第355号)。

《危险化学品安全管理条例》(国务院令第591号)。

《港口经营管理规定》(交通运输部令2009年第13号)。

《中华人民共和国港口设施保安规则》(交通部2007年第10号令)。

《港口货物作业规则》(交通部2000年第10号令)。

《港口危险货物管理规定》。

《烟花爆竹安全管理条例》(国务院令第455号)。

一、按装卸货物种类,制定作业指导书,作业指导书包含安全操作规程。

【释义】

本条是关于作业指导书的考评要求。

普通货物码头作业的货物种类众多,应根据工艺、货种和相关管理规定制定作业指导书。

岗位作业指导书就是结合传统安全管理方法和HSE管理方法发展而来的管理模式,其目的是使员工对有关该岗位的相关知识和工作有全面的了解,知道在该岗位上工作可能遇到的危害、风险和隐患,应当采取哪些防范措施。

港口企业要针对不同岗位编制的岗位作业指导书。比较齐全的包括十二个项目:岗位描述,岗位工作目标和要求,安全职责,岗位职责,巡回检查路线和检查标准,工作规范(内容),隐患分析及削减措施,系统内设备操作规程和参数,系统内工艺流程图,管理制度,应急预案,常用法律法规、标准目录及附录。这些内容可以根据岗位的实际增加或减少相关的项目和内容,便于增强可操作性,对基层的岗位工作有更好的指导性。

(1)岗位描述。这一部分是对一个岗位的基本情况进行描述,其作用是使在该岗位工作的员工能对这个岗位有比较全面的了解。这一项包括岗位名称、工作概述、岗位关系、特殊要求、工作权限、职业资格和工作考核七项内容。

(2)岗位工作目标和要求。这一部分描述了这个岗位各方面的工作目标是什么,有什么要求和标准。这是一个总体的概述,使岗位员工对这个岗位的工作要达到什么要求有清楚的认识。

(3)安全职责。这一部分使员工清楚该岗位在安全方面应当遵守的职责是什么,要做好哪些安全工作,要负什么样的责任。

(4)岗位职责。这一部分是介绍该岗位的岗位职责,岗位职责是多年来企业管理中好的管理做法。目前,有的企业流于形式,应当从实际出发,与时俱进,对其内容不断修订,增强可操作性和实效性,能量化的内容尽量量化,避免空洞的内容,既不起界定职责的作用,也无法考核。

(5)巡回检查路线和检查标准。顾名思义,这一部分是针对需定时巡回检查的岗位,明确规定巡回检查的路线、检查点和检查的标准,便于岗位员工能够正确检查,掌握正常与异常的差别,能够及时处理。

(6)工作规范(内容)。对一个岗位应做的具体工作,在此部分中要告诉员工遵守什么规范,执行什么程序。此项规定越细,越易于员工在工作中执行。

(7)隐患分析及削减措施。在危害(隐患)辨识分析的基础上,这一部分将该岗位员工参与的工作列出,按照标准危害(隐患)辨识分析卡的模式逐一编制,使员工在工作实施前清楚这项工作的危害和预防措施,所需的准备工作和工作步骤,达到的具体标准等。

(8)设备操作规程和参数。有的岗位在日常工作中须管理各种设备。因此,员工应当掌握这些设备的操作规程和基本参数。掌握了操作规程,才能做到正确的操作。所以,这一部分要将该岗位所有设备的操作规程和基本参数一一列出。

(9)工艺流程图。有的岗位负责工艺流程,所以,员工要对工艺流程一清二楚,否则,出现异常情况就会不知所措,不会处理。因此,这一部分主要把该岗位的工艺流程图附上,流程的操作标准、操作步骤和方法也应当一并列出。

(10)管理制度。每个岗位员工都应当遵守法律法规和企业的管理制度。一个员工在上岗工作前,企业首先应当告知这名员工应当遵守的管理制度有哪些,做到什么程度。否则,出了问题,就指责员工违反管理制度,是不合适的。这一项就应列出在岗位上应当遵守的制度及内容。有的企业制度比较多,可在此只列制度目录,具体内容查阅相关的制度汇编。

(11)应急预案。一般企业都有各种应急预案,用来应对各种突发情况。作为一名员工,在出现突发情况时,能够及时正确处理是至关重要的。所以,岗位员工应当清楚遇到意外或紧急情况如何处理。针对岗位的实际情况,可以把可能遇到的情况从应急预案中摘录出来,编入岗位作业指导书。

(12)常用法律法规、标准目录及附录。这一部分列出该岗位员工应当遵守的法律、法规和标准,供查阅的地点或来源,使员工能够了解到这些知识。附录是指根据岗位实际需要列出的内容,如岗位常用的安全知识等。

在实施过程中,对出现的问题或需要补充的地方,要及时补充完善。待每年全面修订时,该修订的修订,该补充的补充,做到持续改进,使岗位作业指导书一直有实效性。

【要点】

检查企业根据装卸货物种类制定的作业指导书。

二、现场作业各工种按作业指导书进行作业,严格遵守岗位操作规程。

【释义】

本条是关于现场作业执行作业指导书的考评要求。

本条是上一条的延续,制定了现场指导书不能仅仅是揣在包里,挂在墙上,而是需要在现场中执行和落实,否则再好的作业指导书都是一纸空文。

【要点】

检查港口企业采取的落实作业指导书的措施,检查港口企业承担安全管理的机构和人员的现场检查记录，是否有相关内容。检查现场，是否执行作业指导书。

三、货物堆放和存储符合相关安全规范和技术要求。

【释义】

本条是关于货物堆放和存储的考评要求。

各种不同的货物堆存有严格的要求，特别是集装箱码头存放的危险货物，存放不合理就有可能造成重大安全事故，造成人员和财产损失。

【要点】

查现场，检查货物堆放和存储情况。港口企业应在货物堆放和存储张贴标签，标明堆存货物的数量、适用的标准或规范，以及符合性。标签格式（推荐）见表＊＊-＊＊。

货物堆放和存储张贴标签

表＊＊-＊＊

堆存场所名称	货物的名称	数　量	适用的规定名称	规定条文	符合性	备　注

四、建立并规范填写装卸工作台账。

【释义】

本条是关于装卸工作台账的考评要求。

港口企业应建立完善装卸工作台账，并督促现场工作人员认真做好记录。

【要点】

检查装卸工作台账。

第五节　警示标志

【依据】

《内贸码头港口保安基本措施和程序》（交水发〔2008〕57号）（六）标志。在港区重点部位和码头前沿，标注撤离方向。水运客运站内和码头前沿，应在明显位置张贴人员紧急撤离路线图，图中应标注撤离路线和集合点。

一、设置安全警示标志/识，采取安保措施，并严禁无关人员进入作业场所。（★★★）

【释义】

本条是关于设置安全警示标志/识和现场作业安全管理的评估要求。

港区门口、危险路段设置限速标志、减速带、防撞隔离设施、指示标志及警示牌；港区道路有明显的人车分隔线。按相关规范要求设置安全通道提示标志，在危险区域设置醒目的安全警示标志、标识，码头边坡、临水一侧设置安全护栏（安全链、安全网），港区道路标志标线符合交通运输部关于港区道路安全管理的规定。

码头应在有较大危险因素的生产经营场所和有关设备、设施上设置明显的安全警示标志。

【要点】

查看企业作业现场、设施设备，企业对存在危险因素的场所和设备设施，是否设置有明显的安全警示标志，是否警示、告知危险种类、后果及应急措施。

需要注意的是，本项目为所有企业（一、二、三级企业）必备条件，本条标准不合格时终止考评，企业标准化不达标。

第十章　危险源辨识与风险控制

本一级要素危险源辨识与风险控制，包括2个二级要素、5个考评指标，共45分（其中，"★★"一、二级必备条件指标项1条），本要素是对港口客运企业危险源辨识与风险控制工作的考核要求。

第一节　危险源辨识

【依据】

《安全生产法》第三十三条规定，生产经营单位对重大危险源应当登记建档，进行定期检测、评估、监控，并制定应急预案，告知从业人员和相关人员在紧急情况下应当采取的应急措施。生产经营单位应当按照国家有关规定将本单位重大危险源及有关安全措施、应急措施报有关地方人民政府负责安全生产监督管理的部门和有关部门备案。

《生产过程危险和有害因素分类与代码》（GB/T 13861—2009）。

《企业职工伤亡事故分类》（GB 6441—1986）。

一、开展本单位危险设施或场所危险源的辨识和确定工作。

【释义】

本条是关于企业危险源的辨识和确定的考核要求。

企业应建立风险管理的制度，对生产经营环节中的作业活动、设施设备、工艺过程、作业场所等方面进行危险、有害因素识别，展开风险评价工作，确定企业内可能导致人员伤害或财产损失事故的部位、区域、场所、空间、岗位、设备等，即危险源。

港口企业的主要危险源一般包括以下方面：

①毒害性、易燃易爆性、腐蚀性等危险货物的装卸、储存场所。

②起重机械、锅炉、压力容器（含气瓶）、压力管道、客运索道、场（厂）内专用机动车等特种设备及其作业区域。

③高电压或高电流、高速运动、高温作业、高空作业等非常态、静态、稳态装置或作业区域。

④船舶、汽车、火车等设备及其靠泊、行驶区域。

【要点】

查看企业是否建立隐患（风险控制、不安全因素等）制度，检查企业隐患（风险控制、不安全因素等）工作记录，是否对主要危险源进行辨识。

二、辨识重大危险源，采取有效防护措施，按规定报有关部门备案。（★★）

【释义】

本条是关于企业重大危险源的考核要求。

港口客运企业由于是从事旅客运输的，一般不存在重大危险源。但是，由于部分港口码头建设的年代较早，使用时间长，或者是所处的环境较为复杂，故仍需进行重大危险源辨识，以确保安全。

【要点】

查看企业是否对重大危险源进行辨识，存在重大危险源的单位是否采取有效防护措施，是否按规定报有关部门备案。

需要注意的是，本项目为一、二级标准化达标企业必备条件，本条标准不合格的企业，不能评为一、二级标准化达标企业。

第二节　风 险 控 制

【依据】

《安全生产法》第三十六条规定，生产经营单位应当教育和督促从业人员严格执行本单位的安全生产规章制度和安全操作规程；并向从业人员如实告知作业场所和工作岗位存在的危险因素、防范措施以及事故应急措施。

《生产过程危险和有害因素分类与代码》（GB/T 13861—2009）。

一、及时对作业活动和设备设施进行危险、有害因素识别。

【释义】

本条是关于企业作业活动和设备设施进行危险、有害因素识别的考核要求。

企业应对生产经营环节中的作业活动、设施设备、工艺过程、作业场所等方面进行危险、有害因素识别，展开风险评价工作，根据风险评价结果及生产经营运行情况等，确定不可接受的风险，制定并落实控制措施，将风险尤其是重大风险控制在可以接受的程度。

企业在选择风险控制措施时应包括：工程技术措施；管理措施；培训教育措施；个体防护措施。企业在选择风险控制措施时应考虑：可行性、安全性、可靠性。

【要点】

查看企业是否及时对作业活动和设备设施进行危险、有害因素识别。

二、向从业人员如实告知作业场所和工作岗位存在的危险因素、防范措施以及事故应急措施。

【释义】

本条是关于企业作业场所和工作岗位存在的危险因素、防范措施以及事故应急措施告知的考核要求。

企业应将风险评价的结果，特别是作业场所和工作岗位存在的危险因素、防范措施以及事故应急措施对从业人员进行宣传、培训，使其熟悉工作岗位和作业环境中存在的危险、有害因素，掌握、落实应采取的控制措施和事故应急措施，从而保护从业人员的生命安全，保证安全生产。

【要点】

查看企业作业现场，企业是否在存在危险有害的岗位场所悬挂或张贴危害告知牌，查阅企业培训记录资料，企业是否向从业人员如实告知作业场所和工作岗位存在的危险因素、防范措施以及事故应急措施。

三、对危险源进行建档，重大危险源单独建档管理。

【释义】

本条是关于企业危险源、重大危险源建档管理的考核要求。

企业应对辨识出的危险源进行建档，若有重大危险源应单独建档管理。

【要点】

查看企业的是否建立危险源档案，建立的危险源档案资料是否齐全。企业是否涉及大危险源，涉及的是否单独建档。

第十一章　隐患排查与治理

本一级要素隐患排查与治理包括 2 个二级要素、8 个考评指标，共 70 分（其中，“★★★”一、二、三级必备条件指标项 1 条，“★★”一、二级必备条件指标项 1 条），本要素是对港口客运企业隐患排查与治理的考核要求。

第一节　隐 患 排 查

【依据】

《中华人民共和国突发事件应对法》（中华人民共和国主席令第六十九号）第二十二条规定，所有单位应当建立健全安全管理制度，定期检查本单位各项安全防范措施的落实情况，及时消除事故隐患；掌握并及时处理本单位存在的可能引发社会安全事件的问题，防止矛盾激化和事态扩大；对本单位可能发生的突发事件和采取安全防范措施的情况，应当按照规定及时向所在地人民政府或者人民政府有关部门报告。

国务院办公厅《关于在重点行业和领域开展安全生产隐患排查治理专项行动的通知》（国办发明电〔2007〕16 号），该文是国务院办公厅 2007 年 5 月 12 日下发的。交通部发出《关于开展水运交通基础设施安全隐患排查工作的通知》（交水明电〔2007〕0902 号）的要求。其目的是要通过开展隐患排查治理专项行动，进一步落实企业的安全生产主体责任和地方人民政府的安全监管主体责任，全面排查治理事故隐患和薄弱环节，认真解决存在的突出问题，建立重大危险源监控机制和重大隐患排查治理机制及分级管理制度，有效防范和遏制重特大事故的发生，促进全国安全生产状况进一步稳定好转。

一、制定隐患排查工作方案，明确排查的目的、范围，选择合适的排查方法。

【释义】

本条是关于企业隐患排查的考核要求。

企业应结合本企业的实际制定相应的工作方案，明确排查的目的、范围，选择合适的排查方法。

隐患排查的目的是认真贯彻落实“安全第一、预防为主、综合治理”的方针，全面查找企业安全生产上存在的问题，深入治理可能引发事故的各种隐患，防范一般事故，杜绝重特大事故。

隐患排查的范围是港口（码头）企业安全生产的基本条件、基础设施、技术装备、作业环境以及思想认识、工作作风、规章制度、劳动纪律、从业人员培训资质、现场管理等方面。

港口（码头）企业作业一般涉及范围较广，因此隐患排查必须成立一个适应工作需要的排查组，配备适当的力量，深入港口现场排查。排查方法分定期检查和专项检查。

定期检查为日常综合检查,危险货物码头、滚装码头、客运码头、集装箱码头及其他重点码头每月不得少于两次,其他码头每月不得少于一次,在检查中发现安全隐患的,应当责令被检查人立即排除或限期排除。专项检查指重大节假日、汛期、地灾等特殊情况时段,专项检查。

【要点】

查看企业是否制定隐患排查工作方案,是否明确排查的目的、范围,选择合适的排查方法。

二、每月至少开展一次安全自查自纠工作,及时发现安全管理缺陷和漏洞,消除安全隐患。检查及处理情况应当记录在案。(★★★)

【释义】

本条是关于企业隐患排查周期的考核要求。

针对隐患排查范围每月至少开展一次安全自查自纠工作。

安全自查自纠工作由港口(码头)单位负责活动开展日常管理工作,在检查中发现的安全隐患,应有处理意见。检查及处理情况应当记录,并归档保存。

【要点】

查阅企业的隐患排查记录,查看企业是否至少每月开展一次安全自查自纠工作,是否对发现安全隐患、安全管理缺陷和漏洞,进行及时的消除。检查及处理情况是否记录在案。

需要注意的是,本项目为所有达标企业(一、二、三级企业)必备条件,本条标准不合格时终止考评,企业标准化不达标。

三、对各种安全检查所查出的隐患进行原因分析,制定针对性控制对策。

【释义】

本条是关于企业排查出隐患原因分析和控制措施的考核要求。

隐患的原因分析包括直接原因分析、间接原因(包括管理原因)分析,查出隐患的原因后,应有针对性的控制措施,即治理方案。

【要点】

查看企业是否对各种安全检查所查出的隐患进行原因分析,是否制定针对性控制对策。

第二节　隐 患 治 理

【依据】

《安全生产法》第十七条规定,生产经营单位的主要负责人对本单位安全生产工作负有下列职责:(四)督促、检查本单位的安全生产工作,及时消除生产安全事故隐患。

第五十一条规定,从业人员发现事故隐患或者其他不安全因素,应当立即向现场安全生产管理人员或者本单位负责人报告;接到报告的人员应当及时予以处理。

第五十三条规定,县级以上地方各级人民政府应当根据本行政区域内的安全生产状况,组织有关部门按照职责分工,对本行政区域内容易发生重大生产安全事故的生产经营单位进行严格检查;发现事故隐患,应当及时处理。

第五十六条规定，负有安全生产监督管理职责的部门依法对生产经营单位执行有关安全生产的法律、法规和国家标准或者行业标准的情况进行监督检查，行使以下职权：(三)对检查中发现的事故隐患，应当责令立即排除；重大事故隐患排除前或者排除过程中无法保证安全的，应当责令从危险区域内撤出作业人员，责令暂时停产停业或者停止使用；重大事故隐患排除后，经审查同意，方可恢复生产经营和使用。

《中华人民共和国港口法》第三十六条规定，港口行政管理部门应当依法对港口安全生产情况实施监督检查，对旅客上下集中、货物装卸量较大或者有特殊用途的码头进行重点巡查；检查中发现安全隐患的，应当责令被检查人立即排除或者限期排除。

《港口经营管理规定》第三十三条规定，港口行政管理部门应当依法对港口安全生产情况和本规定执行情况实施监督检查，并将检查的结果向社会公布。港口行政管理部门应当对旅客集中、货物装卸量较大或者特殊用途的码头进行重点巡查。检查中发现安全隐患的，应当责令被检查人立即排除或者限期排除。

一、制定隐患治理方案，包括目标和任务、方法和措施、经费和物资、机构和人员、时限和要求。

【释义】

本条是关于企业隐患治理方案制定的考核要求。

企业应制定隐患治理方案，隐患治理方案包括目标和任务、方法和措施、经费和物资、机构和人员、时限和要求。

隐患治理方案目标要明确，任务要下到具体的班级和人员。隐患治理方案可操作性强，方法恰当，有针对性措施。发现隐患应立即排除或限期排除。

【要点】

查看企业是否制定隐患治理方案，企业制定的隐患治理方案是否包括目标和任务、方法和措施、经费和物资、机构和人员、时限和要求。

二、对上级检查指出或自我检查发现的一般安全隐患，严格落实防范和整改措施，并组织整改到位。

【释义】

本条是关于企业检查发现的一般安全隐患整改要求的考核要求。

上级行政主管部门下达的执法文书或上级企业部门安全检查意见，以及自查的一般安全隐患，应进行立即落实整改。采取的防范和整改措施，应有执行人和检查人及相关的人员签字的记录，记录应归档保存。

【要点】

查看企业是否对上级检查指出或自我检查发现的一般安全隐患，严格落实防范和整改措施，并组织整改到位。

三、重大安全隐患报相关部门备案，做到整改措施、责任、资金、时限和预案“五到位”。(★★)

【释义】

本条是关于企业重大安全隐患隐的考核要求。

重大安全隐患是指可能导致重大人身伤亡或者重大经济损失的事故隐患。

重大安全隐患必须报相关部门备案,一般性安全隐患由企业处理后存档。相关部门指交通运输(港口)主管部门和港口行政管理部门或者其他依法负有安全生产监督管理职责的部门。

“五到位”是指重大安全隐患,必须有整改措施、层层落实责任、保障资金投入、在规定的时限内整改结束,并结合实际编制应急处理预案。整改措施应具体明确,层层落实责任到人,隐患治理结束后及时组织验收。对无力整改的隐患,一方面采取各种措施,一方面给上级部门打报告。

【要点】

查看企业隐患排查记录,是否存在重大安全隐患,企业存在的重大安全隐患是否报相关部门备案,企业是否做到整改措施、责任、资金、时限和预案“五到位”。

需要注意的是,本项目为一、二级标准化达标企业必备条件,本条标准不合格的企业,不能评为一、二级标准化达标企业。

四、建立隐患治理台账和档案,有相关的记录。

【释义】

本条是关于企业隐患治理台账和档案的考核要求。

企业应建立健全隐患治理制度,建立隐患治理记录,建立事故隐患治理档案,评估报告书、治理方案和验收报告、各种控制措施方案应归档保存。

【要点】

查看企业是否建立隐患治理台账和档案,是否有相关的记录。

五、按规定对隐患排查和治理情况进行统计分析,并向有关部门报送。

【释义】

本条是关于企业隐患排查和治理情况的考核要求。

企业应按规定对隐患排查和治理情况进行统计分析,并向有关部门报送书面统计分析表,统计分析表(包括原始资料)应存档。隐患排查和治理情况的统计、分析,研究制定相应的防范措施。

【要点】

查看企业按规定对隐患排查和治理情况进行统计分析,并向有关部门报送书面统计分析表。

第十二章　职业健康

本一级要素职业健康，包括4个二级要素、5个考评指标，共25分，本要素规定了对港口客运企业职业健康的考核要求。

第一节　健康管理

【依据】

《安全生产法》第四十四条。

《中华人民共和国职业病防治法》第五条、第十九条。

《中华人民共和国职业病防治法》第五条规定，用人单位应当建立、健全职业病防治责任制，加强对职业病防治的管理，提高职业病防治水平，对本单位产生的职业病危害承担责任。

第十九条规定，用人单位应当采取下列职业病防治管理措施：

（一）设置或者指定职业卫生管理机构或者组织，配备专职或者兼职的职业卫生专业人员，负责本单位的职业病防治工作。

（二）制定职业病防治计划和实施方案。

（三）建立、健全职业卫生管理制度和操作规程。

（四）建立、健全职业卫生档案和劳动者健康监护档案。

（五）建立、健全工作场所职业病危害因素监测及评价制度。

（六）建立、健全职业病危害事故应急救援预案。

职业健康监护技术规范（GBZ 188—2007）4.2.1。

一、设置或指定职业健康管理机构，配备专（兼）职管理人员。

【释义】

本条是关于企业职业健康管理机构的考核要求。

《安全生产法》第四十四条规定，生产经营单位与从业人员订立的劳动合同，应当载明有关保障从业人员劳动安全、防止职业危害的事项，以及依法为从业人员办理工伤社会保险的事项。

《中华人民共和国职业病防治法》第五条规定，用人单位应当建立、健全职业病防治责任制，加强对职业病防治的管理，提高职业病防治水平，对本单位产生的职业病危害承担责任。

第十九条第一款规定，用人单位应当采取下列职业病防治管理措施：（一）设置或者指定职业卫生管理机构或者组织，配备专职或者兼职的职业卫生专业人员，负责本单位的职业病防治工作。

近年来，随着经济社会的发展，职业健康受到广泛的关注和重视。在港口客运码头，存在职业危害的主要有辐射（使用放射源的安检设施）、振动、噪声和饮用水等。为做好这项工作，港口客运企业应设置或者指定职业卫生管理机构或者组织，配备专职或者兼职的职业卫生专业人员，负责本单位的职业病防治工作。其中，专职安全管理人员必须在职业健康安全主管部门经相关培训考核合格后取得职业健康管理人员资格证，兼职职业健康管理人员需有书面聘用文件或任命文件、个人资质文件和专业档案。

【要点】

查阅企业的文件，查看企业是否设置或指定职业健康管理机构，是否配备专(兼)职管理人员。

二、按规定对员工进行职业健康检查。

【释义】

本条是关于企业职业健康检查的考核要求。

企业应定期对员工进行职业健康体检，这里的规定有以下几层含义，一是进行职业健康检查的频次应符合规定；二是覆盖的范围要符合规定，三是对职工进行职业健康检查的机构应符合规定。职业健康检查还应为员工建立健全职业卫生档案和员工健康监护档案。

【要点】

查看企业员工职业健康档案，企业是否按规定对员工进行职业健康检查。

第二节　工 伤 保 险

【依据】

《安全生产法》第四十三条。

《中华人民共和国职业病防治法》第六条。

《工伤保险条例》第二条。

一、为从事危险作业人员投保工伤保险。

【释义】

本条是关于企业工伤保险的考核要求。

《安全生产法》第四十三条规定，生产经营单位必须依法参加工伤社会保险，为从业人员缴纳保险费。

《中华人民共和国职业病防治法》第六条规定，用人单位必须依法参加工伤社会保险。

《工伤保险条例》第二条规定，中华人民共和国境内的企业、事业单位、社会团体、民办非企业单位、基金会、律师事务所、会计师事务所等组织和有雇工的个体工商户(以下称用人单位)应当依照本条例规定参加工伤保险，为本单位全部职工或者雇工(以下称职工)缴纳工伤保险费。用人单位必须依法参加工伤社会保险。国务院和县级以上地方人民政府劳动保障行政部门应当加强对工伤社会保险的监督管理，确保劳动者依法享受工伤社会保险待遇。

所有从业人员均参加工伤社会保险企业所有从业人员均参加工伤社会保险。工伤保险费由生产经营单位按照职工工资总额的一定比例缴纳。工伤保险基金存入银行开设的工伤保险基金专户，专款专用。

【要点】

查阅企业的工伤保险缴费凭证资料，查看企业是否按规定为员工参加工伤保险。

第三节　危 害 告 知

【依据】

《安全生产法》第三十六条规定，生产经营单位应当教育和督促从业人员严格执行本单位的安全生产规章制度和安全操作规程；并向从业人员如实告知作业场所和工作岗位存在的危险因素、防范措施以及事故应急措施。

《中华人民共和国职业病防治法》第三十条规定，公司应当将工作过程中可能产生的职业病危害及其后果、职业病防护措施和待遇等如实告知员工，并在劳动合同中写明，不得隐瞒或者欺骗。

一、对从业人员进行职业健康宣传培训。使其了解其作业场所和工作岗位存在的危险因素和职业危害、防范措施和应急处理措施。

【释义】

本条是关于企业职业健康宣传培训的考核要求。

企业应当对劳动者进行上岗前的职业卫生培训和在岗期间的定期职业卫生培训，普及职业卫生知识，督促劳动者遵守职业病防治法律、法规、规章和操作规程，指导劳动者正确使用职业病防护设备和个人使用的职业病防护用品。劳动者应当学习和掌握相关的职业卫生知识，遵守职业病防治法律、法规、规章和操作规程，正确使用、维护职业病防护设备和个人使用的职业病防护用品，发现职业病危害事故隐患应当及时报告。

劳动者享有下列职业卫生保护权利：

①获得职业卫生教育、培训。

②获得职业健康检查、职业病诊疗、康复等职业病防治服务。

③对违反职业病防治法律、法规以及危及生命健康的行为提出批评、检举和控告。

④拒绝违章指挥和强令进行没有职业病防护措施的作业。

企业应在具有职业危害的岗位、部位设置职业危害告知牌。

【要点】

查阅企业的培训档案记录，查看企业是否对从业人员进行职业健康宣传培训。通过现场抽查询问员工是否了解其作业场所和工作岗位存在的危险因素和职业危害、防范措施和应急处理措施，降低或消除危害后果的事项。

第四节　环境与条件

【依据】

《安全生产法》第三十七条规定，生产经营单位必须为从业人员提供符合国家标准或者行业标准的劳动防护用品,并监督、教育从业人员按照使用规则佩戴、使用。

第三十九条规定,生产经营单位应当安排用于配备劳动防护用品、进行安全生产培训的经费。

《中华人民共和国劳动法》第十九条规定,劳动合同应当以书面形式订立,并具备以下条款:(三)劳动保护和劳动条件。

第九十二条规定,用人单位的劳动安全设施和劳动卫生条件不符合国家规定或者未向劳动者提供必要的劳动防护用品和劳动保护设施的,由劳动行政部门或者有关部门责令改正,可以处以罚款;情节严重的,提请县级以上人民政府决定责令停产整顿;对事故隐患不采取措施,致使发生重大事故,造成劳动者生命和财产损失的,对责任人员比照刑法第一百八十七条的规定追究刑事责任。

一、为从业人员提供符合职业健康要求的工作环境和条件,配备与职业健康保护相适应的设施、工具。

【释义】

本条是关于企业职业健康防护的考核要求。

企业应分析掌握工作场所产生或者可能产生的职业病危害因素、危害后果和制定相应的职业病防护措施。

企业应为员工提供符合防治职业病要求的职业病防护设施和个人使用的职业病防护用品,改善工作条件。

企业应当加强作业场所的职业危害防治工作,为从业人员提供符合法律、法规、规章和国家标准、行业标准的工作环境和条件,采取有效措施,保障从业人员的职业健康。

【要点】

查看企业现场,检查企业是否为从业人员提供符合职业健康要求的工作环境和条件,是否配备与职业健康保护相适应的设施、工具。

第十三章 安 全 文 化

本一级要素安全文化包括 2 个二级要素、7 个考评指标，共 35 分(其中，“★”一级必备条件指标项 1 条)，本要素是对港口客运企业安全文化建设情况的考核要求。

第一节 安 全 环 境

【依据】

《企业安全文化建设评价准则》(AQ/T 9005—2008)。

在安全生产的实践中，人们发现，对于预防事故的发生，仅有安全技术手段和安全管理手段是不够的，还需要一种安全环境。目前的科技手段还达不到物的本质安全化，设施设备的危险不能根本避免，员工在作业工程中为了某些利益或好处，例如省时、省力、多挣钱等，会在缺乏管理监督的情况下，无视安全规章制度，“冒险”采取不安全行为。然而并不是每一次不安全行为都会导致事故的发生，这会进一步强化这种不安全行为，并可能“传染”给其他人，大量不安全行为的结果必然是发生事故。企业营造良好的安全环境，人人重视安全，真正把安全放在第一位，对企业的安全生产十分必要。

一、设立安全文化廊、安全角、黑板报、宣传栏等员工安全文化阵地，每月至少更换一次内容。

【释义】

本条是关于企业按文化建设的考核要求。

安全文化的内容和形式有多种多样，企业可以采取不同的形式进行安全文化教育，比如通过设立安全文化廊、安全角、黑板报、宣传栏等方式进行安全文化知识的宣传，宣传知识每月应至少更换一次内容。

【要点】

查看企业是否设立安全文化廊、安全角、黑板报、宣传栏等员工安全文化阵地，内容每月是否至少更换一次。

二、公开安全生产举报电话号码、通信地址或者电子邮件信箱。对接到的安全生产举报和投诉及时予以调查和处理。

【释义】

本条是关于企业安全监督的考核要求。

企业应当向员工公开安全生产的举报联系方式，并对员工的举报和投诉情况要及时的作出反应。

【要点】

查看企业是否公开安全生产举报电话号码、通信地址或者电子邮件信箱。企业是否对接到的安全生产举报和投诉及时予以调查和处理。

第二节　安全行为

【依据】

对不安全行为的研究发现,许多伤害事故是由于员工的不安全行为所导致,而不安全的行为则是由安全管理系统存在缺陷所引发。为此加强员工安全行为的管理尤为重要。

一、开展安全承诺活动。(★)

【释义】

本条是关于企业安全承诺活动的考核要求。

企业应当组织开展安全承诺活动,并签订承诺责任书。

【要点】

查看企业是否开展安全承诺活动。

需要注意的是,本项目为一级标准化达标企业必备条件,本条标准不合格的企业,不能评为一级标准化达标企业。

二、编制安全知识手册,并发放到职工。

【释义】

本条是关于企业安全知识手册的考核要求。

港口企业应进行安全知识的宣传,编制安全手册,发并放到职工手中。

【要点】

查看企业是否编制安全知识手册,是否发放到职工手中。

三、组织开展安全生产月活动、安全生产竞赛活动,有方案、有总结。

【释义】

本条是关于企业安全生产月活动的考核要求。

企业应组织开展各种形式的安全活动,并且每次活动应有方案和总结。

【要点】

查看企业是否组织开展安全生产月活动、安全生产竞赛活动,活动是否有方案和总结。

四、对在安全工作中做出显著成绩的集体、个人给予表彰、奖励,并与其经济利益挂钩。

【释义】

本条是关于企业安全激励机制的考核要求。

企业应当对在安全工作中作出了显著成绩的集体和个人进行表彰和奖励,要以经济形式进行表现。

【要点】

查看企业是否对在安全工作中做出显著成绩的集体、个人给予表彰、奖励,企业的安全工作是否与其经济利益挂钩。

五、对安全生产进行检查、评比、考核，总结和交流经验，推广安全生产先进管理方法。

【释义】

本条是关于企业安全生产先进管理方法的考核要求。

企业在安全生产工作中，应该进行检查、评比、考核，总结和交流经验，使先进的安全生产管理方法得到推广。

【要点】

查看企业是否对安全生产进行检查、评比、考核，是否总结和交流经验，是否推广安全生产先进管理方法。

第十四章　应急救援

本一级要素应急救援,包括5个二级要素、13个考评指标,共85分(其中,"★★★"一、二、三级必备条件指标项3条,"★★"一、二级必备条件指标项1条,"★"一级必备条件指标项1条),本要素规定了港口客运企业应急救援的考核要求。

第一节　预案制定

【依据】

《安全生产法》第十七条、第三十三条。

《中华人民共和国港口法》第三十二条第二款。

《中华人民共和国突发事件应对法》(中华人民共和国主席令第69号)第二十四条第一款。

《港口经营管理规定》第二十六条。

一、制定相应的突发事件应急预案,有相应的应急保障措施。(★★★)

【释义】

本条是关于企业应急预案制定的考核要求。

《安全生产法》第十七条第五款规定,生产经营单位的主要负责人对本单位安全生产工作负有下列职责:(五)组织制定并实施本单位的生产安全事故应急救援预案。

第三十三条规定,生产经营单位对重大危险源应当登记建档,进行定期检测、评估、监控,并制定应急预案,告知从业人员和相关人员在紧急情况下应当采取的应急措施。

《中华人民共和国港口法》第三十二条第二款规定,港口经营人应当依法制定本单位的危险货物事故应急预案、重大生产安全事故的旅客紧急疏散和救援预案以及预防自然灾害预案,保障组织实施。

《港口经营管理规定》第二十六条规定,港口经营人应当依法制定本单位的危险货物事故应急预案、重大生产安全事故的旅客紧急疏散和救援预案以及预防自然灾害预案,并保障组织实施。

港口经营人按照前款规定制定的各项预案应当报送港口行政管理部门和港口所在地海事管理机构备案。

《中华人民共和国突发事件应对法》(中华人民共和国主席令第69号)第二十四条规定,公共交通工具、公共场所和其他人员密集场所的经营单位或者管理单位应当制定具体应急预案,为交通工具和有关场所配备报警装置和必要的应急救援设备、设施,注明其使用方法,并显著标明安全撤离的通道、路线,保证安全通道、出口的畅通。

上述法律法规明确规定港口企业应当制定应急预案，特别是《中华人民共和国港口法》第三十二条和《港口经营管理规定》第二十六条规定，制定重大生产安全事故的旅客紧急疏散预案。

应急预案是指港口经营人针对本单位所从事港口作业的特点，针对可能发生的各种恶性突发事件及其后果，预先制定的抢险、救援方案或计划。应急预案应当具体、明确，应当使每一参与抢险应急的人都明白如何应对各种可能的突发事件。这些规定同样适用于港口经营人。

突发事件应急救援预案要按《生产经营单位安全生产事故应急救援预案编制导则》（AQ/T 9002）要求编写，基本情况、事故发生后应采取的处理的措施，人员紧急疏散撤离不能遗漏。

这里的保障措施指的是应急救援预案中要体现应急指挥系统，应急救援队伍，明确各级应急指挥系统和救援队伍的职责，企业应储备必备的应急物资，并妥善保管。应急预案不能仅仅写在纸上，重要的是落实。应急预案的演练、专兼职应急管理人员、应急物资、与相关单位的衔接等。

【要点】

查看企业是否制定相应的突发事件应急预案，是否有相应的应急保障措施和必备的应急物资。

需要注意的是，本项目为所有达标企业（一、二、三级企业）必备条件，本条标准不合格时终止考评，企业标准化不达标。

二、结合实际将应急预案分为综合应急预案、专项应急预案和现场处置方案。（★★）

【释义】

本条是关于企业综合预案与专项预案制定的考核要求。

本考评要点规定了港口客运企业的应急预案体系的基本框架，即由综合应急预案、专项应急预案和现场处置方案组成。

综合应急预案是从总体上阐述处理事故的应急方针、政策，应急组织结构及相关应急职责，应急行动、措施和保障等基本要求和程序，是应对各类事故的综合性文件。

专项应急预案是针对具体的事故类别、危险源和应急保障而制定的计划或方案，是综合应急预案的组成部分，应按照综合应急预案的程序和要求组织制定，并作为综合应急预案的附件。专项应急预案应制定明确的救援程序和具体的应急救援措施。专项预案通常作为总体预案的组成部分，有时也称为分预案。结合港口、码头企业实际，专项应急预案主要包括：淹溺事故、触电事故、火灾和爆炸事故、中暑事故、起重伤害事故、高处坠落事故、船舶溢油事故、食物中毒事故、船舶交通事故、车辆交通事故、防风防雷等应急救援预案。

现场处置方案是针对具体的装置、场所或设施、岗位所制定的应急处置措施。现场处置方案应具体、简单、针对性强。现场处置方案应根据风险评估及危险性控制措施逐一编制，做到事故相关人员应知应会，熟练掌握，并通过应急演练，做到迅速反应、正确处置。

【要点】

查看企业制定的应急预案，是否将应急预案分为综合应急预案、专项应急预案和现场处

置方案。

需要注意的是，本项目为一、二级标准化达标企业必备条件，本条标准不合格的企业，不能评为一、二级标准化达标企业。

三、应急预案与当地政府预案保持衔接，报当地有关部门备案，通报有关协作单位。

【释义】

本条是关于企业应急预案衔接的考核要求。

制定本单位的应急预案是各单位安全生产工作的重要组成部分，应急预案本身是本单位安全生产制度的一部分。港口经营人不仅要制定有关应急预案，还要定期按照预案进行演习，告知从业人员和相关人员在紧急情况下应当采取的应急措施，在发生突发事件时应当及时组织实施。

企业应急预案应与当地政府及有关管理部门应急预案保持高度衔接性，做到快速反应，正确应对，统一部署，启动相应级别的应急预案。

港口经营人制定的本单位应急预案是整个港口应急体系的有机组成部分，应当与港口行政主管部门的有关应急预案相衔接。按照《安全生产法》、《海洋环境保护法》和《突发事件应对法》等法律、法规的规定，港口经营人编制的应急预案，应当分别报港口行政管理部门、当地负责安全生产的综合管理部门以及其他相关部门备案。应急预案与当地政府应急预案衔接，并根据预案的类别分别报当地有关部门备案。特别应当指出的是，港口法是2004年发布的，在第三十二条第二款中要求的是“保障组织实施”，而2009年发布的《港口经营管理规定》对此进行了进一步细化，明确规定“港口经营人按照前款规定制定的各项预案应当报送港口行政管理部门和港口所在地海事管理机构备案”。

【要点】

查看企业制定的应急预案是否与当地政府预案保持衔接，查备案文件，各项预案是否报送港口行政管理部门和港口所在地海事管理机构备案，是否通报有关协作单位。

四、定期评审应急预案，并根据评审结果或实际情况的变化进行修订和完善。

【释义】

本条是关于企业应急预案评审的考核要求。

企业应急预案应定期进行评审，评审应有应急救援体系范围的人员参加，由应急救援领导小组长或分管安全的负责人主持评审。

根据评审结果或实际情况发生变化，进行针对的内容修改，完善应急救援预案内容。

修改后的应急救援预案，应经审批后，发放到各个部门，组织各部门和各岗位人员学习，提高各级人员的应急应变能力。

【要点】

查看企业是否定期评审应急预案，企业是否根据评审结果或实际情况的变化对应急预案进行修订和完善。

第二节　预 案 实 施

【依据】

《中华人民共和国突发事件应对法》(中华人民共和国主席令第69号)。

《中华人民共和国港口法》第三十二条　港口经营人应当依法制定本单位的危险货物事故应急预案、重大生产安全事故的旅客紧急疏散和救援预案以及预防自然灾害预案,保障组织实施。

《港口经营管理规定》第二十六条　港口经营人应当依法制定本单位的危险货物事故应急预案、重大生产安全事故的旅客紧急疏散和救援预案以及预防自然灾害预案,并保障组织实施。

一、开展应急预案的宣传教育,普及生产安全事故预防、避险、自救和互救知识。

【释义】

本条是关于企业应急预案宣传教育的考核要求。

应急救援预案宣传教育,应达到提高增强安全意识和应急处置技能的目的。应急救援培训内容主要为事故预防、避险、自救和互救等知识。

【要点】

查看企业是否开展应急预案的宣传教育,是否普及生产安全事故预防、避险、自救和互救知识。

二、开展应急预案培训活动,使有关人员了解应急预案内容,熟悉应急职责、应急程序和应急处置方案。(★★★)

【释义】

本条是关于企业应急预案培训活动的考核要求。

应急预案培训活动,应使岗位人员了解预案的内容。通过开展应急预案培训活动,岗位人员应熟悉应急职责、应急程序和应急处置方案。

【要点】

查看企业是否开展应急预案培训活动,现场询问相关人员是否了解应急预案内容,是否熟悉应急职责、应急程序和应急处置方案。

需要注意的是,本评估要点为所有达标企业(一、二、三级企业)必备条件,本条标准不合格时终止考评,企业标准化不达标。

三、发生事故后,及时启动应急预案,组织有关力量进行救援,并按照规定将事故信息及应急预案启动情况报告有关部门。

【释义】

本条是关于企业应急预案应急响应的考核要求。

发生事故后,现场人员和应急救援指挥人员,应能正确启动应急预案的响应程序,迅速地组织人力、物力进行抢险救灾,减少事故损失和人员伤亡。

按规定将事故信息和应急预案启动情况，向当地港口管理部门和安监或其他负责安全监督的部门报告。

【要点】

查看企业是否发生事故，若发生事故企业能否及时启动应急预案，组织有关力量进行救援，能否按照规定将事故信息及应急预案启动情况报告有关部门。

第三节　应急队伍

【依据】

应急救援队伍建设是企业应急救援指挥体系建设的重要组成部分，是防范和应对突发事件的重要举措。突发事故时，应急救援队伍能最大度限度减少突发事故带来的损失。

《生产经营单位安全生产事故应急预案编制导则》(AQ/T 9002—2006)5.8.2。

5.8.2　应急队伍保障，明确各类应急响应的人力资源，包括专业应急队伍、兼职应急队伍的组织与保障方案。

一、建立与本单位安全生产特点相适应的专兼职应急救援队伍，或指定专兼职应急救援人员。

【释义】

本条是关于企业应急救援队伍的考核要求。

企业针对本单位安全生产特点建立应急救援队伍，企业规模小，不具备建立专职或兼职应急救援队伍者，应指定专职或兼职应急救援人员。人员配备应符合本单位应急救援预案中涉及的部门人员和专业技术人员，并以文件形式明确职责分工。

【要点】

查看企业是否建立与本单位安全生产特点相适应的专兼职应急救援队伍，是否指定专兼职应急救援人员。

二、组织应急救援人员日常训练。

【释义】

本条是关于企业应急救援队伍演练的考核要求。

企业应组织应急救援人员日常训练和演练，人员培训内容和方式，可采取理论知识培训和现场演练，队员自学，企业自培或外培。

【要点】

查看企业是否组织应急救援人员进行日常训练和演练，应急演练是否有字纸或影像的资料。

第四节　应急装备

【依据】

《中华人民共和国突发事件应对法》(中华人民共和国主席令第六十九号)第二十四条

第二款；

《生产经营单位安全生产事故应急预案编制导则》（AQ/T 9002—2006）5.8.3。

一、按照应急预案的要求配备相应的应急物资及装备。

【释义】

本条是关于企业应急物资及装备配备的考核要求。

企业应按国家有关规定，配备足够的应急物资及装备。

应急救援装备是应急救援的有力武器与重要保障，在应急救援工作中发挥着极为重要的作用。在事故发生时，面对各种复杂的危险性，必须使用大量种类不一的应急救援装备。如发生火灾，需要使用空气呼吸器、防毒面具；发生停电事故，要使用应急照明等。如果没有专业的应急救援装备，低下的应急救援能力将使事故不断升级恶化，造成难以估量的损失。

应急物资及装备应制定保管和使用管理制度。

【要点】

查看企业是否按照应急预案的要求配备相应的应急物资及装备。

二、建立应急装备使用状况档案，定期进行检测和维护，使其处于良好状态。

【释义】

本条是关于企业应急装备维护保养的考核要求。

《生产经营单位安全生产事故应急预案编制导则》（AQ/T 9002—2006）5.8.3 规定，应急物资装备保障，明确应急救援需要使用的应急物资和装备的类型、数量、性能、存放位置、管理责任人及其联系方式等内容。企业应急物资及装备应建立档案，明确应急救援需要使用的应急物资和装备的类型、数量、性能、存放位置、管理责任人及其联系方式等内容。应急物资及装备应定期检测和维护，并记录。

【要点】

查看企业是否建立应急装备使用状况档案，是否对应急装备定期进行检测和维护，使其处于良好状态。

第五节　应 急 演 练

【依据】

《中华人民共和国突发事件应对法》（中华人民共和国主席令第六十九号）第二十九条第二款。

一、按照有关规定制定应急预案演练计划，并按计划组织开展应急预案演练。（★★★）

【释义】

本条是关于企业应急预案演练计划的考核要求。

本评估要点是对港口客运企业应急演练的规定。

《中华人民共和国突发事件应对法》（中华人民共和国主席令第 69 号）第二十九条第二款规定，居民委员会、村民委员会、企业事业单位应当根据所在地人民政府的要求，结合各自的实际情况，开展有关突发事件应急知识的宣传普及活动和必要的应急演练。但由于各港口客运企业，特别是大型港口企业建立的是预案体系，涉及多个突发事件类型，为确保在一定的周期内使所有的突发事件应对工作得到检验，这就需要制定演练计划。演练计划是指在一定周期内，开展应急演练的频次和类别。这里所指的周期各单位可根据自身的情况确定，但一般和总体应急预案相衔接，应在发布新的总体应急预案前完成覆盖的所有科目。应急预案演练计划，明确应急演练的规模、方式、范围、内容、组织、评估、总结等内容。

企业根据演练计划组织开展应急预案演练。

具体的演练步骤如下：

①年初安全计划应有演练内容。

②演练前制定方案：目的、方法、人员、时间、安全措施。

③演练记录、参战人员、观摩人员。

④总结：安全部门起草，对演练的组织过程、应急反应能力等方面的检验。

⑤评审：通过演练对预案的评审。

【要点】

查看企业是否制定应急预案演练计划，是否按照有关规定组织开展应急预案演练。

需要注意的是，本项目为所有达标企业（一、二、三级企业）必备条件，本条标准不合格时终止考评，企业标准化不达标。

二、应急预案演练结束后，对应急预案演练效果进行评审，撰写应急预案演练评审报告，分析存在的问题，并对应急预案提出修订意见。（★）

【释义】

本条是关于企业应急预案演练效果评审的考核要求。

企业在应急预案演练结束后，应对应急预案演练效果进行评审，分析存在的问题，对演练的组织过程、应急反应能力、资源配备、后勤保障等方面进行分析，找出存在的问题，撰写应急预案演练评审报告，提出对应急预案的修订方案。

【要点】

查看企业是否在应急预案演练结束后，对应急预案演练效果进行评审，撰写应急预案演练评审报告，分析存在的问题，并对应急预案提出修订意见。

需要注意的是，本项目为一级标准化达标企业必备条件，本条标准不合格的企业，不能评为一级标准化达标企业。

第十五章　事故报告调查处理

本一级要素事故报告调查处理了 2 个二级要素、7 个考评指标，共 50 分（其中，“★★★”一、二、三级必备条件指标项 1 条，“★”一级必备条件指标项 1 条），本要素是对港口客运企业事故报告调查处理的考核要求。

第一节　事故报告

【依据】

《安全生产法》。

《中华人民共和国突发事件应对法》（中华人民共和国主席令第 69 号）。

《生产安全事故报告和调查处理条例》（国务院令第 493 号）第九条、第十四条。

《港口生产事故统计报表制度》（厅水字〔2010〕247 号）。

一、发生事故及时进行事故现场处置，按相关规定及时、准确、如实向有关部门报告，没有瞒报、谎报、迟报情况。（★★★）

【释义】

本条是关于企业事故现场处置和上报的考核要求。

本评估要点是关于事故现场处置和报告的规定。

发生事故及时进行事故现场处置。《生产安全事故报告和调查处理条例》（国务院令第 493 号）第十四条规定，事故发生单位负责人接到事故报告后，应当立即启动事故应急预案，或者采取有效措施，组织抢救，防止事故扩大，减少人员伤亡和财产损失。事故发生后，港口客运企业应当立即启动相关应急预案，采取有效处置措施，开展先期应急工作，控制事态发展，并按规定向有关部门报告。对危及旅客生命安全的，标明危险区域，组织、协助应急救援队伍和工作人员救助受害人员，疏散、撤离、安置受到威胁的人员，并采取必要措施防止发生次生、衍生事故。

规范事故报告的法律法规主要有《安全生产法》、《生产安全事故报告和调查处理条例》（国务院令第 493 号），行业管理部门的有《港口生产事故统计报表制度》（厅水字〔2010〕247 号）。

《安全生产法》第十七条规定，生产经营单位的主要负责人对本单位安全生产工作负有下列职责：（六）及时、如实报告生产安全事故。

《生产安全事故报告和调查处理条例》（国务院令第 493 号）第九条规定，“事故发生后，事故现场有关人员应当立即向本单位负责人报告；单位负责人接到报告后，应当于 1 小时内向事故发生地县级以上人民政府安全生产监督管理部门和负有安全生产监督管理职责的有关部门报告。情况紧急时,事故现场有关人员可以直接向事故发生地县级以上人民政府安全生产监督管理部门和负有安全生产监督管理职责的有关部门报告”。

《港口生产事故统计报表制度》(厅水字〔2010〕247 号)。

事故报告应当及时、准确、完整,任何单位和个人对事故不得迟报、漏报、谎报或者瞒报,这一规定是根据实践中事故报告存在的主要问题作出的,具有很强的现实针对性。由于港口客运码头是人员聚集场所,事故发生后,及时、准确、完整地报告事故,对于及时、有效地组织事故救援,减少事故损失,顺利开展事故调查具有非常重要的意义。

【要点】

查看企业是否建立事故报告的相关制度,企业在发生事故后能否按相关规定及时、如实向有关部门报告,企业是否及时进行事故现场处置。

需要注意的是,本项目为所有达标企业(一、二、三级企业)必备条件,本条标准不合格时终止考评,企业标准化不达标。

二、跟踪事故发展情况,及时续报事故信息,建立事故档案和事故管理台账。

【释义】

本条是关于企业事故档案和事故管理台账的考核要求。

企业应跟踪事故发展情况,及时向上级部门续报事故信息。企业应建立事故档案和事故管理台账。

【要点】

查看企业事故档案资料,企业是否建立事故档案和事故管理台账。企业发生事故后,是否及时将事故的发展变化情况向上级部门汇报。

第二节 事故处理

【依据】

《安全生产法》第七十条规定,生产经营单位发生生产安全事故后,事故现场有关人员应当立即报告本单位负责人。

单位负责人接到事故报告后,应当迅速采取有效措施,组织抢救,防止事故扩大,减少人员伤亡和财产损失,并按照国家有关规定立即如实报告当地负有安全生产监督管理职责的部门,不得隐瞒不报、谎报或者拖延不报,不得故意破坏事故现场、毁灭有关证据。

第七十三条规定,事故调查处理应当按照实事求是、尊重科学的原则,及时、准确地查清事故原因,查明事故性质和责任,总结事故教训,提出整改措施,并对事故责任者提出处理意见。事故调查和处理的具体办法由国务院制定。

第七十四条规定,生产经营单位发生生产安全事故,经调查确定为责任事故的,除了应当查明事故单位的责任并依法予以追究外,还应当查明对安全生产的有关事项负有审查批准和监督职责的行政部门的责任,对有失职、渎职行为的,依照本法第七十七条的规定追究法律责任。

第七十五条规定，任何单位和个人不得阻挠和干涉对事故的依法调查处理。

《生产安全事故报告和调查处理条例》（国务院令第493号）。

一、接到事故报告后，迅速采取有效措施，组织抢救，防止事故扩大，减少人员伤亡和财产损失。

【释义】

本条是关于企业发生事故后应急处置的考核要求。

事故发生单位负责人接到事故报告后，应当立即启动事故相应应急预案，或者采取有效措施，组织抢救，防止事故扩大，减少人员伤亡和财产损失。

【要点】

查看企业的事故档案资料，企业在接到事故报告后，是否迅速采取有效措施，组织抢救，防止事故扩大，减少人员伤亡和财产损失。

二、发生事故后，按规定成立事故调查组，积极配合各级人民政府组织的事故调查，随时接受事故调查组的询问，如实提供有关情况。

【释义】

本条是关于企业发生事故后事故调查的考核要求。

企业发生事故后，按规定成立事故调查组，积极配合各级人民政府组织的事故调查，随时接受事故调查组的询问，如实提供有关情况。企业不得阻挠和干涉对事故的依法调查处理。

【要点】

查看企业事故档案资料，企业在发生事故后，是否按规定成立事故调查组，是否积极配合各级人民政府组织的事故调查，是否随时接受事故调查组的询问，是否如实提供有关情况。

三、按时提交事故调查报告，分析事故原因，落实整改措施。

【释义】

本条是关于企业法发生事故后事故报告的考核要求。

企业发生事故后，事故调查组应剖析事故原因，企业应落实整改措施，按时提交事故调查报告。

（1）事故调查组履行下列职责：

①查明事故发生的经过、原因、人员伤亡情况及直接经济损失。

②认定事故的性质和事故责任。

③提出对事故责任者的处理建议。

④总结事故教训，提出防范和整改措施。

⑤提交事故调查报告。

（2）事故调查报告应当包括下列内容。

①事故发生单位概况。

②事故发生经过和事故救援情况。

③事故造成的人员伤亡和直接经济损失。

④事故发生的原因和事故性质。

⑤事故责任的认定以及对事故责任者的处理建议。

⑥事故防范和整改措施。

(3)事故发生单位应当认真吸取事故教训,落实防范和整改措施,防止事故再次发生。防范和整改措施的落实情况应当接受工会和职工的监督。

【要点】

查看企业事故档案资料,查看企业是否按时提交事故调查报告,剖析事故原因,落实整改措施。

四、发生事故后,及时召开安全生产分析通报会,对事故当事人的聘用、培训、考核、上岗以及安全管理等情况进行责任倒查。

【释义】

本条是关于企业发生事故后事故责任追查的考核要求。

有关机关应当按照人民政府的批复,依照法律、行政法规规定的权限和程序,对事故发生单位和有关人员进行行政处罚,对负有事故责任的国家工作人员进行处分。

事故发生单位应当按照负责事故调查的人民政府的批复,对本单位负有事故责任的人员进行处理。负有事故责任的人员涉嫌犯罪的,依法追究刑事责任。

【要点】

查看企业事故档案资料,企业发生事故后是否及时召开安全生产分析通报会,对事故当事人的聘用、培训、考核、上岗以及安全管理等情况进行责任倒查。

五、按"四不放过"原则严肃查处事故,严格追究责任领导和相关责任人。处理结果报有关部门备案。(★)

【释义】

本条是关于企业发生事故后事故处理的考核要求。

事故发生单位主要负责人有下列行为之一的,处上一年年收入40%至80%的罚款;属于国家工作人员的,并依法给予处分;构成犯罪的,依法追究刑事责任:

①不立即组织事故抢救的。

②迟报或者漏报事故的。

③在事故调查处理期间擅离职守的。

事故发生单位主要负责人未依法履行安全生产管理职责,导致事故发生的,依照下列规定处以罚款;属于国家工作人员的,并依法给予处分;构成犯罪的,依法追究刑事责任:

①发生一般事故的,处上一年年收入30%的罚款。

②发生较大事故的,处上一年年收入40%的罚款。

③发生重大事故的,处上一年年收入60%的罚款。

④发生特别重大事故的,处上一年年收入80%的罚款。

事故发生单位对事故发生负有责任的,由有关部门依法暂扣或者吊销其有关证照;对事故发生单位负有事故责任的有关人员，依法暂停或者撤销其与安全生产有关的执业资格、岗位证书；事故发生单位主要负责人受到刑事处罚或者撤职处分的，自刑罚执行完毕或者受处分之日起，5 年内不得担任任何生产经营单位的主要负责人。

【要点】

查看企业事故档案资料，企业是否按“四不放过”原则严肃查处事故，严肃查处安全生产事故，是否严格追究责任领导和相关责任人。处理结果报有关部门备案。

需要注意的是，本项目为一级标准化达标企业必备条件，本条标准不合格的企业，不能评为一级企业。

第十六章　绩效考核与持续改进

本一级要素绩效考核与持续改进，包括3个二级要素、3个考评指标，共35分（其中，“★”一级必备条件指标项1条），本要素规定了港口客运企业绩效考核与持续改进的考核要求。

第一节　绩效评定

【依据】

《企业安全生产标准化基本规范》（AQ/T 9006—2010）。

一、每年至少一次对本单位安全生产标准化的实施情况进行评定，对安全生产工作目标、指标的完成情况进行综合考评。

【释义】

本条是关于企业标准化评定的考核要求。

港口客运企业应每年至少对本单位安全生产标准化的实施情况进行一次评定，验证各项安全生产制度措施的适宜性、充分性和有效性，检查安全生产工作目标、指标的完成情况。这里的评定可以理解为内部审核，检查标准化的实施情况，为完善安全生产标准化和进行综合考核提供依据。

企业主要负责人应对绩效评定工作全面负责。评定工作应形成正式文件，并将结果向所有部门、所属单位和从业人员通报，作为年度考评的重要依据。

本规定是“至少一次”，那么在什么情况下需要增加评定的次数呢？通常，在下列情况下应考虑进行评定，一是发生安全生产事故，特别是发生死亡事故后应重新进行评定；二是国家法律法规，相关管理规范、标准发生变化时；三是主要生产设施设备、工艺发生变化时；四是人员发生重大变化时。

【要点】

查看企业档案资料，企业对本单位安全生产标准化的实施情况进行评定的次数，对安全生产工作目标、指标的完成情况进行综合考核的客观依据，如奖惩记录、文件等。

第二节　持续改进

【依据】

《企业安全生产标准化基本规范》（AQ/T 9006—2010）。

一、提出进一步完善安全标准化的计划和措施，对安全生产目标、指标、管理制度、操作规程等进行修改完善。

【释义】

本条是关于企业标准化计划和措施，规章制度完善的考核要求。

持续改进又叫 PDCA 循环，其目的是把安全管理工作分成循环过程，通过循环不断的提高安全管理工作质量，促使安全管理工作规范化和条理化。实行安全绩效管理的关键在于持续改进，包括对于安全绩效管理体系的持续改进。因为，一个绩效考核体系的真正成功同时需要加与在实施过程中不断改进，成功公司安全绩效管理的成功经验认为，绩效考核体系在实施中经历一、两年后才能真正完善起来，相应的安全文化和氛围才能成熟。

企业应根据安全生产标准化的评定结果和安全生产预警指数系统所反映的趋势，对安全生产目标、指标、规章制度、操作规程等进行修改完善，持续改进，不断提高安全绩效。

【要点】

查看企业档案资料，企业是否提出进一步完善安全标准化的计划和措施，是否对安全生产目标、指标、管理制度、操作规程等进行修改完善。

第三节　安全管理体系建设

【依据】

企业安全管理体系是指企业全部管理体系中专门管理安全工作的部分，包括为制定、实施、实现、评审和保持安全方针、目标所需的组织机构、规划活动、职责、惯例、程序、过程和资源。安全管理体系是一个事前的、动态循环的、控制人的不安全行为和物的不安全状态的系统化的管理过程；是以持续改进的思想指导企业系统地实现其既定的安全管理目标，它和企业的质量管理体系、环境管理体系等一起，构成企业的全面管理体系。企业对影响职工的安全危险因素有害因素进行分析、评价，确定企业安全管理的目标和管理方案，消除或控制危险因素，确保职工安全。

一、根据企业生产经营实际，建立相应的安全管理体系，规范安全生产管理，形成长效机制。（★）

【释义】

本条是关于企业安全管理体系的考核要求。

企业应建立安全管理体系，并根据企业的运行情况，不断对安全体系进行修改完善，对安全体系的运行情况进行如下的评估改进，以形成长效机制。

①系统运行效果。

②系统运行中出现的问题和缺陷，所采取的改进措施。

③统计技术、信息技术等在系统中的使用情况和效果。

④系统各种资源的使用效果。

⑤绩效监测系统的适宜性以及结果的准确性。

⑥与相关方的关系。

【要点】

查看企业档案资料，企业是否根据企业生产经营实际，建立相应的安全管理体系，规范安全生产管理，形成长效机制。

需要注意的是，本项目为一级标准化达标企业必备条件，本条标准不合格的企业，不能评为一级标准化达标企业。

第三篇　港口危险货物码头企业安全生产达标考评指标释义

本篇是针对港口危险货物码头企业安全生产达标考评指标的释义，是港口企业三大安全生产达标考评指标释义之一。本释义针对港口危险货物码头企业安全生产达标考评指标的16个一级元素、51个二级元素、132条考评内容进行了释义。按照16个一级元素进行了章节的划分，指明了16个小节各自所涵盖的内容，对51个二级要素所引用的安全生产法律法规依据进行阐述，对132条考评内容进行了逐条的释义并提出了考评时的要点。

本考评标准所指的港口危险货物码头企业包括液体化工码头、油品码头、其他作业危险货物的码头。

第一章　安全目标

本一级要素安全目标，包括4个二级元素，7条考评指标，共35分（其中“★★★”一、二、三级企业必备条件的指标项1条，“★★”一、二级企业必备条件的指标项1条），主要针对企业的安全生产方针、目标制定及执行情况进行考核。

第一节　安全工作方针与目标

【依据】

安全生产方针、目标是整个安全生产标准化工作的前提和基础。《国务院关于进一步加强企业安全生产工作的通知》（国发〔2010〕23号）中要求“严格落实安全目标考核”。《国务院关于坚持科学发展安全发展促进安全生产形势持续稳定好转的意见》（国发〔2011〕40号）中要求“把安全生产考核控制指标纳入经济社会发展考核评价指标体系，加大各级领导干部政绩业绩考核中安全生产的权重和考核力度”。《关于进一步加强安全生产工作的决定》（国发〔2004〕2号）中要求“要制定全国安全生产中长期发展规划，明确年度安全生产控制指标，建立全国和分省（区、市）的控制指标体系，对安全生产情况实行定量控制和考核”。

一、制定企业安全生产方针、目标和不低于上级下达的安全控制指标。（★★★）

【释义】

本条是关于安全生产管理方针、目标的考核要求。

我国安全生产法规定，我国安全生产的基本方针是“安全第一，预防为主”，安全生产关系到人民群众生命和财产安全，关系到社会稳定和经济健康发展。“安全第一，预防为主”的方针是我国安全生产工作长期经验的总结。实践证明，要搞好安全生产工作，必须坚定不移地贯彻、执行这一方针。

安全生产方针、目标能够使各级领导及从业人员明确要重点防范的生产安全事故或安全生产工作的努力方向，有利于统一思想、统一调动港口企业的管理和技术资源。实施安全生产目标管理，可以做到责任明确，自觉落实。安全生产方针、目标的确定是港口企业向社会及从业人员作出的承诺，也是港口企业社会责任的一种体现。港口企业的各级人员、各职能管理部门，会更加自觉地根据自身在实现安全生产目标的作用，明确责任，落实到位，形成推动落实安全生产责任制的激励机制。

【要点】

(1)企业应根据国家法律法规和企业自身的实际情况，确定企业的安全生产方针；企业制定安全方针时，应考虑以下因素：

①企业的安全风险。

②法律法规及其他要求。

③企业的安全生产状况、绩效。

④企业安全文化、理念。

(2)企业应根据自身的实际情况制定安全生产目标的管理制度。

(3)企业制定的安全生产目标管理制度中,应明确目标与指标的制定、分解、实施、考核等环节的内容和相应的责任部门,安全生产目标指标的制定、分解、实施、考核一般由安全生产委员会负责,具体工作由安全生产委员会办公室来完成。

(4)各类企业制定目标的原则有一定的差别,但一般需遵循以下几项原则:

①符合性原则。制定的安全生产目标要是贯彻国家安全生产法律法规、方针政策,以及上级有关安全生产的要求,企业制定的安全目标要不低于上级有关部门下达的安全考控制指标。

②可行性原则。制定的目标要结合公司的实际情况,依照上级下达指标等综合因素制定切实可行的安全目标;

(5)制定的目标应包括管理类目标、整改类目标和事故类目标。

制定安全生产目标时应考虑以下内容:

①企业安全生产方针。

②管理评审的结果。

③风险评价的结果。

④以往安全生产的绩效。

⑤法律法规与其他要求。

⑥上级单位的指标。

(6)企业年度安全生产目标与指标制定完成后,以企业最高行政文件下发给各基层单位和职能部门,一般以企业年度的第 1 号通知下发各基层单位和职能部门。

需要注意的是,本条为所有达标企业(一、二、三级企业)必备条件,本条标准不合格时终止考评,企业标准化不达标。

二、制定实现安全工作方针与目标的措施。

【释义】

本条是关于企业实现所制定的安全方针与目标措施的考核要求。

为保障企业制定的安全工作方针与目标能顺利实现,企业在制定安全工作方针与目标时应确定实现该安全工作方针与目标的措施。

【要点】

(1)企业根据基层单位和部门在安全生产中所承担的职能,以及可能面临的风险大小,将企业年度的安全生产目标与指标分解到各个基层单位和部门,成为各个基层单位和部门的年度安全生产目标与指标。

(2)企业应制定保证安全生产目标实现的组织措施和技术措施。

组织措施:加强领导、加强管理;

技术措施:制定安全生产目标指标完成情况的考核办法,严格考核,奖罚分明;企业根据所属基层单位和部门的职能,通过层层签订安全生产目标责任书的方式,逐级明确安全生产目标至班组和岗位。

第二节　中长期规划

【依据】

《关于进一步加强安全生产工作的决定》(国发〔2004〕2 号)中的要求"要制定全国安全生产中长期发展规划,明确年度安全生产控制指标,建立全国和分省(区、市)的控制指标体系,对安全生产情况实行定量控制和考核"。为了避免企业重生产、轻安全,一味追求经营效益,忽视安全工作的短期行为,促进企业安全生产工作与企业发展同步规划、同步实施,企业应制定一个可测量的、持续改进的、能够实现的战略目标和中长期安全生产规划。

一、制定和实施企业安全生产中长期规划和跨年度专项工作方案。(★★)

【释义】

本条是关于企业制定和实施安全生产规划和专项工作方案的考核要求。

为了避免企业重生产、轻安全,一味追求经营效益,忽视安全工作的短期行为,促进企业安全生产工作与企业发展同步规划、同步实施,企业应制定一个可测量的、持续改进的、能够实现的战略目标和中长期安全生产规划。

为了指导企业下一年度的安全工作,企业应结合企业当前安全工作的实际制定跨年度专项工作方案。

【要点】

(1)企业制定安全生产中长期规划时,规划的整体性应与阶段性计划相统一,规划针对性强,有配套的措施、检查、考核办法,每年应有诊断总结。

(2)企业制定安全生产中长期规划和跨年度专项工作方案中的目标指标要科学合理,尽可能量化,且有认证分析的支撑材料。

需要注意的是,本条为一、二级标准化达标企业必备条件,本条标准不合格的企业,不能评为一、二级标准化达标企业。

第三节　年度计划

【依据】

工作计划是工作任务的明确。一个企业的计划有年度计划、季度计划、月计划,这些计划明确了我们企业当年要完成什么任务,这个季度要完成什么任务,以及这个月要完成的任务。企业的年度计划应明确企业的安全生产任务、质量任务、管理任务、节资降耗任务等,以便我们的企业在工作中围绕这些任务开展工作。

一、根据中长期规划，制定年度计划和年度专项活动方案，并严格执行。

【释义】

本条是关于企业制定年度计划和年度专项活动方案的考核要求。

年度计划是中长期规划转化而来的一年里的可执行计划，这就从一个比较宏观的角度界定了年度计划的功能。年度计划完整的功能是“承上启下”：承上，承接中长期规划，将长期战略具体到每一年的工作要求明确出来；启下，则是对一年度具体的工作进行细分、制定专项活动的主要依据。年度计划的承上启下的作用将中长期规划落实到每个年度的详细工作计划。

年度计划有四项主要功能。年度计划具有由中长期规划分解到一年的可执行计划为其核心的功能，这项功能从安全业绩考核、安全管理、资源配置的角度，分别可以衍生出不同的功能。从安全业绩考核的角度看，年度计划是各个职能的安全工作及业绩的评价的主要标准。从安全管理的角度看，年度计划是高层管理各个职能的主要手段。从资源配置的角度看，年度计划是向各个职能以及各个职能内配置资源的主要依据。

年度专项活动方案是针对一些特殊的活动制定的专项方案。

【要点】

(1)企业应根据中长期规划结合企业当前的安全工作形势，制定年度计划和年度专项活动方案。

(2)企业制定的年度计划应有规范的文本资料。

(3)企业制定年度计划和年度专项活动方案应以文件的形式发布。

(4)年度计划确定后，企业每年组织专项安全生产检查活动，检查各部门贯彻落实情况，每年组织年中和年底对计划执行情况检查，查找未完成计划的问题和原因，制定改进措施。

第四节　目 标 考 核

【依据】

《国务院关于进一步加强企业安全生产工作的通知》(国发〔2010〕23 号)中要求“严格落实安全目标考核”。

一、将安全生产管理指标进行细化和分解，制定阶段性的安全生产控制指标。

【释义】

本条是关于企业安全生产指标细化、分解的考核要求。

企业安全生产目标管理绩效考核应建立不同层次的安全生产目标及对安全生产指标进行细化、分解到各部门，对各部门的指标完成情况进行考核、奖惩，形成规范化管理体系中一个相对完整的部分。

阶段性的安全生产控制指标是将年度指标进行细分，分成月、季度、半年进行指标的考核，便于及时发现问题，采取补救措施，确保年度安全生产指标的完成。

【要点】

(1)企业应将安全生产管理指标进行细化和分解到各部门。

(2)企业细化和分解的安全生产管理指标的应覆盖公司所有部门。

(3)企业应制定阶段性的安全生产控制指标。

(4)企业应对将细化、分解的安全生产指标及阶段性控制指标以文件的形式发布。

二、制定安全生产目标考核与奖惩办法。

【释义】

本条是关于安全生产目标考核与奖惩的考核要求。

安全生产目标考核与奖惩办法是企业安全管理体系中重要的一个安全管理制度。安全生产目标考核与奖惩办法是对公司各部门、各员工在完成公司制定的安全生产目标,给予奖励和惩罚的规定。安全生产目标考核与奖惩办法要同经济责任制紧密结合,同员工的责、权、利挂钩,充分体现奖优罚劣。

【要点】

(1)企业应结合企业的安全生产实际,制定安全生产目标考核与奖惩办法。

(2)企业制定安全生产目标考核与奖惩办法需要遵循以下原则:

针对达到什么样的目标进行奖励和惩罚,以及奖励和惩罚的方式和程度必须事先进行明确;所制定的奖惩依据必须全面公开,让管理者和被管理者都能准确、全面地把握其具体内涵和要求,以避免发生为了奖励而奖励,为了惩罚而惩罚的无效活动;必须严格明确奖惩的依据,只能对这种依据制定和公布之后,让每个人明确了,才具有约束力。不能把新制定的奖惩依据用于其正式颁布之前的行为上。

三、定期考核年度安全生产目标完成情况,并奖惩兑现。

【释义】

本条是关于安全生产目标考核的考核要求。

安全生产目标考核与奖惩是通过一系列正向刺激和反向刺激的作用,引导和规范员工的行为朝着符合企业安全发展方向发展。对实现目标的行为,公司用奖励进行强化,也就是正向刺激;对未完成目标的行为,利用处罚措施进行约束,也就是反向刺激。二者相辅相成,才会有效促进企业安全生产目标的实现。

【要点】

(1)企业应根据所制定《安全生产目标考核与奖惩办法》的规定,定期对安全生产目标和指标实施计划的完成情况进行考核,并根据考核情况按照规定进行奖惩。

(2)企业应对考核中发现的问题进行积极的整改,若考核指标设置不合理,应及时调整安全生产目标和指标的实施计划。

(3)企业应保存所有有关考核记录资料。

第二章　管理机构和人员

本一级要素管理机构和人员，包括2个二级元素、4条考评指标，共40分（其中“★★★”一、二、三级企业必备条件的指标项2条，“★★”一、二级企业必备条件的指标项1条），主要针对企业的安全管理机构的设置情况和安全管理人员的配置情况进行考核。

第一节　安全管理机构

【依据】

《安全生产法》第十九条规定，矿山、建筑施工单位和危险物品的生产、经营、储存单位，应当设置安全生产管理机构或者配备专职安全生产管理人员。以外的其他生产经营单位，从业人员超过三百人的，应当设置安全生产管理机构或者配备专职安全生产管理人员；从业人员在三百人以下的，应当配备专职或者兼职的安全生产管理人员，或者委托具有国家规定的相关专业技术资格的工程技术人员提供安全生产管理服务。

一、成立安全生产委员会（或领导小组），下属各分支机构分别成立相应的领导机构。安委会职责明确，实行主要领导负责制。（★★）

【释义】

本条是关于企业安全生产领导机构的考核要求。

安全生产领导机构是企业负责安全生产工作计划、组织、协调、监督、控制必不可少的综合管理职能组织。企业可以结合企业实际设置相应的安全生产领导机构，大中型企业可以设置安全生产委员会，小微型企业可以设置安全生产领导小组。

【要点】

（1）企业应建立“安全生产委员会（或领导小组）”，统一协调企业中的安全生产问题，企业主要负责人同时是“安全生产委员会（或领导小组）”的主要领导。

（2）“安全生产委员会（或领导小组）”应有成员名单、职责和权限、工作制度等内容，且对企业中的重大安全健康问题进行评议、协调和决策。

（3）大型企业集团的各下属各分支机构应分别成立相应的领导机构。

（4）企业成立的安全生产委员会或领导小组，或下属各分支机构成立的相应领导机构应以公司文件的形式发布。

需要注意的是，本条为一、二级标准化达标企业必备条件，本条标准不合格的企业，不能评为一、二级标准化达标企业。

二、按规定设置与企业规模相适应且独立的安全生产管理机构。(★★★)

【释义】

本条是关于企业安全生产管理机构设置的考核要求。

安全生产管理机构指的是企业专门负责安全生产监督管理的内设机构,其工作人员都是专职安全生产管理人员。安全生产管理机构的作用是落实国家有关安全生产法律法规,组织港口企业内部各种安全检查活动,负责日常安全检查,及时整改各种事故隐患,监督安全生产责任制落实等。它是港口企业安全生产的重要组织保证。

根据《安全生产法》的规定,港口企业涉及经营、储存危险物品的单位应设置安全生产管理机构或者配备专职安全生产管理人员。普通货物港口企业从业人员超过三百人的,应当设置安全生产管理机构或者配备专职安全生产管理人员;从业人员在三百人以下的,应当配备专职或者兼职的安全生产管理人员,或者委托具有国家规定的相关专业技术资格的工程技术人员提供安全生产管理服务。

【要点】

(1)企业应按规定设置安全生产管理机构,配备得力的安全管理人员,并保持相对稳定。

(2)企业设置的安全生产管理机构应以公司文件的形式发布。

(3)企业应建立安全管理机构的管理制度,明确安全管理机构的职责。安全生产管理机构的主要职责是落实国家有关安全生产法律法规,组织港口企业内部各种安全检查活动,负责日常安全检查,及时整改各种事故隐患,监督安全生产责任制落实等,其具体的职责如下:

①监督检查企业各部门对国家有关安全生产的方针、政策和法规以及安全措施计划的贯彻执行情况。

②调查研究生产建设中的不安全因素,提出改进意见,督促企业、部门内的有关单位加以解决。

③对特殊工种进行培训,对新工人进行厂级的安全教育。

④制止违章指挥和违章作业,必要时,有权停止作业,并及时报告领导。

⑤参加本单位各种生产会议,对企业的生产计划、组织管理等各项活动提出安全生产的意见和要求。

⑥组织和协调有关部门制定、修订、审查安全生产制度和操作规程、安全技术操作规程等,并经常检查贯彻执行情况。

⑦开展经常性的安全宣传、教育活动。

⑧做好防尘、防毒和防寒工作,参加本单位新建、改建和新工艺的设计审查和竣工验收工作。

⑨编制安全技术措施计划,并负责实施。

⑩组织安全生产大检查和日常现场安全检查,发现影响安全的问题,及时向领导和有关部门报告,并提出处理意见,落实整改措施。

⑪事故的抢救、调查、处理工作,做好伤亡事故的统计、分析和事故档案管理工作,按时

上报本单位的伤亡事故报表。

⑫有权拒绝上级不符合安全生产、文明生产的指令和意见。

需要注意的是，本条为所有达标企业（一、二、三级企业）必备条件，本条标准不合格时终止考评，企业标准化不达标。

三、定期召开安全生产委员会会议。安全生产管理机构和下属各分支机构每月至少召开一次安全工作例会。

【释义】

本条是关于企业安全管理机构定期召开安全会议的考核要求。

安委会安全会议是为了加强公司负责人与部门之间安全工作的沟通和推进安全管理，及时了解公司的安全状态，保证公司生产安全正常运行，及时消除生产安全事故隐患，实现公司安全生产目标而要求定期或不定期召开的会议。

【要点】

(1)企业应制定《安全会议制度》，制度中应明确安委会、安全管理机构召开安全会议的相关要求。

(2)安委会或安全生产领导机构每季度应至少召开一次安全专题会，协调解决安全生产问题。

(3)安全会议应有安全会议纪要，会议纪要应归档保存。

第二节　管理人员配备

【依据】

《安全生产法》第十九条规定，矿山、建筑施工单位和危险物品的生产、经营、储存单位，应当设置安全生产管理机构或者配备专职安全生产管理人员。以外的其他生产经营单位，从业人员超过三百人的，应当设置安全生产管理机构或者配备专职安全生产管理人员；从业人员在三百人以下的，应当配备专职或者兼职的安全生产管理人员，或者委托具有国家规定的相关专业技术资格的工程技术人员提供安全生产管理服务。

2004 年国发 2 号文第十条规定，依法加强和改进生产经营单位安全管理。强化生产经营单位安全生产主体地位，进一步明确安全生产责任，全面落实安全保障的各项法律法规。生产经营单位要根据《安全生产法》等有关法律规定，设置安全生产管理机构或者配备专职（或兼职）安全生产管理人员。

《港口危险货物管理规定》第九条规定，从事危险货物港口作业的港口经营人，应当具备以下条件：

(1)至少有一名企业主要负责人应当具备与本单位所从事的危险货物港口作业相关的安全生产知识和管理技能；

(2)配备足够的具有上岗资格证书的管理、作业人员。

一、按规定足额配备专职安全生产和应急管理人员。（★★★）

【释义】

本条是关于安全生产管理人员和应急管理人员配备要求的考核要求。

安全生产管理人员的主要职责是宣传、贯彻、执行“安全第一，预防为主”的安全生产方针、政策、法律、法规和标准；组织制定或修订企业各级安全生产责任制和各项安全规章制度及安全操作规程；履行安全生产监管职责，组织安全检查，注意发现监控重大危险源，督促整改事故隐患，组织开展安全生产宣传教育活动；制止违章作业、违章指挥和不安全行为，监督落实各项安全生产设备、设施的防护措施，对发生的生产安全事故进行报告、调查，采取预防措施。安全生产管理人员在企业安全生产工作中的作用不可忽视。

【要点】

(1)企业应结合自身实际和国家法律法规的要求配备相应的专兼职安全生产和应急管理人员。

(2)企业的各职能部门、各装卸作业泊位应有主管安全的负责人，各职能部门、各装卸作业泊位应有专(兼)职安全员。

(3)负责安全生产的主要管理人员要有通过安全生产法律法规要求的培训证明材料。安全生产管理人员必须具备与本单位所从事的生产经营活动相应的安全生产知识和管理能力。

(4)企业应制定《安全管理人员和应急管理人员的安全管理制度》，制度中应明确安全管理人员和应急管理人员的配备要求，职责、职能及具体工作内容和程序。其职责应能体现“分级管理，分线负责”的原则，涵盖企业生产经营活动及其他活动的全方位、全过程。

(5)企业配置的安全管理人员应以公司文件的形式发布，安全管理人员应持有主管部门考核合格的证书。

需要注意的是，本条为所有达标企业(一、二、三级企业)必备条件，本条标准不合格时终止考评，企业标准化不达标。

第三章　安全责任体系

本一级要素安全责任体系，包括2个二级元素、6条考评指标，共45分（其中“★★★”一、二、三级企业必备条件的指标项1条，“★★”一、二级企业必备条件的指标项2条），主要针对企业的安全责任制的建立情况、安全职责的落实执行情况、考核情况进行考核。

第一节　健全责任制

【依据】

安全生产责任制是企业一项最基本的安全生产制度，是各种职业安全健康制度的核心，它明确规定了企业领导者、管理者及各类人员对安全生产应负的责任、权利和义务。认真贯彻、落实安全生产责任制是搞好安全健康工作的重要环节，是各层次、各类人员在安全生产中分工协作、各负其责的具体体现，也是“分级管理、分线负责”的安全管理体系形成和正常运行的关键。

《安全生产法》第四条规定，生产经营单位必须遵守本法和其他有关安全生产的法律、法规，加强安全生产管理，建立、健全安全生产责任制度，完善安全生产条件，确保安全生产。

《中华人民共和国港口法》第三十二条规定，港口经营人必须依照《安全生产法》等有关法律、法规和国务院交通主管部门有关港口安全作业规则的规定，加强安全生产管理，建立健全安全生产责任制等规章制度，完善安全生产条件，采取保障安全生产的有效措施，确保安全生产。

《港口经营管理规定》第二十六条规定，港口经营人应当依照有关法律、法规和交通运输部有关港口安全作业的规定，加强安全生产管理，完善安全生产条件，建立健全安全生产责任制等规章制度，确保安全生产。

一、企业主要负责人、分管领导、全体员工安全职责明确，制定并落实安全生产责任制，层层签订安全生产责任书，并落实到位。（★★★）

【释义】

本条是关于企业各级人员安全责任制的考核要求。

企业安全生产责任制应涵盖企业的所有部门和人员，按照“横向到边、纵向到底”的原则，建立健全各级各岗位人员的安全生产责任制。通过层层签订安全生产责任书是确保企业各级人员的安全职责能落到实处的有效途径。

【要点】

（1）企业应建立、健全安全生产责任制，明确各级人员的安全生产职责。

（2）企业各级人员的安全职责应悬挂或张贴在相应的岗位上。

(3)企业的各级人员应层层签订安全生产责任书。

(4)企业应定期对各级人员的安全责任落实情况进行考核。

需要注意的是,本条为所有达标企业(一、二、三级企业)必备条件,本条标准不合格时终止考评,企业标准化不达标。

二、主要负责人或实际控制人是安全生产第一责任人,按照安全生产法律法规赋予的职责,对安全生产负全面组织领导、管理责任和法律责任,并履行安全生产的责任和义务。(★★)

【释义】

本条是关于主要负责人安全职责的考核要求。

根据《安全生产法》的规定,生产经营单位的主要负责人对本单位的安全生产工作全面负责,因此企业的主要负责人或实际控制人是安全生产第一责任人,应履行国家相关法律法规规定和要求的安全生产责任和义务。

港口企业的主要负责人是指在港口企业中起决策作用的领导人或领导层,包括厂长、经理以及其他主要的领导人员,如国有港口企业的法定代表人、公司的董事会成员或者有决策权的经理层人员、个人投资港口企业的投资人等。

港口企业的主要负责人具备以下特征:

①是本单位日常生产经营活动的最高负责人,负有生产经营的决策权和指挥权;

②是日常生产经营活动的直接指挥者,也就是港口企业是其日常工作的地点;

③在港口企业日常经营活动中能够有效地实施指挥和决策;

④港口企业的主要负责人可能同时包括几个高层决策者。

由于港口企业的主要负责人在港口企业中处于决策者、指挥者的重要地位,因此,其是否重视安全生产,对本单位的安全生产具有至关重要的意义。为了搞好安全生产,必须明确港口企业的主要负责人是安全生产的第一责任人,对本单位的安全生产全面负责。这样才能促使港口企业的主要负责人切实负起责任,管生产又管安全,而不能重生产、轻安全。单位主要负责人对安全生产工作所承担的职责明确了,对安全生产工作真正重视了,整个单位的安全生产工作在很大程度上就有了保障。

【要点】

(1)企业建立的安全生产责任体制中,应首先明确主要负责人的安全职责。

(2)企业主要负责人应按照安全生产法律法规赋予的职责,全面负责安全生产工作,并履行安全生产义务。主要负责人全面负责安全生产工作,并履行下列主要职责:

①组织建立、健全本单位的安全生产责任制,并保证有效执行。

②组织制定安全生产规章制度和操作规程,并保证其有效实施。

③保证本单位安全生产投入的有效实施。

④督促检查本单位安全生产工作,及时消除生产安全事故隐患。

⑤组织制定并实施本单位的生产安全事故应急救援预案。

⑥及时、如实报告生产安全事故。

(3)港口企业的主要负责人应当具备与所从事生产经营活动相应的安全知识和安全技

能，并按照国家有关规定依法获得任职的资格。港口企业一旦发生生产安全事故，其主要负责人必须如实向有关部门报告，积极组织进行抢救。对事故的发生负有责任的，并根据事故的具体情况，依法承担相应的民事责任、行政责任或者刑事责任。

需要注意的是，本条为一、二级标准化达标企业必备条件，本条标准不合格的企业，不能评为一、二级标准化达标企业。

三、分管安全生产的负责人是安全生产的重要负责人，统筹协调和综合管理企业的安全生产工作，对安全生产负重要管理责任。

【释义】

本条是关于企业分管安全生产责任人安全职责的考核要求。

大中型企业（集团）通常任命有其他人员负责分管具体的安全生产工作，这样分管安全生产的负责人就是公司安全工作的直接负责人，承担着安全管理工作的重要责任，负责统筹协调和综合管理企业的安全生产工作。分管安全生产的负责人虽说是公司安全生产的重要负责人，可以承担或协助第一负责人的安全生产管理工作，但不能代替第一负责人承担国家法律法规赋予第一负责人的法定安全责任与义务。

【要点】

（1）企业建立的安全生产责任体制中，应明确分管安全生产的负责的安全职责。

（2）企业分管安全生产的负责人是安全生产的重要负责人，对安全生产负重要管理责任。应履行以下职责：

①全面贯彻执行安全生产法律法规、国家标准和行业标准；认真贯彻落实上级和本单位关于安全生产工作的部署和要求。

②认真组织实施本单位安全生产责任制、安全生产各项规章制度和操作规程，并严格检查落实。

③受主要领导委托，每个月至少组织召开 1 次安全生产工作会议；定期不定期召开专题工作会，及时研究和解决本单位安全生产工作存在的问题。

④加强对本单位安全管理机构和安全监管人员的管理，督促其制定完善的工作制度并认真履职。

⑤推行安全性能可靠的新工艺、新技术、新设备和新材料，提高生产装备自动化水平，不断改善安全生产基础设施和条件。

⑥组织实施事故隐患排查、治理、报告制度，落实事故隐患和职业危害的监控防治措施；严格重大危险源管理等。

⑦加强现场安全管理，落实安全防范措施，加强现场检查，提高安全生产管理水平。

⑧本单位发生生产安全事故，立即组织抢救并及时向单位主要负责人汇报。

⑨法律法规明确的其他安全责任。

四、其他负责人和全体员工实行“一岗双责”，对业务范围内的安全生产工作负责。

【释义】

本条是关于安全生产“一岗双责”的考核要求。

"一岗双责"顾名思义就是指一个岗位承担两方面的职责。安全生产"一岗双责",每个岗位人员既要对所在岗位应当承担的具体业务工作负责,又要对所在岗位安全生产工作负责。

安全生产"一岗双责"是指企业及有关部门主要负责人是本企业、本部门职责范围内安全生产工作第一责任人,对安全生产工作负全面领导责任;分管安全生产工作的负责人对安全生产工作负综合监管领导责任;其他负责人对分管业务工作范围内的安全生产工作负直接领导责任;岗位员工对本岗位的安全工作负直接责任。

企业安全生产"一岗双责"制是落实企业安全生产主体责任的重要保证措施之一。

【要点】

(1)企业应建立健全各岗位员工的岗位职责和岗位安全职责,明确各岗位的"一岗双责"。

(2)企业应根据公司安全考核规定,定期对各岗位人员的安全生产职责履行情况进行考核。

(3)企业应将各岗位安全职责应悬挂或张贴在相应的岗位上。

五、安全生产管理机构、各职能部门、生产基层单位的安全职责明确并落实到位。

【释义】

本条是关于企业各级各部门安全责任制的考核要求。

企业安全生产责任制应涵盖企业的所有部门,按照"横向到边、纵向到底"的原则,建立健全各级各部门的安全生产职责。企业的安全生产不只是安全管理部门的事情,应该是全公司所有部门的共同的事情,只有公司上下、所有部门协同才能将安全生产工作做好。

【要点】

(1)企业应建立健全各职能部门的安全责任制,明确安全生产管理机构、各职能部门、生产基层单位的安全职责。

(2)企业应根据公司安全考核规定,定期对各部门的安全生产职责履行情况进行考核。

第二节　责任制考评

【依据】

为增强干部对安全生产管理工作的责任感和使命感,提高干部对企业安全管理工作的积极性,对各部门负责人在安全管理方面的工作进行绩效考评。

一、根据安全生产责任进行定期考核和奖惩,公告考评和奖惩情况。(★★)

【释义】

本条是关于安全生产责任考核的考核要求。

安全生产责任考核是企业为了实现安全生产目的,运用特定的标准和指标,采取科学的方法,针对各岗位各级人员的安全生产职责履行情况,作出判断的过程。

明确这个概念,可以明确安全生产责任考核的目的及重点。企业在制定安全发展规划、

战略目标时，为了更好地完成这个目标把目标分阶段分解到各部门，最终落实到每一位员工身上，也就是每个岗位的安全生产职责。安全生产责任考核就是企业对各岗位人员履行安全职责情况的一个跟踪、记录、考评。

安全生产责任考核本质上是一种过程管理，有考核就有奖惩，与利益不挂钩的考核是没有意义的，员工的工资一般都会为两个部分：固定工资和安全绩效工资。安全绩效工资的分配与员工的安全生产职责的考核得分息息相关。

安全生产责任考核目的不是处罚，而是发现问题、解决问题，找到差距进行改进，从而实现企业安全生产的目标。

【要点】

(1)企业应建立健全安全生产责任制的考核机制，制定具体的考核制度、方案和实施细则。

(2)企业应根据考核制度，定期对各级管理部门、各级管理人员及从业人员安全职责的履行情况进行定期考核、根据考核结果按照相关制度规定予以奖惩。

(3)企业应将安全责任制考核和奖惩情况采取有效方式进行公告。

(4)企业应将考核的资料、记录归档保存。

需要注意的是，本条为一、二级标准化达标企业必备条件，本条标准不合格的企业，不能评为一、二级标准化达标企业。

第四章　法规和安全管理制度

本一级要素法规和安全管理制度，包括5个二级元素、12条考评指标，共70分（其中“★★★”一、二、三级企业必备条件的指标项3条），主要针对企业的主体合法情况，国家有关安全生产的法律法规的收集、宣传、学习教育情况，安全管理制度、安全操作规程建立健全情况及制度的执行情况进行考核。

第一节　资　　质

【依据】

《港口经营管理规定》第六条规定，从事港口经营，应当申请取得港口经营许可。《港口经营管理规定》第十五条规定，申请人凭港口行政管理部门或者交通运输部核发的《港口经营许可证》到工商管理部门办理工商登记，取得营业执照后方可从事港口业务。

一、《港口经营许可证》、《企业法人营业执照》，《危险货物港口作业认可证》合法有效，经营范围符合要求。（★★★）

【释义】

本条是关于企业主体合法中经营资质方面的考核要求。

根据《港口经营管理规定》的要求，从事港口经营，应当申请取得港口经营许可。港口经营申请人凭港口行政管理部门或者交通运输部核发的《港口经营许可证》到工商管理部门办理工商登记，取得营业执照后方可从事港口业务。港口经营人应当按照港口行政管理部门许可的经营范围从事港口经营活动。根据《港口危险货物管理规定》，未取得危险货物港口作业资质的，不得从事危险货物港口作业。从事危险货物港口作业的企业应当在危险货物港口作业认可证上核定的危险货物港口作业范围内从事危险货物港口作业活动。港口经营人变更经营范围的，应当就变更事项按照《港口经营管理规定》第十二条或者第十三条规定办理许可手续，并到工商部门办理相应的变更登记手续。港口经营人变更企业法定代表人或者办公地址的，应当向港口行政管理部门备案并换发《港口经营许可证》。

【要点】

（1）港口经营企业应取得《港口经营许可证》，并根据要求进行年审，经营的货物在许可范围内。

（2）港口经营企业应取得《企业法人营业执照》，并根据要求进行年审，经营的货物在营业范围内。

（3）从事危险货物作业的港口经营企业应取得《危险货物港口作业认可证》，并根据要求进行年审，经营的危险货物在许可范围内，不得超范围经营。

需要注意的是，本条为所有达标企业(一、二、三级企业)必备条件，本条标准不合格时终止考评，企业标准化不达标。

第二节　法　　规

【依据】

《安全生产法》第十六条规定，生产经营单位应当具备本法和有关法律、行政法规和国家标准或者行业标准规定的安全生产条件；不具备安全生产条件的，不得从事生产经营活动。

一、及时识别、获取适用的安全生产法律法规、标准规范。

【释义】

本条是关于收集企业适用的安全生产法律法规的考核要求。

法的概念有广义与狭义之分。广义的法是指国家按照统治阶级的利益和意志制定或者认可、并由国家强制力保证其实施的行为规范的总和。狭义的法是指具体的法律规范，包括宪法、法令、法律、行政法规、地方性法规、行政规章、判例、习惯法等各种成文法和不成文法。

法律规范一般可以分为技术规范和社会规范两大类。法律规范是社会规范的一种。法律规范是国家机关制定或者认可、由国家强制力保证其实施的一般行为规则，它反映由一定的物质生活条件所决定的统治阶级的意志。技术规范是指规定人们支配和使用自然力、劳动工具、劳动对象的行为规则。

安全生产法律体系是社会主义法律体系中的子体系，安全生产立法是社会主义法的重要组成部分。安全生产法律体系是一个包含多种法律形式和法律层次的综合性系统，从法律规范的形式和特点来看，既包括作为整个安全生产法律法规基础的宪法规范，也包括行政法律规范，技术性法律规范，程序性法律规范。

【要点】

(1)企业应建立识别和获取适用的安全生产法律法规、标准规范的制度，明确主管部门，确定获取的渠道、方式，及时识别和获取适用的安全生产法律法规、标准规范。

(2)企业各职能部门应及时识别和获取本部门适用的安全生产法律法规、标准规范，并跟踪、掌握有关法律法规、标准规范的修订情况，及时提供给企业内负责识别和获取适用的安全生产法律法规的主管部门汇总。

(3)企业应按照规定定期识别和获取适用的安全生产法律法规与其他要求，并发布其清单。

(4)企业应广泛获取识别对本单位安全生产有关的安全生产法律法规，根据法律地位及效力同等原则，安全生产法律体系有以下七个门类：

一是宪法：宪法是安全生产法律体系框架的最高层级，“加强劳动保护，改善劳动条件”是有关安全生产方面最高法律效力规定。

二是安全生产方面的法律：有基础法(安全生产法)、专门法律(港口法、消防法、道路交通安全法)、相关法律(涵盖有安全生产内容的法律：劳动法、建筑法、煤炭法、铁路法、工会法；与安全生产监督执法工作有关的法律：刑法、刑事诉讼法、行政处罚法、行政复议法、国家赔偿法、标准化法）；

三是安全生产行政法规：是由国务院组织制定并批准公布，是为实施安全生产法律或规范安全生产监督管理制度而制定并颁布的一系列具体规定（《国务院关于特大安全事故行政责任追究的规定》）；

四是地方性安全生产法规：是由有立法权的地方权力机关——人民代表大会及其常务委员会和地方人民政府制定的安全生产规范性文件；

五是部门安全生产规章、地方政府安全生产规章：根据《立法法》的有关规定，部门规章之间、部门规章与地方政府规章之间具有同等效力，在各自的权限范围内施行；

六是安全生产标准：分为设计规范类、安全生产设备工具类、生产工艺安全卫生、防护用品类四类标准；

七是已批准的国际劳工安全公约：我国政府已批准国际劳工组织（ILO）185 个国际公约中的 23 个，其中 4 个与职业安全卫生相关。

二、将法规标准和相关要求及时转化为本单位的规章制度，贯彻到各项工作中。

【释义】

本条是关于将法律法规和企业安全管理有效结合的考核要求。

企业只有将国家的安全生产法律法规要求融入企业的日常安全管理过程中，才能确保国家的安全生产法律法规得到有效执行，因此要求企业在制定安全管理规章制度时，应将国家的安全生产法规标准和相关要求及时转化为本单位的规章制度。

【要点】

（1）企业在制定安全规章制度时，应充分收集国家法律法规的相关要求，将国家安全生产法规标准和相关要求融入制度中。

（2）企业制定的安全规章制度不得和国家安全生产法律法规相违背、抵触，要求不得低于相关法律法规的基本要求。

（3）企业应组织员工加强安全规章制度的学习和日常安全管理，确保各项安全规章制度得到有效执行。

（4）当法律法规有变更时，企业应及时修订相应安全管理规章制度。

三、执行并落实安全生产法律法规、标准规范。

【释义】

本条是关于执行并落实安全安全生产法律法规、标准规范的考核要求。

安全生产法律法规、标准规范是全面规范安全生产的专门法规体系，是各级政府及有关部门进行监督管理和行政执法的法律依据，也是制裁各种安全生产违法犯罪行为的有力武器，是各类港口企业及其从业人员实现安全生产所必须遵循的行为准则。

【要点】

（1）企业应将各项安全生产法律法规、标准规范贯彻到日常的安全管理工作中。

（2）企业应加强安全管理，对安全生产法律法规、标准、规范的执行、落实情况进行考核，对违反相关法律法规的人员进行处罚。

四、将适用的安全生产法律、法规、标准及其他要求及时对从业人员进行宣传和培训。

【释义】

本条是关于安全生产法律法规的宣传和培训的考核要求。

企业要安全生产发展，企业员工对安全生产法律、法规、标准及其他要求的熟悉掌握尤为重要，因此企业对本单位适用的安全生产法律、法规、标准及其他要求进行宣传和培训十分必要。企业负责人和安全管理部门应充分认识安全生产法律法规的重大意义，提高学习宣传贯彻的主动性和自觉性，把学习宣传活动当作一项重点工作，切实抓紧、抓实、抓好，进一步提高从业人员的安全意识和法律素质，实现企业安全生产的目标。

【要点】

(1)企业应将安全生产法律法规的培训学习要求，纳入到企业制定的安全学习培训制度中。

(2)企业应将适用的安全生产法律法规、标准规范及其他要求及时传达给从业人员。

(3)企业应对新的重要的法律法规进行专门培训，并对学习情况进行考核。

(4)企业应对安全生产法律法规的宣传培训、考核资料归档保存。

第三节 安全管理制度

【依据】

《安全生产法》第八十五条规定，生产经营单位有下列行为之一的，责令限期改正；逾期未改正的，责令停产停业整顿，可以并处二万元以上十万元以下的罚款；造成严重后果，构成犯罪的，依照刑法有关规定追究刑事责任：(一)生产、经营、储存、使用危险物品，未建立专门安全管理制度、未采取可靠的安全措施或者不接受有关主管部门依法实施的监督管理的。

《港口经营管理规定》第七条规定，从事港口经营(港口理货、船舶污染物接收除外)，应当具备下列条件：(四)有健全的经营管理制度和安全管理制度以及生产安全事故应急预案。

一、制定并及时修订安全生产管理制度，包括：1)安全生产责任制；2)安全例会制度；3)文件和档案管理制度；4)安全生产费用提取和使用管理制度；5)设施、设备、货物安全管理制度；6)安全培训和教育学习制度；7)安全生产监督检查制度；8)事故统计报告制度；9)安全奖惩制度。

【释义】

本条是关于安全管理制度的考核要求。

安全生产管理制度是保证企业生产安全而制定的一系列管理制度和行为规范的总称，是关系企业安全营运保障，其内容包括本单位的安全生产责任制，本单位的安全生产操作规程，本单位的安全生产监督检查制度，本单位的安全生产投入有效实施的制度，本单位的设施、设备管理制度等。

【要点】

(1)企业应按相关规定建立健全安全生产规章制度。

（2）企业制定的安全生产责任制度应当包含以下几个方面的内容：

①明确、具体的安全生产要求，这些安全生产要求主要是为了保证有效地预防生产安全事故的发生。

②明确、具体的安全生产管理程序，即为了安全生产，要进行哪些常规检查和防范工作。

③明确、具体的安全生产管理人员，即哪个岗位由哪个人来负责，责任落实到人。

④明确、具体的安全生产培训要求，包括哪个岗位要经过什么样的安全生产培训，应当具备什么样的安全生产知识等。

⑤明确、具体的安全生产责任，即对安全生产方面存在的问题，具体由谁负责，负什么样的责任等。

⑥确保安全生产的关键是建立健全安全生产责任制度，使安全生产有人管，安全生产责任制的落实有人抓。通过安全生产责任制度的落实，从源头上消除事故隐患，从制度上预防生产安全事故的发生。

（3）企业应对制定的规章制度定期或不定期地进行评审修订，并建立评审修订记录。

二、对从业人员进行安全管理制度的学习和培训。

【释义】

本条是关于安全管理制度的学习、培训的考核要求。

安全管理制度是否能够得到有效的执行，很大程度上取决于从业人员对安全管理制度的熟悉掌握程度，只有从业人员了解和掌握了安全管理规章制度的要求，才可能自觉的遵守安全规章制度。因此企业对从业人员必须进行安全管理制度的学习和培训。

【要点】

（1）企业制定的安全培训学习制度中，应包括安全管理制度的学习和培训内容。

（2）企业应按照制度规定对从业人员进行安全管理制度的学习、培训和考核，并建立相应的学习、培训和考核记录。

（3）企业应将安全生产规章制度发放到相关工作岗位，便于员工学习使用。

（4）企业应将安全管理制度的学习、培训、考核记录归档保存。

第四节　岗位安全生产操作规程

【依据】

《安全生产法》第二十一条规定，生产经营单位应当对从业人员进行安全生产教育和培训，保证从业人员具备必要的安全生产知识，熟悉有关的安全生产规章制度和安全操作规程，掌握本岗位的安全操作技能。未经安全生产教育和培训合格的从业人员，不得上岗作业。第三十六条规定，生产经营单位应当教育和督促从业人员严格执行本单位的安全生产规章制度和安全操作规程；并向从业人员如实告知作业场所和工作岗位存在的危险因素、防范措施以及事故应急措施。

一、制定并及时修订各岗位的安全生产操作规程，并发放到岗位（职工）。（★★★）

【释义】

本条是关于安全操作规程制定和修改的考核要求。

安全生产操作规程是企业根据其自身生产经营范围、危险程度、工作性质及具体工作内容的不同，根据国家有关法律、行政法规、规章和标准，有针对性的规定的、具有可操作性的、保障安全生产的工作运转制度及工作的方式、方法和操作程序。

安全生产操作规程是企业员工在生产工作中必须遵守的操作活动规则，它是员工在劳动生产过程中非常实用且有效的科学管理方法和行为准则，是约束员工在生产过程当中行之有效的防范措施。它是根据企业的生产性质，结合工作特性和技术要求，以具体情况及群众经验为基础制定出的安全操作守则。它要求员工在劳动生产活动中每一环节，都要对自己进行行为的安全性进行检查确认，避免因违章或误操作而引发安全生产事故。

制定《安全生产操作规程》不仅能规范员工的工作行为，同时还能强化员工的安全意识，在实际情况下，员工能够分清什么是正确的，什么是不违章的或者更进一步地说，针对特殊情况或者突发情形时，员工可依据《安全生产操作规程》来确定到底怎么去做才是最合理有效的。

安全操作规程不是死板且一成不变的，随着生产技术日益提升，人们的安全素质也在大幅度提高，生产越来越科学化、系统化，同时必然会要求安全操作规程不断更新和完善。

【要点】

（1）企业应基于岗位生产特点中的特定风险的辨识，编制齐全、适用的岗位安全生产操作规程。

（2）岗位安全生产操作规程应包括：岗位危险源、控制标准、操作中的安全方法和严禁事项，凡有重大或重要危险源的岗位，应有应急救援预案或应急措施。

（3）企业采用新技术、新工艺、新设备在投入使用前，应先制定安全操作规程或安全操作注意事项。

（4）岗位安全生产操作规程应随工艺或设备的变更情况，及时进行更新，且是有效版本。

（5）企业应将各岗位的安全生产操作规程悬挂或张贴在相应的岗位上，便于员工学习和操作。

需要注意的是，本项目为所有达标企业（一、二、三级企业）必备条件，本条标准不合格时终止考评，企业标准化不达标。

二、对从业人员进行安全操作规程的学习和培训；从业人员严格执行本单位的安全操作规程。

【释义】

本条是关于安全操作规程培训学习的考核要求。

安全操作规程是安全生产实践经验的总结，是每个员工为了预防安全生产事故而必须严格遵守的操作规程和程序，是防止伤亡事故的有效方法之一，是属于强制性的，一切人员都必须严格遵守和执行的。

从业人员能否严格遵守和执行安全操作规程，很大程度上取决于从业人员对安全操作规程的熟悉掌握程度，只有从业人员熟练掌握了安全操作规程的要求，才可能自觉的遵守各项安全操作规程。因此企业必须对从业人员进行安全操作规程的学习和培训，从业人员必须严格遵守和执行的公司的安全操作规程。

【要点】

(1)企业制定的安全培训学习制度中，应包括安全操作规程的学习和培训内容。

(2)企业应按照制度规定对从业人员进行安全操作规程的学习、培训和考核，并建立相应的学习、培训和考核记录。

(3)企业应将安全操作规程发放到相关工作岗位，便于员工学习使用。

(4)企业应加强员工的安全管理，对员工违反安全操作规程的行为及时进行制止，对不严格遵守安全操作规程的员工进行处罚。

(5)企业应将安全操作规程的学习、培训、考核记录归档保存。

第五节　制度执行及档案管理

【依据】

《安全生产法》第四十九条规定，从业人员在作业过程中，应当严格遵守本单位的安全生产规章制度和操作规程，服从管理，正确佩戴和使用劳动防护用品。

《中华人民共和国港口法》第三十二条规定，港口经营人必须依照《安全生产法》等有关法律、法规和国务院交通主管部门有关港口安全作业规则的规定，加强安全生产管理，建立健全安全生产责任制等规章制度，完善安全生产条件，采取保障安全生产的有效措施，确保安全生产。

一、执行国家有关安全生产方针、政策、法规及本单位的安全管理制度和操作规程，依据行业特点，制定企业安全生产管理措施。

【释义】

(1)本条是关于企业安全管理的考核要求。

企业的安全生产管理要坚持“依法治安”，即执行国家有关安全生产方针、政策、法规，对本单位制定的安全管理规章制度和操作规程也要严格执行。各个行业都各有的特点，企业应结合自身的特点制定企业的安全生产管理措施。

【要点】

(1)企业的各级各部门各类人员应认真贯彻落实国家有关安全生产的方针、政策、法规。

(2)企业的各级各部门各类人员应严格执行本单位的安全管理制度和操作规程。

(3)企业应根据本行业、本企业的安全生产特点、安全风险，制定相应的安全管理措施。

二、每年至少一次对安全生产法律法规、标准规范、规章制度、操作规程的执行情况进行检查。

【释义】

本条是关于安全生产法律法规、标准规范、规章制度、操作规程的执行情况检查的考核

要求。

安全生产法律法规、标准规范、规章制度、操作规程贵在执行，因此企业应对其执行情况进行定期检查，每年检查次数不得少于一次，如有特殊情况可临时安排检查。

【要点】

(1)企业应每年至少一次对安全生产法律法规、标准规范、规章制度、操作规程的执行情况进行检查评估。

(2)企业应根据检查评估情况、安全检查反馈的问题、生产安全事故案例、绩效评定结果等，对安全生产管理规章制度和操作规程进行修订，确保其有效和适用，保证每个岗位所使用的为最新有效版本。

三、建立和完善各类台账和档案，并按要求及时报送有关资料和信息。(★★★)

【释义】

本条是关于安全生产方面台账、档案管理的考核要求。

台账就是明细记录表，它是企业为了加强某方面的管理和更加详细地了解某方面的信息而设置的一种辅助账簿，没有固定的格式，没有固定的账页，企业可根据实际需要自行设计，尽量详细，以全面反映某方面的信息。

生产安全生产管理方面的台账是反映一个单位安全生产管理的整体情况的资料记录。企业建立健全各类型的安全生产管理台账有如下作用：

(1)在安全生产台账资料的记录、整理和积累过程中起到自我督促、强化安全生产管理的作用。

(2)是企业规范安全管理，提高企业安全管理水平的需要。

(3)对单位和安全管理人员起到了自我保护的作用，对发生安全生产事故后的事故调查提供依据。

档案是组织或个人在以往的社会实践活动中直接形成的清晰的、确定的、具有完整记录作用的固化信息。档案是直接形成的历史纪录，档案来源于文件。档案是由文件有条件地转化而来的，这里的“文件”是指广义文件，即一切由文字、图表、声像等形式形成的各种材料。安全生产档案是指企业在安全生产管理过程中，产生的与安全相关的文字、图表、声像等形式形成的各种材料。

企业安全生产档案是指企业在安全生产活动过程中，形成的具有保存价值的文件材料，是企业档案的一个重要组成部分。在当前竞争激烈的市场经济中，建立完整、准确、系统的安全管理档案，对于全面反映企业的安全生产信息，为领导层的安全决策，制定安全管理目标和措施，摸索安全生产规律，积累经验，全面提高安全管理水平的有力手段。

【要点】

(1)企业应建立和完善各类台账，员工应认真如实地填写台账。比如：设施设备台账、安全管理人员统计台账、特种(设备)作业人员统计台账、安全设施和劳保用品购买、发放登记台账等。

(2)企业应建立文件和档案的管理制度，明确责任部门、人员、流程、形式、权限及各类安全生产档案及保存要求等。

(3)企业应建立主要安全生产过程、事件、活动、检查的安全记录档案,并加强对安全记录的有效管理。安全生产相关的资料主要如下:

①公司安全方针、安全生产管理机构设置、分管安全负责人、安全管理人员任命等文件;

②安全责任书(公司与各部门、各部门与各班组签订的安全生产目标管理责任书);

③安全生产管理制度(安全生产责任制、安全技术措施计划、安全生产教育、安全生产定期检查、伤亡事故的调查和处理制度等)、安全生产操作规程、事故应急预案及演练等;

④安全生产法律法规、上级有关安全生产管理部门制定和下发的制度性文件、通知、通报等;

⑤安全宣传教育培训、学习、活动资料;

⑥安全生产检查资料;

⑦各类型记录、台账。比如设备维护和校验记录、安全会议记录、三级教育培训记录、劳保用品购买、发放登记台账等;

⑧港口装卸设设备、电气设备等管理资料、技术图纸、安全技术交底资料;

⑨法定检测检验报告,如职业卫生检测报告、特种设备检验报告等;

⑩安全生产事故记录和报告资料,安全事故调查处理资料等;

⑪安全管理人员、特种(设备)作业人员、船员等特殊岗位人员的培训考核合格证或从业资格证书;

⑫安全评价报告、承包商和供应商信息等与安全生产有关的资料。

(4)企业应上级或主管的部门的要求及时报送有关资料和信息。

需要注意的是,本项目为所有达标企业(一、二、三级企业)必备条件,本条标准不合格时终止考评,企业标准化不达标。

第五章　安全投入

本一级要素安全投入，包括2个二级元素、5条考评指标，共45分（其中"★★★"一、二、三级企业必备条件的指标项1条，"★★"一、二级企业必备条件的指标项1条）。主要针对企业的安全资金投入情况和安全投入资金的管理情况进行考核。

第一节　资金投入

【依据】

《安全生产法》第十七条规定，生产经营单位的主要负责人对本单位安全生产工作负有下列职责：保证本单位安全生产投入的有效实施；第十八条规定，生产经营单位应当具备的安全生产条件所必需的资金投入，由生产经营单位的决策机构、主要负责人或者个人经营的投资人予以保证，并对由于安全生产所必需的资金投入不足导致的后果承担责任。

《企业安全生产费用提取和使用管理办法》第九条规定，交通运输企业以上年度实际营业收入为计提依据，按照以下标准平均逐月提取：普通货运业务按照1%提取；客运业务、管道运输、危险品等特殊货运业务按照1.5%提取。

一、按规定足额提取安全生产费用。（★★★）

【释义】

本条是关于安全投入资金提取的考核要求。

安全生产费用是指企业按照规定标准提取在成本中列支，专门用于完善和改进企业或者项目安全生产条件的资金。港口企业应当具备的安全生产条件所必需的资金投入，由港口企业的决策机构、主要负责人或者个人经营的投资人予以保证，并对由于安全生产所必需的资金投入不足导致的后果承担责任。

交通运输企业以上年度实际营业收入为计提依据，按照以下标准平均逐月提取：普通货运业务按照1%提取；客运业务、管道运输、危险品等特殊货运业务按照1.5%提取。

【要点】

（1）企业应建立安全生产投入保障制度，完善和改进安全生产条件，按规定提取安全费用，专项用于安全生产，并建立安全费用台账。

（2）企业应根据财企〔2012〕16号《关于印发〈企业安全生产费用提取和使用管理办法〉的通知》第九条规定进行安全生产专项费用的提取。即交通运输企业以上年度实际营业收入为计提依据，按照以下标准平均逐月提取：普通货运业务按照1%提取；客运业务、管道运输、危险品等特殊货运业务按照1.5%提取。

需要注意的是，本项目为所有达标企业（一、二、三级企业）必备条件，本条标准不合格时终止考评，企业标准化不达标。

二、安全生产经费专款专用，保证安全生产投入的有效实施。（★★）

【释义】

本条是关于安全生产投入经费使用的考核要求。

保证必要的安全生产投入是实现安全生产的重要基础，为保证安全生产费用能足额使用，安全费用实行专户储存，专款专用。《企业安全生产费用提取和使用管理办法》第二十七条规定，企业提取的安全费用应当专户核算，按规定范围安排使用，不得挤占、挪用。年度结余资金结转下年度使用，当年计提安全费用不足的，超出部分按正常成本费用渠道列支。

【要点】

(1)企业财务应建立安全投入资金的专门储存账户，实行专户储存。

(2)企业应根据制定的《安全生产投入保障制度》，保证安全生产费用投入，实行安全生产费用专款专用，并建立安全生产费用使用台账。

(3)安全生产投入相关票据、记录台账应归档保存。

需要注意的是，本项目为一、二级标准化达标企业必备条件，本条标准不合格的企业，不能评为一、二级标准化达标企业。

三、及时投入满足安全生产条件的所需资金。

【释义】

本条是关于安全资金投入时限的考核要求。

安全资金投入是为了改善企业安全生产条件、预防各种事故伤害、消除安全隐患和治理尘毒等有害作业环境的，如果安全资金投入不到位或投入不及时，就可能导致安全隐患得不到及时的消除而引发事故，因此要求安全生产所需的资金必须及时投入。

【要点】

(1)企业应制定安全生产费用的使用计划，并根据计划需求及时投入安全生产所需的资金。

(2)企业应根据安全生产的需要，及时投入满足安全生产条件的所需资金。

第二节 费用管理

【依据】

财企〔2012〕16号《关于印发〈企业安全生产费用提取和使用管理办法〉的通知》第三条规定，本办法所称安全生产费用（以下简称安全费用）是指企业按照规定标准提取在成本中列支，专门用于完善和改进企业或者项目安全生产条件的资金。安全费用按照“企业提取、政府监管、确保需要、规范使用”的原则进行管理。

第二十一条规定，交通运输企业安全费用应当按照以下范围使用：

(1)完善、改造和维护安全防护设施设备支出（不含“三同时”要求初期投入的安全设施），包括道路、水路、铁路、管道运输设施设备和装卸工具安全状况检测及维护系统、运输设施设备和装卸工具附属安全设备等支出。

(2)购置、安装和使用具有行驶记录功能的车辆卫星定位装置、船舶通信导航定位和自动识别系统、电子海图等支出。

(3)配备、维护应急救援器材、设备支出和应急演练支出。

(4)开展重大危险源和事故隐患评估、监控和整改支出。

(5)安全生产检查、评价(不包括新建、改建、扩建项目安全评价)、咨询和标准化建设支出。

(6)配备和更新现场作业人员安全防护用品支出。

(7)安全生产宣传、教育、培训支出。

(8)安全生产适用的新技术、新标准、新工艺、新装备的推广应用支出。

(9)安全设施及特种设备检测检验支出。

(10)其他与安全生产直接相关的支出。

第三十一条规定,企业应当建立健全内部安全费用管理制度,明确安全费用提取和使用的程序、职责及权限,按规定提取和使用安全费用。

第三十二条规定,企业应当加强安全费用管理,编制年度安全费用提取和使用计划,纳入企业财务预算。企业年度安全费用使用计划和上一年安全费用的提取、使用情况按照管理权限报同级财政部门、安全生产监督管理部门和行业主管部门备案。

一、跟踪、监督安全生产专项经费使用情况。

【释义】

本条是关于安全生产专项经费使用情况进行监督管理的考核要求。

为确保安全投入资金真正用于改善安全生产条件上,对安全投入资金使用过程进行跟踪、监督十分必要。

【要点】

(1)企业使用安全生产资金时,应编制计划,及时报企业负责人进行审批,审批权限及资金限额按有关财务制度执行。

(2)企业财务部门应对安全生产资金使用进行统计、汇总、跟踪、监督,安全管理部门应督促相关部门按计划实施,后勤采购部门应掌握采购的安全设施、设备、物资是否合格有效。

(3)企业应按照《企业安全生产费用提取和使用管理办法》规定的范围内使用安全资金,交通运输企业安全费用应当按照以下范围使用:

①完善、改造和维护安全防护设施设备支出(不含“三同时”要求初期投入的安全设施),包括道路、水路、铁路、管道运输设施设备和装卸工具安全状况检测及维护系统、运输设施设备和装卸工具附属安全设备等支出。

②购置、安装和使用具有行驶记录功能的车辆卫星定位装置、船舶通信导航定位和自动识别系统、电子海图等支出。

③配备、维护应急救援器材、设备支出和应急演练支出。

④开展重大危险源和事故隐患评估、监控和整改支出。

⑤安全生产检查、评价（不包括新建、改建、扩建项目安全评价）、咨询和标准化建设支出。

⑥配备和更新现场作业人员安全防护用品支出。

⑦安全生产宣传、教育、培训支出。

⑧安全生产适用的新技术、新标准、新工艺、新装备的推广应用支出。

⑨安全设施及特种设备检测检验支出。

⑩其他与安全生产直接相关的支出。

二、建立安全费用使用台账。

【释义】

本条是关于安全费用使用台账的考核要求。

安全生产费用使用台账是反映一个单位安全投入的整体情况的资料记录，它能反应企业是否进行安全投入、在哪些方面进行了安全投入等安全投入基本信息统计汇总，便于企业负责人、管理人员掌握本单位的安全投入状况，因此企业应建立安全费用使用台账。

【要点】

(1)企业应建立安全费用使用台账，并明确项目责任人，项目名称，投入金额等。

(2)企业的安全投入台账应认真如实填写，并归档保存。

第六章　装备设施

本一级要素装备设施，包括4个二级元素、15条考评指标，共130分（其中“★★★”一、二、三级企业必备条件的指标项2条，“★★”一、二级企业必备条件的指标项1条），规定了危险货物码头企业装备设施的考核要求。

第一节　设　　施

【依据】

《中华人民共和国港口法》第十四条至第十九条，第二十三条。

《安全生产法》第二十八条。

《中华人民共和国突发事件应对法》。

《港口建设管理规定》。

《港口经营管理规定》第七条。

《港口危险货物管理规定》（交通部令2003年第9号）。

《危险化学品安全管理条例》。

《装卸油品码头防火设计规范》（JTJ 237—99）。

《河港工程总体设计规范》（JTJ 212—2006）。

《视频安防监控系统工程设计规范》（GB 50395—2007）。

《安全防范工程技术规范》（GB 50348—2004）。

《石油化工码头装卸工艺设计规范》（JTS 165—8—2007）。

一、具备满足安全生产需要的建筑、场地和设施设备，并符合相关安全规范和技术要求。（★★★）

【释义】

本条是对危险货物码头建筑、场地和设施设备的考评要求。

如前所述，港口设施是指港界内的水工建筑物、陆上建筑物及所有装卸机械等的总称。港口设备主要分为装卸类、辅助设备、通信类和其他，港口设施大多数是港口建设时通过建设程序建设的，遵循的规范和技术要求纷繁复杂，既有国家强制标准，也有行业标准。同时，由于危险货物码头作业的货物种类很多，进一步加大了难度。为适应这些作业安全管理的需要，设施设备的构成、码头的结构形式十分复杂，如逐一进行现场考评工作量大，十分困难。同时，对设施设备符合相关安全规范和技术要求考评专业性强，难以掌握。因此，为了方便考评工作的开展，将本条“具备满足安全生产需要的建筑、场地和设施设备”具体到两个方面来考评，一是建设，二是现状。

所谓建设，就是港口建设项目，包括港口企业后期进行的改扩建执行建设程序的情况。港口企业设施设备作为港口建设项目的一部分，在建设阶段共同经过了设计、施工和验收，可作为其符合相关法律法规和标准规范要求的客观依据。因此，港口企业根据港口项目建设资料，特别是竣工资料、安全专篇或安全评价资料，在评估前对所有的设施设备进行梳理检查，编制建筑、场地和设施设备汇总表，供评估时考评人员对照检查。设施设备汇总表详见表＊＊-＊＊。

设施设备汇总表(推荐)　　　　表＊＊-＊＊

序　号	设施设备名称	型　号	规　格	出厂日期	启用日期	主要技术参数	备　注

需要注意的是，以下几种特殊情况的处理。一类是进行了改扩建的。对于这类码头，其设施设备以最后已经竣工投入使用的为准。另一类是正在进行改扩建的。对于这类码头，其设施设备以最近一次已经竣工的为准。例如，有一个泊位，1990年建设，2000年进行了更新改造，2011年底又再次开始改造，并且计划2015年7月才能投产。如考评时间是2015年7月以前，只能以2000年改造后投产的设施设备情况为依据进行考评。还有一类是老码头建设资料缺失的。对于这类码头，可根据交通部下发的《关于明确港口经营管理有关问题的通知》(交水发〔2005〕416号)来处理。《关于明确港口经营管理有关问题的通知》(交水发〔2005〕416号)第13条"关于老码头《港口经营许可证》的核发问题"规定，"一些老码头因建设年代久远，有的码头验收基础资料缺失，有的甚至没有经过验收，不能满足《规定》所规定的港口经营许可条件，对此，港口经营申请人应当组织专家或有评估资质的单位进行技术检测评估。港口行政管理部门对经评估符合条件的，应核发《港口经营许可证》，不符合条件的不核发《港口经营许可证》。申请人组织技术评估有困难的，可以委托港口行政管理部门集中组织评估，所需费用由申请人负担"。因此，对于这类码头，既然技术检测评估资料可以作为申请港口经营许可资质的要件，那么也可以作为标准化考评资料，其经营人应根据设施设备的技术检测评估资料，编制设施设备汇总表。

所谓现状，指的是港口设施设备的管理、使用、养护和维修情况。港口设施设备的管理，部分有规定，如港口装卸机械的管理，交通部发布了《港口装卸机械管理规定》(交通部令1998年第1号)；对于辅助设备的管理，如港口辅助设备中的各类船舶，如拖轮、快艇、疏浚船、挖泥船、交通船、引航船等，船舶检验机构有详细的规定，对于这类设备，港口企业根据这些规定，将涉及的设施设备列表自查和备查。如港口企业可参照《港口装卸机械管理规定》(交通部令1998年第1号)的规定，建立设施设备明细表。从管理、使用、养护和维修等几个方面的人员落实情况，设备的技术等级(《港口装卸机械管理规定》第二十条规定，港机根据技术状况分为四类：一类：各零、部件完整无缺、零件磨损在允许范围之内，技术性能良好，确保安全运行和正常作业。二类：非主要零、部件欠完整、非主要零件的磨损虽超过允许范围，但对整机的原有技术性能影响不大，经维修保养后能安全运行。三类：主要零、部件有较大的损坏或磨损，原有技术性能下降，经常发生故障。四类：主要零、部件严重缺损，已丧失原有技术性能。正在修理的港机按修理前类别划定），列表备查。对于养护和维修应标明周期。设施设备明细表见表＊＊-＊＊。

设施设备明细表

表＊＊-＊＊

序号	设备名称	管理负责人	使用	养护		维修		技术状况	备注
				养护人	养护周期	负责人	计划维修时间		

【要点】

检查文件资料，检查现场，根据相关规范判断企业的建筑、场地和设施设备是否符合相关安全规范和技术要求。对设施设备进行抽查，大型企业一级企业不少于10%，二级不少于20%，三级企业不少于30%；中小微型企设施设备较少，考评中考评组根据实际情况实施，尽可能全覆盖。在检查中，如发现与企业提供的资料不一致时，应做好记录，重新按照上述要求检查，2处以上不符时应扣除本项的分值。

需要注意的是，本项目为所有达标企业（一、二、三级企业）否决项，本条标准不合格时终止考评，企业标准化不达标。

二、按国家有关规定配足有效的安全防护、消防、救生设备及器材。（★★）

【释义】

本条是关于安全、消防、救生和环境保护设备及器材的考评要求。

本条涉及四个方面，分别是安全、消防、救生和环境保护设备。本条的港口安全设备是指在港口码头中，直接用于保障人员在生产、生活活动中的人身或财产免于各种自然、人为侵害的设备，主要包括用于防火防爆（含火灾报警）、安全标志，可燃气体报警、码头附属设施、常规防护设施等。

港口企业应按《中华人民共和国消防安全法》、《建筑设计防火规范》（GB 50016）、《河港工程总体设计规范》（JTJ 212）、《海港总平面设计规范》（JTJ 211）、《装卸油品码头防火设计规范》（JTJ 237—99）、《港口工程环境保护设计规范》（JTS 149）等安全法规、技术规范的要求配足有效的安全、消防、救生和环境保护设备及器材。

《装卸油品码头防火设计规范》（JTJ 237—99）对港口危险货物码头消防进行了详细地规定，主要要求，一是油品火灾危险性分类及码头分级，油品火灾危险性分为甲乙丙三级，码头分级则是根据船舶吨级分为一级二级和三级。二是总平面布置。内河港口的油品码头宜布置在港口的下游，需要说明的是，部分港口现在趋向区域化和大型化，如上海和重庆，行政辖区内均只有一个港口，对于这类情况，就没有严格意义上的上游和下游之分了，只能是港区。防火间距，规定了油品码头与其他码头海港客运泊位、位于油品泊位上游河港客运泊位和位于油品泊位下游河港客运泊位、其他货运泊位船舶间距，油品码头相邻泊位的船舶间距，海港或河港与锚地之间的间距，甲、乙类油品码头前沿线与陆上储油罐的防火间距，陆上与装卸作业无关的其他设施与油品码头的间距。三是装卸工艺系统设计的防火措施，对装卸工艺系统的防火措施、管道吹扫和放空、装卸工艺系统的控制、可燃气体浓度探测进行了规定，四是灭火系统，分为一般规定、码头消防给水系统、泡沫灭火系统、干粉灭火系统、消防设施和灭火器配置。五是电气，消防电源及配电、消防控制和火灾报警系统、防雷、防静电接地、防爆的有关规定。

本条所称“配足”是指，港口经营企业应该配备与经营规模、范围及经营管理形式相关安全和消防设施、设备及器材，保证一旦有事能够及时妥善应对；所称“有效”特指这些设备及器材处于良好状态，能够在出现突发事态时能够发挥出处置危害或危险的作用。

需要注意的是，目前在内河浮码头广泛地采用趸船，如趸船经过了船舶检验机构检验，且持有合格有效的船舶检验报告，重点关注趸船的工艺系统。

危险货物码头消防设备、设施、器材主要有：消防设备（消防车、消防中央控制室、消防泵房），各类消火栓（地上栓、地下栓、室内消火栓、消防水泵接合器等），消防箱、消防水带、消防直流式水枪，灭火器（手提式干粉灭火器、手提式机械泡沫灭火器、手提式二氧化碳灭火器等），消防报警装置（温感雨淋阀、感烟报警器、火灾声光报警器、手动火灾报警器、报警电话等），应急指示标志（通道指示灯、安全标志标识），沙箱、消防桶，防火通道、安全门、防火墙，消防池等。

对消防设备和器材的配备要求规定的比较全面的是《装卸油品码头防火设计规范》（JTJ 237—99），在“6 灭火系统”进行了明确的规定，主要内容如下：

6　灭火系统

6.1　一般规定

6.1.1　油品码头的消防设施，应根据油品的危险性类别、码头等级、现有水上和陆上消防设施的能力、邻近码头或区域的现状、自然条件等因素，经技术经济比较后综合考虑确定。

6.1.2　油品码头所配备陆上和水上的消防设施，应能满足扑救码头火灾和油船的初起火灾的要求。

6.1.3　码头消防设施应按下列方式设置：

（1）装卸甲、乙类油品的一级码头，可采用固定式水冷却和泡沫灭火方式；装卸液化石油气的码头，可采用干粉灭火和固定式水冷却方式；

（2）装卸甲、乙类油品的二级码头及丙类油品的一级码头，可采用半固定式水冷却和泡沫灭火方式；对具备车辆通行条件的码头宜采用移动式消防炮；

（3）装卸甲、乙类油品的三级码头和丙类油品的二级及以下的码头，可采用移动式水冷却和泡沫灭火方式。

6.2　码头消防给水系统

6.2.1　油品码头消防给水的水源可由天然水源、给水管网或消防水池供给。

6.2.2　利用天然水源时，应确保极端低潮位或枯水期最低水位和冬季消防用水的可靠性，并应设置可靠的取水设施。当以海水为消防用水时，消防设备应采取相应的防腐措施。

6.2.3　直接利用港区给水管网的水作为消防水源时，港区给水管网的进水管不应少于两条，当其中一条发生故障时，另一条应能通过100%的消防用水和70%的生活、生产用水的总量。

6.2.4　当利用消防水池储存消防水时，应符合下列规定。

6.2.4.1 消防水池的容积，应满足火灾延续时间内岸上消防设施用水量的要求，当在火灾情况下能保证向消防水池连续补水时，其容积可减去火灾延续时间内的补水量。

6.2.4.2 当消防水池的容积超过1000m^3时，应分设或分隔成两个消防水池，并在两池间设带阀门的连通管。

6.2.4.3 消防水池的补水时间，不宜超过48h。

6.2.4.4 消防用水与生活、生产用水合并的水池，应有确保消防用水不被它用的技术措施。

6.2.5 油品码头的消防水量，应为灭火用水量、冷却水量和水幕用水量的总和。

6.2.6 当油船发生火灾时，应对着火油舱周围一定范围内的油舱甲板面进行冷却，冷却水可以由水上和陆上消防设备共同提供，但陆上消防设备所提供的冷却水量不应小于全部冷却水量的50%。

6.2.7 冷却水量应按公式(6.2.7-1)计算。冷却范围、冷却水供给强度和冷却水供给时间应符合下列规定。

$$Q = 0.06FqT \tag{6.2.7-1}$$

式中：Q——冷却水量(m^3)；

F——冷却范围(m^2)；

q——冷却水供给强度[$L/(min \cdot m^2)$]；

T——冷却水供给时间(h)。

6.2.7.1 冷却范围按下式计算：

$$F = 3LB - f_{max} \tag{6.2.7-2}$$

式中：F——冷却范围(m^2)；

B——最大船宽(m)；

L——最大舱的纵向长度(m)；

f_{max}——最大舱面积(m^2)。

6.2.7.2 冷却水供给强度为2.5$L/(min \cdot m^2)$。

6.2.7.3 冷却水供给时间按下列规定执行：

(1)装卸甲、乙类油品的一级码头，冷却水供给时间为6h；当配备水上消防设施进行监护时，陆上消防设备冷却水供给时间可缩短至4h；

(2)装卸甲、乙类油品的二、三级码头和装卸丙类油品的码头，冷却水供给时间为4h。

6.2.8 液化石油气船的冷却水量可参照式(6.2.7-1)计算，并应符合下列规定：

(1)液化石油气船的冷却水量应为着火罐与距着火罐1.5倍着火罐直径范围内邻近罐的冷却水量之和；

(2)着火罐冷却水的供给强度为10.0$L/(min \cdot m^2)$，邻近罐冷却水供给强度为5.0$L/(min \cdot m^2)$；

(3)着火罐和邻近罐的冷却面积均取设计船型最大储罐甲板以上部分的表面积，并不得小于储罐总表面积的一半；

(4)冷却水的供给时间为6h。

6.2.9 水幕应按下列要求设置:

(1)液化石油气码头,应在装卸设备前沿设置水幕;

(2)甲$_B$类油品的一级码头,可在装卸设备前沿设置水幕;

(3)水幕的设置范围应为装卸设备的两端各延伸5m;

(4)消防塔架应自带水幕保护装置。

6.2.10 水幕设计的基本参数应按下列要求选用:

(1)水幕的用水量宜为1.0~2.0$L/(s \cdot m)$;

(2)水幕的工作时间应为1h。

6.2.11 水幕喷头的安装不得影响船舶的系统作业。

6.2.12 引桥式油品码头在引桥或引堤上设置的消防供水管,可采用单根管道。管材宜采用钢管并焊接连接。寒冷地区的消防供水管应采取可靠的防冻措施。

6.2.13 引桥或引堤上的消防供水管上应设消火栓或管牙接口,并在消火栓处配备消防水枪和水带,其间距不宜超过60m。

6.2.14 码头消防供水管上宜设置国际通岸法兰,在必要时向油船消防总管供水。

6.3 泡沫灭火系统

6.3.1 油品码头消防灭火宜采用低倍数泡沫灭火系统,该系统的设计除应符合本规范的规定外,尚应符合现行国家标准《低倍数泡沫灭火系统设计规范》(GB 50151)的有关规定。

6.3.2 泡沫灭火剂宜选用水成膜泡沫液、氟蛋白泡沫液或蛋白泡沫液。

6.3.3 油品码头低倍数泡沫灭火系统的设计应符合下列规定:

(1)灭火面积应为设计船型最大油舱面积;

(2)泡沫混合液的供给强度不应小于8.0$L/(min \cdot m^2)$;

(3)泡沫混合液的连续供给时间,甲、乙类油品不应小于40min,丙类油品不应小于30min。

6.3.4 泡沫原液的储备量,不应小于扑救一次油船火灾所需要的泡沫原液量与充满管道的泡沫混合液中所含泡沫原液量之和。

6.3.5 泡沫混合液管道应采取排空和冲洗的措施。

6.4 干粉灭火系统

6.4.1 扑救可燃气体火灾宜选用钠盐干粉。当干粉与氟蛋白泡沫灭火系统联用时,应选用硅化钠盐干粉。

6.4.2 液化石油气码头,宜设置干粉灭火装置,干粉储备量不得少于500kg。通行消防车的液化石油气码头,宜采用干粉消防车。

6.5 消防设施

6.5.1 消防设施的选用应符合下列规定。

6.5.1.1 根据选定的水、泡沫或干粉灭火方式以及码头的平面布置、结构形式、工艺设

备的布置等因素,可选择下列消防设备:

(1)泡沫炮,泡沫枪;

(2)水炮,水枪;

(3)干粉炮,干粉枪;

(4)消防船,拖消两用船;

(5)消防车。

6.5.1.2 选用的消防设备应操作灵活、可靠、坚固耐用;在海港和河口港码头上的设备,应抗盐雾腐蚀。

6.5.2 采用固定式灭火方式的油品码头,应符合下列规定:

(1)消防炮的数量和流量应根据本规范的有关规定,经计算后确定,消防炮的设置数量不应少于两门;

(2)泡沫炮的射程应满足覆盖设计船型的油舱范围;

(3)水炮的射程应满足覆盖设计船型的全船范围,当有水上消防设施监护时,可联合满足上述要求;

(4)消防炮应具有变幅和回转的性能;

(5)靠近码头前沿的固定式消防炮宜采用遥控方式。

6.5.3 采用半固定式灭火方式的油品码头,当选用移动式消防炮时,应符合下列规定:

(1)消防炮的数量不应少于两门;

(2)与消防炮配套的消火栓或管牙接口的口径及数量应经计算确定。

6.5.4 油品码头采用泡沫枪和水枪灭火时,应符合下列规定:

(1)水枪和泡沫枪的流量不宜小于7.5L/s和8.0L/s,其数量应经计算确定;

(2)配套消火栓宜选用DN65消火栓,消火栓栓口处的出口压力超过0.5MPa时,应有减压设施;

(3)当采用吸液式空气泡沫枪时,泡沫液背桶宜选用25L/只。

6.5.5 在寒冷地区设置的消防炮、水幕喷头和消火栓等固定消防设备应采取防冻措施。

6.5.6 油品码头作业期间,水上消防设施的监护应符合下列规定:

(1)消防船或拖消两用船的配备数量,应根据需要水上消防设施提供的冷却水量来确定;

(2)装卸甲类油品的一级码头,至少应有一艘消防船或拖消两用船进行监护;

(3)每艘消防船消防炮的总流量不应小于120L/s,每艘拖消两用船消防炮的总流量不应小于100L/s。

6.5.7 消防泵房的设计应满足下列要求。

6.5.7.1 消防泵房的耐火等级不应低于二级,其位置宜靠近装卸油品码头,但与保护对象的距离不宜小于35m,并应满足水泵启动后将水或泡沫混合液输送到最远灭火点的时间不超过5min的要求。

6.5.7.2　消防水泵应采用自灌式吸水或自动引水启动。

6.5.7.3　消防水泵的吸水管、出水管应符合下列规定：

(1)每台消防水泵直有独立的吸水管,两台以上成组布置时,其吸水管不应少于两条,当其中一条关闭时,其余吸水管应能确保吸取全部消防水量；

(2)泵的出水管道宜设防止超压的安全设施；

(3)直径大于300mm的阀门,宜采用电动阀门、液动阀门或气动阀门。阀门的启闭应有明显的标志。

6.5.7.4　消防泵应设备用泵,备用泵的能力不得小于最大一台泵的能力。

6.5.7.5　消防泵应在接到警报后2min内投入运行。

6.5.7.6　当消防泵房的设备采用内燃机作动力源时,内燃机的油料储备量应满足机组连续运转6h的要求。

6.5.7.7　泡沫消防泵、泡沫比例混合器和泡沫原液罐的设计应符合现行国家标准《低倍数泡沫灭火系统设计规范》的有关规定。

6.5.8　油品码头宜设置阻燃型围油栏。

6.6　灭火器配置

6.6.1　码头装卸区内宜设置干粉型或泡沫型灭火器,码头的中央控制室、装载臂控制室、消防控制室和变电所等宜设置二氧化碳等气体灭火器。

6.6.2　码头装卸区内设置的灭火器的规格,宜按表6.6.2选用。

灭火器规格　　表6.6.2

灭火器类型		干粉型(碳酸氢钠)		泡沫型(化学泡沫)		二氧化碳
		手提式	推车式	手提式	推车式	手提式
灭火剂充装量	容量(L)			9	65	
	重量(kg)	8	35			3

6.6.3　码头装卸区内手提式干粉灭火器的配置,应符合下列规定：

(1)装卸甲、乙类油品的码头,灭火器最大保护距离不应超过9m,装卸丙类油品的码头不应超过12m；

(2)每一个配置点的灭火器数量不应少于2具；

(3)在甲、乙类油品装载臂或接口15m范围内宜增设一辆推车式干粉灭火器。

6.6.4　灭火器的配置除应符合本规范的规定外,尚应符合现行国家标准《建筑灭火器配置设计规范》(GBJ 140)的有关规定。

【要点】

室外消火栓有明显漆色标志,所有消防器材完好,消防设施、重要防火部位有明显的消防安全标志,消防通道和应急疏散通道畅通。

查看企业是否按国家有关规定配足有效的安全、消防、救生和环境保护设备及器材。

需要注意的是,本项目为所有达标企业(一、二级企业)否决项,本条标准不合格时终止考评,企业标准化不达标。

三、设有覆盖安全重点部位视频监控设备，并保持实时监控。

【释义】

本条是关于企业视频监控的考评要求。

视频监控由摄像、传输、控制、显示、记录登记5大部分组成，是安全防范系统的重要组成部分，它是一种防范能力较强的综合系统。视频监控以其直观、准确、及时和信息内容丰富而广泛应用于许多场合。普通货物码头作为人员密集场所和物流货运信息集散中心，加强码头、站场进出通道等重点场所的动态管理十分必要。

本条所称“重点部位”是指易发安全生产事故的场所，主要有码头与外界相通的出入口，进出码头、库房的主要交通要道、发船位，码头装卸作业现场等港口经营活动频繁地点。所称“实时监控”是指视频监控系统应不间断工作，港口企业应安排专人值守视频监控设备，确保视频监控系统的正常运转，对港口的生产经营活动进行不间断监控，并做好相关记录。

【要点】

(1)码头的重点部位应设置视频监控设备，应对安全重点部位的视频监控应全覆盖。

(2)视频监控系摄像机的选型、选址与安装除应符合《安全防范工程技术规范》(GB 50348)、《视频安防监控系统工程设计规范》(GB 50395)的相关要求，同时还应符合以下要求：

①公共区域(含正门外)不应出现监控盲区，在面积较大的公共区域(含制高点)宜安装具有转动和变焦放大功能的摄像机或多台摄像机，通过监视屏应能辨别监视范围内的人员活动情况。

②重要场所应配置声音复核装置，配置的声音复核装置应与该处安装的摄像机在位置和数量上应一一对应，音视频信号应同步记录，回放时应能清楚辨别客户与服务人员的对话内容。

③与外界相通出入口、监控中心等其他重点部位应选用固定焦距和方向的彩色摄像机。

④安装于主要通道(含楼梯口)的摄像机，其监控范围应覆盖主要通道的道口，监控图像应能清晰显示进出道口人员的体貌特征。

⑤机动车出入口、停车场(库)出入口及其他与外界相通的出入口应选用低照度带强光抑制功能的彩色固定摄像机和自动光圈镜头，应能清楚的辨别出入人员的面部特征及机动车牌号。

⑥电梯厅安装的摄像机，其监控范围应能覆盖整个电梯厅，不应有盲区，监控图像应能清晰显示电梯厅内人员的活动情况和体貌特征；当楼梯口与电梯厅处在同一区域且通过同一个进出口时，可通过电梯厅安装的摄像机实施统一监控；电梯轿厢内的摄像机，应安装在电梯厢门的左上方或右上方，其监控图像应叠加楼层显示，视频信号应该采取防干扰措施。

⑦在满足监视目标现场范围的情况下，摄像机安装高度要求：室内离地不宜低于2.5米，室外离地不宜低于3.5m；摄像机安装角度宜减小监控图像俯视程度；室外摄像机如采用立杆安装，立杆的强度和稳定度应满足摄像机的使用及安装场所设备所需的防护等级的要求。

⑧摄像机的安装宜避免或减少逆光对监控图像的影响;摄像机的最低照度应与环境相协调,彩色摄像机的最低照度指标宜大于监控目标区域的最低照度的10倍,黑白摄像机的最低照度指标宜大于监控目标区域的最低照度的100倍。在环境照度较低区域宜采用低照度摄像机或采用补光措施,增设辅助照明后,监控目标区域的最低照度宜高于5勒克斯,但最低不低于3勒克斯。如环境不宜采用补光措施时,可选用红外摄像机。环境照度变化大的区域宜采用宽动态摄像机。

四、装卸管线配有扫线装置及系统,扫线介质的选用应保证物料质量和作业安全。

【释义】

本条是关于危险货物码头装卸管线配有扫线装置及系统,扫线介质的选用的考评要求。

本条的要求有两点,一是应配有扫线装置及系统,二是扫线介质质量要求。

对于扫线装置,应符合《石油化工码头装卸工艺设计规范》(JTS 165—8—2007)"4.3 辅助工艺流程"的规定。

关于扫线介质,相关规范进行了明确。分别如下:

一是《石油化工码头装卸工艺设计规范》(JTS 165—8—2007)"4.3 辅助工艺流程"的规定。

二是油品码头,《装卸油品码头防火设计规范》(JTJ 237—99)"5.3 管道吹扫和放空"规定:

5.3.1 输送甲、乙类油品的管道,当采用气体介质吹扫放空工艺时,应使用含氧量不大于5%的惰性气体。

5.3.2 油品管道自流排空时,应采用密闭管道收集残液。

5.3.3 装载臂和装卸软管应设置排空系统;液化石油气装卸设备和管道,作业后宜采用惰性气体封存。

三是其他危险货物,根据《散装液体化工产品港口装卸技术要求》(GB/T 15626—1995)"4.3 管线清扫要求"规定:

4.3.1 装卸作业结束,应将管线内剩余的介质清扫干净。

4.3.2 易燃液体采用泵吸或氮气清扫管线。

本条的考评重点在保证扫线物料的质量,港口企业应选择具备资质合格的扫线介质。

【要点】

检查企业使用扫线物料的种类,生产或购置物料的相关单据。

五、设置紧急疏散通道。(★★★)

【释义】

本条是关于应急通道的考评要求。

应急通道主要是指客运码头为应对突发火灾等事故、人为突发公共事件而专门用于站场内经营车辆器具、人员安全转移疏散的专用通道。港口企业人员密集场所均应设置专用应急通道,并设置指示标志,标志的设置应符合《安全标志及其使用导则》(GB 2894)的要求。

【要点】

(1)通道总长度超过60米时应设紧急出口,并在通道内设在醒目的紧急出口引导标志。相邻进出口之间的距离不大于60米。

(2)存在火灾危险的场所,应设置双通道,安全出口的数目均不应小于两个,并规范标识。

(3)应急通道应保持畅通,不得被侵占或挪作他用。

需要注意的是,本项目为所有达标企业(一、二、三级企业)否决项,本条标准不合格时终止考评,企业标准化不达标。

六、按规定设置宣传告示设备、安全警告标志、指示牌。

【释义】

本条是关于企业设置宣传告示设备、安全警告标志、指示牌的考评要求。

《安全生产法》第二十八条规定,生产经营单位应当在有较大危险因素的生产经营场所和有关设施、设备上,设置明显的安全警示标志。安全警示标志必须符合国家标准。设置的安全标志,未经有关领导批准,不准移动和拆除。

《安全标志及其使用导则》(GB 2894)规定设置,在港内,所设标志牌其观察距离不能覆盖全厂或全车间时,应多设几个标志牌。标志牌设置的高度,应尽量与人眼的视线高度相一致。悬挂式和柱式的环境信息标志牌的下缘距地面的高度不宜小于2米;局部信息标志的高度应视具体情况确定。标志牌应设在与安全有关的醒目地方,并使大家看见后,有足够的时间来注意它所表示的内容。环境信息标志宜设在有关场所的入口处和醒目处;局部信息标志应设在所涉及的相应危险地点或设备附近的醒目处;标志牌不应设在门、窗、架等本身能够移动后可能遮盖标志的物体上;标志牌前不得放置妨碍认读的障碍物;标志牌的平面与视线夹角应接近90°角,观察者位于最大观察距离时,最小夹角不低于75°;标志牌应设置在明亮的环境中;多个标志牌在一起设置时,应按警告、禁止、指令、提示类型的顺序,先左后右、先上后下地排列斗标志牌的固定方式分附着式、悬挂式和柱式三种,悬挂式和附着式的固定应稳固不倾斜,柱式的标志牌和支架应牢固地连接在一起。安全标志牌每半年检查一次,如发现有破损、变形、褪色等不符合要求的现象时应及时修整或更换。

【要点】

查看企业相关部位设置的警示标志和安全宣传标语位置、数量、内容是否符合《安全标志及其使用导则》(GB 2894)规定。可能的话,企业应使用平面布置图,标明本企业设置的警示标志和安全宣传标语位置、数量、内容供评估组检查时参考。评估时,评估组应到作业现场、码头、储存场所等重点部位进行核实,发现不一致或与标志的外观不符合要求的,应扣分。

第二节　设　　备

【依据】

《安全生产法》第三十条规定,生产经营单位使用的涉及生命安全、危险性较大的特种设备，以及危险物品的容器、运输工具，必须按照国家有关规定，由专业生产单位生产，并经取得专业资质的检测、检验机构检测、检验合格，取得安全使用证或者安全标志，方可投入使用。检测、检验机构对检测、检验结果负责。

《港口经营管理规定》第二十条规定，港口行政管理部门及相关部门应当保证港口公用基础设施的完好、畅通。港口经营人应当按照核定的功能使用和维护港口经营设施、设备，并使其保持正常状态。

《港口危险货物管理规定》（交通部令 2003 年第 9 号）。

《危险化学品安全管理条例》。

《装卸油品码头防火设计规范》（JTJ 237—99）。

《河港工程总体设计规范》（JTJ 212—2006）。

《视频安防监控系统工程设计规范》（GB 50395—2007）。

《安全防范工程技术规范》（GB 50348—2004）。

《石油化工码头装卸工艺设计规范》（JTS 165—8—2007）。

《工作场所有毒气体检测报警装置设置规范》（GBZT 233—2009）。

一、趸船、港作船舶、起重装卸设备、车辆、通信设备、压力容器等符合相关安全规范和技术要求，设备及操作人员证书齐全有效。

【释义】

本条是关于企业趸船、港作拖轮、起重装卸设备、车辆、压力容器与相关安全规范和技术要求的考评要求。

本条共涉及趸船、港作拖轮等辅助设备，起重装卸设备，车辆，压力容器，共四个方面。每个方面又分为两块内容，一是设备本身符合安全规范和技术要求的情况，二是操作人员的资质情况。下面分别叙述。

关于趸船、港作船舶，趸船、港作拖船在港口属于辅助设备，同时又属于船舶，适用的技术规范有《国内航行海船法定检验技术规则（2011）》、《沿海小型船舶法定检验技术规则（2007）》、《国内航行海船法定检验技术规则（2004）》和《海船法定建造检验技术规程（2011）》等，其符合安全规范和技术要求的证明文件为船检机构核发的合法有效的《船舶检验报告》。注意，石油化工码头港作船舶应装有火星熄灭器。

船舶操作人员证书是否齐全可根据国家海事管理机构对船舶管理的相关规定来确定，包括两类，一是船员的职业身份证件，即船员服务簿；二是船员的任职资格证件，即船员适任证书。船员担任相应的职务时，需要持有相应的适任证书。同时，在船舶担任持证相适应的职务时，还应有公司的任命文件。船员适任证书还要求注明船员适任的航区（线）、船舶类别和等级、职务以及有效期限等事项。对于船舶操作人员证书是否齐全，可根据船员数量和持有适任证书的船员数量是否满足《中华人民共和国船舶最低安全配员规则》（交通部令 2004 年第 7 号）规定的要求来考评，符合的齐全，否则不满足要求。

关于其中起重装卸设备，这类设备分为四类：起重机械、输送机械、装卸搬运机械、专用机械。可根据其是否满足《港口装卸机械管理规定》（交通部令 1998 年第 1 号）第十一条至

第十九条的规定来判断是否满足相关安全规范和技术要求,《港口装卸机械管理规定》(交通部令 1998 年第 1 号)第十一条至第十九条主要内容如下:

第十一条　港口企业应当根据生产发展需要和港机技术状态,编制港机更新和改造的中、长期规划和年度计划,并组织实施。

第十二条　港机选型应当遵循经济合理、技术先进、满足生产、安全可靠、方便维修、利于管理、节约能源和符合环境保护的原则综合择优选择。

第十三条　港口企业自制港机应当有完整的技术资料,按有关规定进行审批,并组织技术鉴定和验收。未经鉴定或者验收不合格的,不得生产和使用。

第十四条　港口企业应当建立新购置港机的验收工作程序,认真按工作程序进行验收,写出验收报告。凡验收不合格的,不得投入使用。

第十五条　新购置的港机验收工作如下:

(一)根据合同及有关文件清点和核对技术资料、附件、随机工具及备件;

(二)根据有关技术资料检查港机的技术状况和性能。

第十六条　港机经验收合格,应当建立"港机设备登记卡",其内容如下:

(一)名称、型号和规格;

(二)产地或者制造厂;

(三)出厂、动力、底盘、机械和固定资产编号;

(四)出厂、购置和启用日期;

(五)规定使用年限和购置全值(原值);

(六)主要技术参数;

(七)主要图纸目录。

第十七条　新购置港机在保修期内,发生属于制造质量的故障与损坏,应当及时做好技术鉴定和记录,按有关规定办理修复、索赔或退货。

第十八条　新型港机投产前,必须编制有关使用操作规程和维修保养规定,建立单机技术档案。

第十九条　购置的二手港机或者经过技术改造的港机,其验收可以适用本节新购置港机验收的规定进行。

凡满足上述要求的,应视起重装卸设备为满足符合相关安全规范和技术要求,否则为不满足。

对于车辆,这里的车辆指的是港区内的港口装卸搬运车辆,主要有牵引车、挂车、叉车等,应按照相关技术规范的要求进行维修和检验,配租操作人员。

港口的压力容器范围指氧气瓶、乙炔瓶、压力表、安全阀等,港口企业应根据压力容器相关安全规范和技术要求,定期进行检验、检查,并做好记录备查。

【要点】

趸船、港作拖轮等检查其《船舶检验报告》是否合法有效,检查船舶考勤表,对照最低配员证书,检查船员数量、持证船员是否满足要求,企业将船员持有船员服务簿、适任证书列表备查。起重装卸设备检查其技术鉴定和验收资料，操作人员数量是否满足生产的需要；车辆检查维修和检验记录，压力容器检查定期进行检验、检查记录。对于上述需要检查的资料，企业列表备查。在检查中，评估人员应根据情况进行现场复核。

二、按规定对设施设备进行定期检验，检验证书合法有效。

【释义】

本条是关于设施设备进行定期检验的考评要求。

特种设备使用单位，应当严格执行有关安全生产的法律、行政法规的规定，保证特种设备的安全使用。特种设备在投入使用前或者投入使用后30日内，特种设备使用单位应当向直辖市或者设区的市的特种设备安全监督管理部门登记。登记标志应当置于或者附着于该特种设备的显著位置。特种设备使用单位应当对在用特种设备的安全附件、安全保护装置、测量调控装置及有关附属仪器仪表进行定期校验、检修，并作出记录。特种设备应有设计文件、产品质量合格证明、安装及维修使用说明、监督检验证明等文件。

锅炉、压力容器、电梯、起重机械、场（厂）内专用机动车辆的作业人员及其相关管理人员（以下统称特种设备作业人员），应当按照国家有关规定经特种设备安全监督管理部门考核合格，取得国家统一格式的特种作业人员证书，方可从事相应的作业或者管理工作。

港机操作、维修工人应当进行岗位培训，经过考核持证上岗。新机种投入使用前，应当对操作和维修工人进行超前培训。

码头浮吊趸船、港作拖轮符合内河船舶建造规范的要求，船舶各类证书（国籍证书、检验证书簿、最低安全配员证书、船舶油污记录簿、船舶垃圾记录簿等）以及船员适任证书、服务簿等均在有效期内。

趸船锚泊设备（锚、锚链、锚机），救生设备（救生衣、救生圈）、信号、声讯设备（无线手持机、扩大器、号灯、号型、号旗）、消防设施（灭火系统、太平桶、太平斧、黄沙箱、探火报警器等）、甲板四周护栏等齐全完好。

【要点】

根据相关规范，查看企业的趸船、起重装卸设备、压力容器等特种设备是否符合相关安全规范和技术要求，特种设备作业人员是否持有相应的作业许可证。

三、码头应配备易燃易爆气体、有毒气体检测报警装置或便携式易燃易爆气体、有毒气体检测仪。

【释义】

本条是关于配备易燃易爆气体、有毒气体检测报警装置或便携式易燃易爆气体、有毒气体检测仪考评要求。

《装卸油品码头防火设计规范》（JTJ 237—99）“5.5　可燃气体浓度探测”规定：

5.5.1　油品码头装卸设备、取样口和输油管道阀门等部位水平距离15m范围内，宜设置固定式可燃气体检测报警仪，也可配置一定数量的便携式可燃气体检测报警仪代替固定式检测报警仪。

5.5.2　采用固定式可燃气体检测报警仪，探头的安装应符合下列规定。

5.5.2.1 检测密度大于空气的可燃气体，探头安装高度宜高出地面0.3～0.6m。

5.5.2.2 检测密度小于空气的可燃气体，探头安装高度宜高出气体释放源0.5～2.0m。

5.5.3 油品泵房、罐区、装卸站等场所的可燃气体检测报警仪的设置地点和检测方式应符合现行行业标准《石油化工企业可燃气体检测报警设计规范》(SH 3063)的有关规定。

5.5.4 检测仪表的选用应符合现行国家标准《作业环境气体检测报警仪通用技术要求》(GB 12358)的有关规定。

企业应根据《工作场所有毒气体检测报警装置设置规范》(GBZT 233—2009)设置有毒气体检测报警装置或有毒气体检测仪。

【要点】

检查配备易燃易爆气体、有毒气体检测报警装置或便携式易燃易爆气体、有毒气体检测仪配置的位置和数量是否满足要求。配置便携式易燃易爆气体、有毒气体检测仪的，现场随机抽查不同工种操作的情况。

四、按规定定期对设施设备维护保养，设备技术状况良好。

【释义】

本条是关于设施设备维护保养的考评要求。

本条是上一条的延续，设施设备的维护保养是保证其技术状况的重要措施，是安全生产的重要保证。各类设施设备均有固定的维护保养周期，应根据相关标准的规定进行定期检验，检验应由符合规定的机构实施。

【要点】

港口企业以表格列明所有设施设备、检验周期、本次检验的日期和结论、下次检验的日期，同时备齐所有设施设备的检验证书和载明设施设备的固定资产表备查。在考评过程中，应对照固定资产表检查企业提供的设施设备是否有遗漏，对设施设备分类抽查，大型企业一级企业不少于10%，二级不少于20%，三级企业不少于50%；中小微型企考评中根据实际情况实施。在检查中，如发现与企业提供的资料不一致时，应做好记录，并继续检查，2处以上不符时应扣除该项的分值。

五、指定专人对特种设备进行管理。

【释义】

本条是关于特种设备管理的考评要求。

特种设备使用单位应当对在用特种设备进行经常性日常维护保养，并定期自行检查。

特种设备使用单位对在用特种设备应当至少每月进行一次自行检查，并作出记录。特种设备使用单位在对在用特种设备进行自行检查和日常维护保养时发现异常情况的，应当及时处理。

港口企业应当根据本单位特种设备情况和相关要求设置特种设备安全管理机构或者配备专职、兼职的安全管理人员，特种设备安全管理人员应当经质监部门考核合格，取得国家统一格式的特种设备安全管理人员证书，方可从事相应的特种设备管理工作。“特种设备安全管理人员职责”范例：

特种设备安全管理人员职责

(1)熟悉和宣传贯彻有关特种设备法律、法规、规章和安全技术常识。

(2)编制本单位特种设备安全管理的规章制度和相关的操作规程，并负责本单位特种设备使用登记工作和特种设备安全技术资料的归档工作。

(3)建立健全本单位特种设备的安全管理组织体系，分层次、分类别地对本单位特种设备使用状况进行经常性的检查，并做好记录检查和纠正特种设备使用中的违章行为，发现问题应及时处理，情况紧急时，可以决定停止使用特种设备并报告本单位负责人。

(4)对本单位职工进行特种设备安全知识教育和培训，组织开展各种安全宣传教育活动，并根据本单位制定特种设备事故应急救援预案和组织应急救援演练。

(5)编制常规性计划并组织落实，做好日常的特种设备定期检修、维护保养，按时申报并配合特种设备检验机构做好特种设备的定期检验工作。

(6)根据规定，配合有关机构做好特种设备事故报告、调查、处理、汇总和统计工作。

【要点】

企业应当根据情况设置特种设备安全管理机构或者配备专职、兼职的特种设备安全管理人员。

六、建立并规范设备管理台账。

【释义】

本条是关于企业设备管理台账的考评要求。

企业的设备台账应按照企业档案管理的相关要求，进行规范管理。设备管理台账主要包括以下类别：

(1)设备统计台账；

(2)设备的定期检验和定期自行检查的台账记录；

(3)设备的日常运行状况台账记录；

(4)设备及其安全附件、安全保护装置、测量调控装置及有关附属仪器仪表的日常维护保养台账记录；

(5)设备运行故障和事故台账记录。

【要点】

(1)企业应建立健全设施设备安全管理台账，对设备进、出情况，设备运行情况，性能指标及维修保养情况，均应详细登录在案，做到一机一册，有据可查。

(2)企业应对设施设备台账进行归档管理。

第三节 环境保护

【依据】

《中华人民共和国港口法》第七条第二款，第十五条第二款，第十七条，第二十六条第三款等；

《港口经营管理规定》第七条；

《港口危险货物管理规定》第九条第七款；

《港口码头溢油应急设备配备要求》(JTT 451—2009)；

《港口工程环境保护设计规范》(JTS 149—1—2007)5.3.1；

《河港工程设计规范》4.6.1.5。

一、按规定配置足够的防污应急器材，如：围油栏，收油机等，并保持完好状态。

【释义】

本条是关于危险货物码头防止污染的考评要求。

随着经济社会的发展，对环境保护越来越重视，相关法律法规均进行了明确的规定。

《中华人民共和国港口法》关于环境保护的相关条款：

第七条第二款编制港口规划应当组织专家论证，并依法进行环境影响评价。

第十五条第二款，建设港口工程项目，应当依法进行环境影响评价。

第十七条，港口的危险货物作业场所、实施卫生除害处理的专用场所，应当符合港口总体规划和国家有关安全生产、消防、检验检疫和环境保护的要求，其与人口密集区和港口客运设施的距离应当符合国务院有关部门的规定；经依法办理有关手续，并经港口行政管理部门批准后，方可建设。

第二十六条第三款，港口经营人应当依照有关环境保护的法律、法规的规定，采取有效措施，防治对环境的污染和危害。

第九条第七款，取得消防、环保部门核准意见。

上述法律法规规定了港口防止污染工作的应尽义务，《港口码头溢油应急设备配备要求》(JTT 451—2009)则对防污应急器材的配备进行了具体的规定。

该规定将码头等级划分为海港码头和河港码头两类，根据靠泊能力海港码头分为八类，内河港口码头分为五类。设备配备原则，规定的设备配备数量是码头溢油事故处理所需要的最低配备数量。对设备配备数量以表格进行了明确，海港油码头溢油应急设备配备要求见表＊＊-＊＊、河港油码头溢油应急设备配备要求见表＊＊-＊＊。

同时还要求，码头应定期对溢油应急的有关设备及设施进行维护、保养，确保其在应急反应中的正常使用。

除防止油污应急器材外，港口企业还要根据核准作业的危险货物种类，配备相应的防污应急器材。《散装石油、液体化工产品港口储存通则》(GB 17379—1998)规定：

10.1.1　储存散装液货的港口应配备足够的污水、残留液货、废弃物等的回收、处理设施和器材，并按有关操作规定安放防污染设施、设备。选用的防污染设施、设备应满足其技术要求。

【要点】

港口企业将所有的防污应急器材列表备查。评估时，现场核实港口企业自查数量是否与实际相符，重点检查技术状态是否完好。

表＊＊-＊＊

海港装卸油品的码头溢油应急设备配备要求

设备名称		靠泊能力						
		1000 吨级～5000 吨级(含)	5000 吨级～10000 吨级(含)	10000 吨级～50000 吨级(含)	50000 吨级～100000 吨级(含)	100000 吨级～150000 吨级(含)	150000 吨级～300000 吨级	300000 吨级及以上
围油栏	永久布放型(m)	实体结构码头的单个泊位:船长+(船宽+50m)×2,栈桥式、支墩式码头的单个泊位:(船长+船宽+100m)×2						
	应急型(m)	不低于最大设计船型的 3 倍设计船长						
收油机	总能力(m^3/h)	10	20	30	65	90	125	150
油拖网	总容量(m^3)	4		6		8		10
	数量(套)	2						
吸油材料	数量(t)	1	1.5	2.5	5	7	10	12
溢油分散剂	浓缩型,数量(t)	1	1.5	2	4	5.5	7.5	9
溢油分散剂喷洒装置	喷洒速度(t/h)	0.13	0.19	0.25	0.50	0.69	0.94	1.13
储存装置	有效容积(m^3)	10	20	30	65	90	125	150
溢油监视报警装置	数量(套)	—			对泊位按监控直径布设,长度不足监控直径时取 1 套			
围油栏布放艇	数量(艘)	1						
浮油回收船	回收舱容(m^3)	—	40	60	130	180	250	300
	收油能力(m^3/h)	—	20	30	65	90	125	150

河港装卸油品的码头溢油应急设备配备数要求

表＊＊-＊＊

设备名称		靠泊能力			
		1000 吨级～5000 吨级(含)	5000 吨级～10000 吨级(含)	10000 吨级～50000 吨级	50000 吨级及以上
围油栏	永久布放型(m)	实体结构码头的单个泊位:船长+(船宽+50m)×2,栈桥式、支墩式的单个泊位:2×(船长+船宽+100m),浮式码头的单个泊位:船长×1.25+船宽×2			
	应急型(m)	不低于最大设计船型的 3 倍设计船长			
收油机	总能力(m^3/h)	20	40	60	65
油拖网	总容量(m^3)	4	6		6
	数量(套)	2			2
吸油材料	数量(t)	2	3	5	5
溢油分散剂	浓缩型,数量(t)	1.0	1.5	2	4
溢油分散剂喷洒装置	喷洒速度(t/h)	0.13	0.19	0.25	0.50
储存装置	有效容积(m^3)	20	40	60	65
围油栏布放艇	数量(艘)	1			
浮油回收船	回收舱容(m^3)	—	80	120	130
	收油能力(m^3/h)	—	40	60	65

二、配置装载危险化学品气相回流装置。

【释义】

本条是企业配置装载危险化学品气相回流装置的考评要求。

气相回流装置是防止污染的重要设施，是经济社会发展的要求，港口企业应根据作业、储存危险化学品特性和种类，配置气相回流装置。

《港口工程环境保护设计规范》(JTS 149—1—2007) 5.3.1 规定，油品、散装液体化工品装卸工艺应采取减少和防治废气污染的措施，并应采用密闭装卸方式。

【要点】

检查是否配置气相回流装置。

第四节　电气安全管理

【依据】

《10kV 及以下变电所设计规范》(GB 50053—1994)。

《工业与民用电力装置的接地设计规范》(GBJ 65—1983)。

《建筑照明设计标准》(GB 50034—2004)。

《低压配电设计规范》(GB 50054—1995)。

《供配电系统设计规范》(GB 50052)。

《装卸油品码头防火设计规范》(JTJ 237—1999)。

《散装石油、液体化工产品港口储存通则》(GB 17379—1998)。

《中华人民共和国爆炸危险场所电气安全规程》(试行)。

一、按照国家相关法律法规规范码头电气安全管理，满足一、二级配电标准。

【释义】

本条是关于危险货物码头电气安全管理的考评要求。

《装卸油品码头防火设计规范》(JTJ 237—99)“7.1　消防电源及配电”规定：

7.1.1　装卸甲、乙类油品的一、二级码头的消防设备，应按一级负荷供电；装卸甲、乙类油品的三级和丙类油品码头的消防设备，应按二级负荷供电。一、二级负荷的供电要求应符合现行国家标准《供配电系统设计规范》(GB 50052)的有关规定。

《散装石油、液体化工产品港口储存通则》(GB 17379—1998)“5.5　储存场所的电气安装”规定：

5.5.1　油品及易燃易爆液体储存场所应按 GB 50058 的规定，正确划分爆炸危险区域，并据此配备适宜的电力设备或设施。

5.5.2　甲、乙类液体储罐区消防用电设备应按二级负荷供电，丙类储罐区应按三极负荷供电，当储罐区兼有甲、乙、丙三类物质时，应按最高负荷供电。具体要求见 GB 50052—1995 第二章的要求。

5.5.3　在储罐上设置夜间照明设施时，应使照明器表面的高温部位远离储罐上的挥发气体溢出处，并采取隔热、散热等防火保护措施，或使用防爆照明灯具。

5.5.4 储存场所的消防用电设备应能够充分满足消防用电的需要，其输配电线路、火灾事故照明和疏散指示标志都应符合GBJ 16—87第十章第二节的相应要求。其中甲、乙类液体储罐与电力架空线的最近水平距离不应小于电杆（塔）高度的1.5倍，丙类液体储罐不应小于1.2倍。

其他的港口危险货物如烟花爆竹、固体化工产品等均有相关规定，港口企业应严格执行。

【要点】

根据相关规范查看企业电气设备的安全管理是否符合国家相关法律法规规范的要求。

第七章　科技创新与信息化

本一级要素科技创新与信息化,包括2个二级元素、6条考评指标,共55分。主要针对企业的科技创新情况,信息化在港口企业推广应用情况进行考核。

第一节　科技创新及应用

【依据】

《安全生产法》第十四条国家鼓励和支持安全生产科学技术研究和安全生产先进技术的推广应用,提高安全生产水平。

《关于进一步加强安全生产工作的决定》要求,加强安全生产科研和技术开发。加强安全生产科学学科建设,积极发展安全生产普通高等教育,培养和造就更多的安全生产科技和管理人才。加大科技投入力度,充分利用高等院校、科研机构、社会团体等安全生产科研资源,加强安全生产基础研究和应用研究。建立国家安全生产信息管理系统,提高安全生产信息系统的准确性、科学性和权威性。积极开展安全生产领域的国际交流与合作,加快先进的生产技术引进、吸收和自主创新步伐。

一、使用先进的、安全性能可靠的新技术、新工艺、新设备和新材料,优先选购安全、高效、节能的先进设备。

【释义】

本条是关于企业使用先进技术、新工艺、新设备和新材料的考核要求。

随着我国经济的迅速发展、科学的长足进步以及引进国外先进技术和先进设备的增加,越来越多的新工艺、新技术的新材料或者新设备被广泛应用于港口企业生产经营活动中,这对于促进港口企业安全生产和提高生产经营效率,具有重要意义。

港口企业采用新技术、新工艺、新材料、新设备(以下简称“四新技术”)的作用和效果是十分明显的。如港口装卸机械采用“四新技术”后,提高装卸机械的安全性能,装卸机械安全装置的配备和不断创新,如门式起重机二级防风制动装置的开发应用 ,为确保装卸机械安全正常运行提供了必要的技术保障,提高了装卸机械作业综合能力;利用变频调速技术对门吊进行增吨改造,既提高了装卸机械最大起重能力,又提高了装卸机械的作业效率和作业比重。

【要点】

(1)企业应加大安全生产的投入力度,淘汰技术落后的生产设施设备、购买本质安全型的设施设备。

(2)企业应不断淘汰生产效率低下、能耗高的设施设备,引进高效、节能的设施、设备。

二、组织开展安全生产科技攻关或课题研究。

【释义】

本条是关于企业开展安全生产科技攻关或课题研究的考核要求。

科学技术是“第一生产力”，随着国家对安全生产工作的越来越重视，安全生产领域的科技研究越来越重要，只有企业加大安全生产科技研究投入，积极开展安全生产科技攻关和课题研究，解决安全生产领域的技术难题，提升企业的本质安全水平，改善劳动环境、加强劳动者的劳动保护。

【要点】

企业应加大安全生产科技的研发投入，分析研究本企业存在的安全风险及安全防范技术难题，积极开展安全生产科技攻关或课题研究。

三、设有安全生产管理信息系统或平台。

【释义】

本条是关于企业安全生产管理信息系统或平台的考核要求。

安全生产管理信息系统是为安全生产管理部门开展安全生产检查、落实、监督等工作提供服务的计算机管理信息系统，可实现对客运站的基本情况登记、安全检查落实、设备年审等数据的本地录入、远程传送、统计分析、综合评估、报表打印等功能，为安全管理机构、相关主管部门提供安全生产管理工作的基本信息。

目前，我国港口企业的安全管理信息系统建设仍处于起步阶段，为促进港口企业的健康发展，必须尽快提高港口企业的安全管理水平和港口安全管理信息化程度，结合我国港口企业及港口企业安全管理实际情况，借鉴国内外先进经验，引进先进的港口企业安全管理信息系统，利用信息技术提高我国港口企业安全管理水平入手，以期实现港口企业在安全管理、监督、检查、培训、事故预防、劳动保护等方面的信息化，有效控制港口企业伤亡事故发生，提高港口客运站安全管理效率与水平。

【要点】

(1)企业应根据只身安全生产管理的需要，建立安全生产管理信息系统。

(2)企业应广泛利用现代通信、信息网络等先进技术，建立灵敏高效、反应快捷、运行可靠的安全生产信息管理体系，及时掌握本单位的安全生产动态，提高安全生产管理信息化水平。

四、应用现代科技手段，提升安全管理水平。

【释义】

本条是关于企业安全管理与时俱进，安全管理与现代科技有效结合的考核要求。

随着国家科学技术的进步和国家对安全生产领域科技的重视，越来越多针对安全生产的科技得以应用，解决企业安全生产管理中粗放型的管理，应用现代科技手段，可大大提升企业的安全管理水平。

【要点】

企业应根据自身的实际，引进先进的现代科技手段，提升企业自身的安全管理水平。

第二节　科技信息化

一、设有电子显示设备。

【释义】

本条是关于企业管理信息化的考核要求。

企业应在其危险部位，设置电子监控检测设备，能及时地发现异常和记录危险发生变化过程，员工能在第一时间发现异常，并进行处置。若事发突然，通过电子显示监控设备记录功能还能查出事故发生的经过，便于事故原因的分析查找。

【要点】

企业应根据自身安全管理工作的需要，设立相应的电子显示监控设备。

二、设有其他的安全监管信息系统。

【释义】

本条是关于企业其他的安全监管信息系统的考核要求。

随着科技的进步和国家、港口企业对港口安全工作的越来越重视，目前针对港口安全监管信息系统越来越多，比如视频监控系统、重大危险源安全管理信息系统、可燃气体、有毒有害气体探测报警系统、港口堆场信息管理系统等专门针对港口安全开发的安全监管信息系统的应用，为港口企业的安全管理插上了信息化的翅膀，安全管理的效率大大提高，有效的防范安全生产事故的发生。

【要点】

（1）企业应建立视频监控系统，对作业场所等主要场所进行时时监控。

（2）企业应根据只身的需要，设置其他安全监管信息系统。

第八章　队伍建设

本一级要素队伍建设，包括5个二级元素、9条考评指标，共90分（其中“★★★”一、二、三级企业必备条件的指标项1条，“★★”一、二级企业必备条件的指标项1条）。主要针对企业人员的安全培训教育情况，培训资料档案的管理情况进行考核。

第一节　培训计划

【依据】

《安全生产法》第二十一条规定，生产经营单位应当对从业人员进行安全生产教育和培训，保证从业人员具备必要的安全生产知识，熟悉有关的安全生产规章制度和安全操作规程，掌握本岗位的安全操作技能。未经安全生产教育和培训合格的从业人员，不得上岗作业。

一、制定并实施年度及长期的继续教育培训计划，明确培训内容和年度培训时间。

【释义】

本条是关于企业培训教育计划的考核要求。

所谓培训计划是按照一定的逻辑顺序排列的记录，它是从组织的战略出发，在全面、客观的培训需求分析基础上作出的对培训时间、培训地点、培训者、培训对象、培训方式和培训内容等的预先系统设定。年度培训计划是对企业全年培训工作的规划，其科学性与否直接影响当年的培训效果。

企业培训计划是企业文化的一个有机组成部分，可以促进企业文化的建设。成熟的企业培训计划有助于企业制度的落实与深入人心。在培训中员工不断了解企业的价值观和使命，明晰企业的规章制度和经营理念，在工作中自觉地以企业经营理念为指导，模范地遵守企业的各项制度。加强了责任感和使命感，使企业的规章制度内化为员工的自觉行为，大大提高了企业的管理水平和工作效率。

安全教育培训可以提高员工的安全意识、安全常识和安全操作技能，降低安全生产事故发生率，从而达到企业安全生产的方针、目标。

【要点】

（1）企业的安全培训教育主管部门应制定符合企业安全生产特点的安全培训教育目标和要求，在年末或年初进行安全培训教育需求调查，了解基层单位的从业人员的培训需求，制定年度安全培训教育计划，计划中明确培训经费。

（2）培训的主要内容包括：安全生产法律法规，安全生产规章制度和操作规程；安全生产管理知识、安全生产技术知识及岗位操作技能；安全设备、设施、工具、劳动防护用品的使用、维护和保管知识；生产安全事故的防范和应急措施、自救互救知识，生产安全事故案例及启示。

（3）由于生产特点的变化，培训教育计划可能需要增加或减少。当培训教育计划变更时应进行记录，制定培训教育变更计划。

第二节　宣传教育

【依据】

企业安全文化是企业文化重要组成部分，安全文化建设需要深入推进，广泛宣传教育，才能得到全体员工的认同，形成建设合力。安全宣传教育则是企业安全文化的一项重要内容，是促使企业和谐发展的动力源泉，作为宣传部门应积极宣传和培育共享核心价值观的安全理念，大力宣传安全文化系统推进的意义，形成全员参与、全面管理、全过程预防的安全文化，实现企业安全生产的积极性与主动性，发挥其积极的舆论作用。

一、组织开展安全生产的法律、法规和安全生产知识的宣传、教育。

【释义】

本条是关于安全生产的法律、法规和安全生产知识的宣传、教育的考核要求。

企业要推进安全生产法律法规的宣传贯彻，做到安全宣传教育日常化。要及时分析和掌握安全生产工作的规律和特点，定期开展安全生产技术方法、事故案例及安全警示教育，普及安全生产基本知识和风险防范知识，提高员工安全风险辨析与防范能力。

【要点】

（1）企业应为开展安全培训教育提供充足的人力、资金和设施等资源，根据制定的教育培训计划，组织开展培训内容，逐一落实。

（2）企业应组织开展安全生产的法律、法规和安全生产知识的宣传、教育，查阅相关记录。

第三节　管理人员

【依据】

《安全生产法》第二十条规定，生产经营单位的主要负责人和安全生产管理人员必须具备与本单位所从事的生产经营活动相应的安全生产知识和管理能力。

一、企业主要负责人和管理人员具备相应安全知识和管理能力，并取得行业主管部门培训合格证。（★★★）

【释义】

本条是关于企业主要负责人、安全管理人员应当具备的知识、能力和资格的考核要求。

港口企业的主要负责人对本单位的安全生产工作全面负责；安全生产管理人员直接、具体承担本单位日常的安全生产管理工作。因此，生产经营单位的主要负责人和安全管理人员在安全生产方面的知识水平和管理能力，直接关系到本单位的安全生产管理工作水平。近年来发生的生产安全事故表明，生产经营单位的主要负责人和安全生产管理人员缺乏基本的安全生产知识，安全生产管理和组织能力不强，指挥不当、调度不及时，措施不得力，是导致事故发生的重要原因之一。因此，港口企业的主要负责人和安全管理人员应当具备安全生产知识和管理能力，其不仅要懂生产经营，也要懂得安全生产管理。

如何确定港口企业主要负责人和安全生产管理人员是否具有“相应的安全生产知识和管理能力”，既要考虑单位的生产经营范围，又要考虑经营规模，还要考虑单位的性质、危险程度等因素。一般说来，港口企业的主要负责人，要熟悉和了解国家有关安全生产的法律、法规、规章以及方针政策，要对本单位所从事的生产经营活动必需的安全知识有一定的了解，并能够较好地组织和领导本单位的安全生产工作。对安全生产管理人员来说，还需要对本单位所从事的生产经营活动需要的安全生产知识有比较具体的、深入的了解和掌握，并能够熟练地在安全生产管理工作中运用。

主要负责人和安全生产管理人员，应当由有关主管部门对其安全生产知识和管理能力考核合格后方可任职。

【要点】

(1)企业的主要负责人，要熟悉和了解国家有关安全生产的法律、法规、规章以及方针政策，要对本单位所从事的生产经营活动必需的安全知识有一定的了解，并能够较好地组织和领导本单位的安全生产工作。

(2)安全生产管理人员除熟悉和了解国家有关安全生产的法律、法规、规章以及方针政策外，还需要对本单位所从事的生产经营活动需要的安全生产知识有比较具体的、深入的了解和掌握，并能够熟练地在安全生产管理工作中运用。

(3)企业的主要负责人和安全管理人员应经过行业主管部门组织的培训，并经考核合格，取得安全资格证书，并按照规定接受再培训。

生产经营单位主要负责人安全培训应当包括下列内容：

①国家安全生产方针、政策和有关安全生产的法律、法规、规章及标准。

②安全生产管理基本知识、安全生产技术、安全生产专业知识。

③重大危险源管理、重大事故防范、应急管理和救援组织以及事故调查处理的有关规定。

④职业危害及其预防措施。

⑤国内外先进的安全生产管理经验。

⑥典型事故和应急救援案例分析。

⑦其他需要培训的内容。

生产经营单位安全生产管理人员安全培训应当包括下列内容：

①国家安全生产方针、政策和有关安全生产的法律、法规、规章及标准。

②安全生产管理、安全生产技术、职业卫生等知识。

③伤亡事故统计、报告及职业危害的调查处理方法。

④应急管理、应急预案编制以及应急处置的内容和要求。

⑤国内外先进的安全生产管理经验。

⑥典型事故和应急救援案例分析。

⑦其他需要培训的内容。

(4)企业主要负责人和安全生产管理人员初次接受安全生产教育和培训时间不得少于32学时,每年再培训时间不得少于12学时。经营危险化学品的港口企业主要负责人和安全生产管理人员安全资格培训时间不得少于48学时;每年再培训时间不得少于16学时。

需要注意的是,本项目为所有达标企业(一、二、三级企业)必备条件,本条标准不合格时终止考评,企业标准化不达标。

二、专(兼)职安全管理人员具备专业安全生产管理知识和经验,熟悉各岗位的安全生产业务操作规程,运用专业知识和规章制度开展安全生产管理工作,并保持安全生产管理人员的相对稳定。

【释义】

本条是关于企业专(兼)职安全管理人员安全生产管理知识和能力的考核要求。

港口企业配备专(兼)职安全管理人员的目的是为了加强港口码头的安全生产管理,防止发生生产安全事故。要真正达到这个目的,安全生产管理人员必须具备专业安全生产管理知识和经验,熟悉各岗位的安全生产业务操作规程,能运用专业知识和规章制度开展安全生产管理工作,才能及时发现本单全安全生产工作中存在的问题并妥善处理。实践中,一些港口企业虽然配备了安全生产管理人员,但由于所配备的安全管理人员不具备专业安全生产管理知识,对各岗位的安全生产业务操作规程不熟悉,也有一些安全生产管理人员怠于履行职责,应付差事,使安全生产管理人员的设置形同虚设。因此,要求港口企业配备的专(兼)职安全管理人员应具备专业安全生产管理知识和经验,熟悉各岗位的安全生产业务操作规程,能运用专业知识和规章制度开展安全生产管理工作。

安全生产管理工作是一项长期工作,安全生产管理知识经验需要不断地积累,因此企业应重视安全生产管理人员,应保持安全生产管理人员的相对稳定,越稳定的安全生产管理人员队伍,对企业的安全生产状况越了解越熟悉,对企业的安全生产管理工作也越有利。

【要点】

(1)企业配备的专(兼)职安全管理人员应具备专业的安全生产知识和管理能力,熟悉各岗位的安全生产业务操作规程,能运用专业知识和规章制度开展安全生产管理工作。

(2)企业应保持安全生产管理人员的相对稳定,确保企业安全生产工作的正常有序开展。

第四节　从业人员培训

【依据】

《安全生产法》第二十一条规定,生产经营单位应当对从业人员进行安全生产教育和培训,保证从业人员具备必要的安全生产知识,熟悉有关的安全生产规章制度和安全操作规程,掌握本岗位的安全操作技能。未经安全生产教育和培训合格的从业人员,不得上岗作业。第二十二条规定,生产经营单位采用新工艺、新技术、新材料或者使用新设备,必须了解、掌握其安全技术特性,采取有效的安全防护措施,并对从业人员进行专门的安全生产教育和培训。

《安全生产培训管理办法》(国家安全生产监督管理总局令第 44 号)第二十条规定,生产经营单位应当建立安全培训管理制度,保障从业人员安全培训所需经费,对从业人员进行与其所从事岗位相应的安全教育培训;从业人员调整工作岗位或者采用新工艺、新技术、新设备、新材料的,应当对其进行专门的安全教育和培训。未经安全教育和培训合格的从业人员,不得上岗作业。

《生产经营单位安全培训规定》(国家安全生产监督管理总局令第 3 号)第四条规定,生产经营单位应当进行安全培训的从业人员包括主要负责人、安全生产管理人员、特种作业人员和其他从业人员。生产经营单位从业人员应当接受安全培训,熟悉有关安全生产规章制度和安全操作规程,具备必要的安全生产知识,掌握本岗位的安全操作技能,增强预防事故、控制职业危害和应急处理的能力。未经安全生产培训合格的从业人员,不得上岗作业。

一、从业人员每年接受再培训,提高从业人员的素质和能力,再培训时间不得少于有关规定学时。未经安全生产培训合格的从业人员,不得上岗作业。(★★)

【释义】

本条是关于企业员工培训的考核要求。

人是生产活动的第一要素,生产经营活动最直接的承担者就是从业人员,如果每个岗位从业人员都做到了安全生产,整个港口企业的安全生产就能够得到保障。对从业人员进行安全生产教育和培训,是港口企业的法定义务,也是贯彻落实"安全第一,预防为主、综合治理"方针的必然要求,更是关系到从业人员生命安全的大事。

由于我国港口企业还处于发展阶段,港口一线从业人员的科学文化水平普遍较低,大量的农民工走上了工作岗位,这些从业人员普遍存在着文化素质低、安全意识差,缺乏处理事故隐患及紧急情况的能力等问题。这些问题必须通过必要的安全生产教育和培训加以解决。因此,港口企业应当对从业人员每年进行安全生产教育和培训,不断提高从业人员的素质和能力。近年来发生的一些事故表明,港口企业没有搞好对从业人员的安全生产教育和培训,从业人员不具备必要的安全生产知识,不掌握安全生产规章制度和本岗位的安全操作规程、技能等,是事故发生的重要原因之一。因此,禁止未经安全生产教育和培训的从业人员上岗作业,是"防患于未然"的重要措施,也是对企业员工安全负责的重要体现。港口企业必须保证上岗的从业人员,都已经过了安全生产教育和培训并合格,如果发现未经安全生产教育和培训合格的从业人员上岗作业,港口企业要承担法律责任。

根据《生产经营单位安全培训规定》(国家安全生产监督管理总局令第 3 号)第十五条规定,生产经营单位新上岗的从业人员,岗前培训时间不得少于 24 学时。危险化学品生产经营单位新上岗的从业人员安全培训时间不得少于 72 学时，每年接受再培训的时间不得少于 20 学时。

【要点】

(1)安全培训教育主要包括岗前安全教育培训和经常性再培训教育。岗前安全培训教育包括“厂级”、“车间级”、“班组级”三级安全培训教育。

①厂级岗前安全教育的培训内容应当包括：本单位安全生产情况及安全生产基本知识；本单位安全生产规章制度和劳动纪律；从业人员安全生产权利和义务；有关事故案例等。

②车间级岗前安全培训内容应当包括：工作环境及危险因素；所从事工种可能遭受的职业伤害和伤亡事故；所从事工种的安全职责、操作技能及强制性标准；自救互救、急救方法、疏散和现场紧急情况的处理；安全设备设施、个人防护用品的使用和维护；各码头泊位安全生产状况及规章制度；预防事故和职业危害的措施及应注意的安全事项；有关事故案例；其他需要培训的内容。

③班组级岗前安全培训的内容应当包括：岗位安全操作规程；岗位之间工作衔接配合的安全与职业卫生事项；有关事故案例；其他需要培训的内容。

经过“三级安全培训教育”后，应进行考核，未经安全生产培训合格的从业人员，不得上岗作业。

(2)企业要树立终身教育的观念和全员安全培训目标，对从业人员经常不断地进行安全培训教育。经常性的安全培训教育应以安全意识、安全态度、规章制度、技术技能为主。通过各种形式的培训教育和活动，激发从业人员搞好安全生产的热情，促使员工从事安全，实现安全生产。

经常性的安全培训教育形式有：班前、班后会的安全技术交底、安全活动日、安全生产会议、事故现场会、张贴标语和招贴画等。

需要注意的是，本项目为一、二级标准化达标企业必备条件，本条标准不合格的企业，不能评为一、二级标准化达标企业。

二、转岗人员及时进行岗前培训。

【释义】

本条是关于企业转岗人员的安全培训规定。

企业要保证从业人员具备从事本职工作所应当具备的安全生产知识，熟悉有关的安全生产规章制度和安全操作规程，掌握本岗位的安全操作技能，对于没有经过安全生产教育和培训包括培训不合格的从业人员，企业不得安排其上岗作业。《生产经营单位安全培训规定》(国家安全生产监督管理总局令第 3 号)第十九条规定，从业人员在本生产经营单位内调整工作岗位或离岗一年以上重新上岗时，应当重新接受车间和班组级的安全培训。

【要点】

(1)操作岗位人员转岗、离岗一年以上重新上岗者，应进行工段、班组安全教育培训，经考核合格后，方可上岗工作。

(2)岗前培训时间不得少于 24 学时。

(3)教育培训、考核记录应归档保存。

三、新技术、新设备投入使用前,对管理和操作人员进行专项培训。

【释义】

本条是关于新技术、新设备投入使用的考核要求。

随着我国经济的迅速发展、科学的长足进步以及引进国外先进技术和先进设备的增加,越来越多的新工艺、新技术的新材料或者新设备被广泛应用于港口企业的生产经营活动中。新工艺、新技术、新材料的采用或者新设备的使用,对港口企业从业人员来说,是一种陌生的东西,如果仍按照老知识、老方法来应付,就会出问题,就可能引发事故。因此,采用新工艺、新技术、新材料或者使用新设备的港口企业,必须针对新工艺、新材料或者新设备的安全技术特性,对从业人员进行专门的安全生产教育和培训,保证从业人员了解、掌握其安全技术特性、防护措施等,并能够在工作中加以运用。

港口企业采用新工艺、新技术、新材料或者使用新设备对从业人员进行专门的安全生产教育和培训,是港口企业必须承担的对本单位从业人员进行安全生产教育和培训义务的一部分。

【要点】

(1)企业应将采用新工艺、新技术、新材料或者使用新设备对从业人员的培训要求,纳入企业教育培训制度中。

(2)企业工艺、技术、设备等主管部门,在新工艺、新技术、新设备投入使用前,应对管理人员和操作人员进行专门培训,经考核合格后,方可上岗操作。未经培训教育或考核不合格的人员不得上岗作业。

(3)教育培训、考核记录应归档保存。

第五节　规范档案

【依据】

《企业安全生产标准化基本规范》(AQ/T 9006—2010)规定,应做好安全教育培训记录,建立安全教育培训档案,实施分级管理,并对培训效果进行评估和改进。

《生产经营单位安全培训规定》(国家安全生产监督管理总局令第3号)第二十四条规定,生产经营单位应建立健全从业人员安全培训档案,详细、准确记录培训考核情况。

教育与培训档案的内容应包括:教育或培训的内容、培训时间、培训地点、授课人、参加培训人员的签名、考核人员、安全管理人员的签名、培训考试情况等。档案保存期限不少于3年。

一、建立健全安全宣传教育培训考评档案,详细、准确记录培训考评情况。

【释义】

本条是关于安全宣传教育培训考核档案管理的考核要求。

企业安全宣传教育培训考核档案是企业档案管理的一个重要组成部分,企业应将各级各岗位人员的安全培训、考核情况，进行详细、准确的记录，并将相关记录、资料归档保存。

企业建立健全安全宣传教育培训考核档案，不仅是企业自身安全管理的需要，也是国家法规的硬性要求，根据《生产经营单位安全培训规定》（国家安全生产监督管理总局令第3号）第二十九条规定，生产经营单位未建立健全从业人员安全培训档案，由安全生产监管监察部门责令其限期改正，并处2万元以下的罚款。

【要点】

（1）企业应建立健全所有人员的培训教育档案，安全生产教育培训的内容和培训考核结果要纳入从业人员安全生产教育培训考核档案，培训情况要记入从业人员安全生产记录卡，并由从业人员和考核人员签名。

（2）教育与培训档案的内容应包括：教育或培训的内容、培训时间、培训地点、授课人、参加培训人员的签名、考核人员、安全管理人员的签名、培训考试情况等。

（3）教育与培训档案保存期限不少于3年。

二、对培训效果进行评审，改进提高培训质量。

【释义】

本条是关于企业安全培训效果的考核要求。

为提高安全宣传教育培训质量和效果，改进培训工作，企业应及时做好安全教育培训考评工作，建立安全教育培训考评档案，实施分级管理。

【要点】

（1）企业应建立安全教育培训效果的评审、评估制度，监督规范安全培训教育行为，不断提升培训质量。

（2）企业的安全培训教育主管部门应对培训教育方式和效果进行评价，这种评价可以在培训过程中进行，也可以通过现场检查或监测培训产生的长期效果来评价是否已达到相应的能力，不断改进提高培训质量。

第九章 作业管理

本一级要素作业管理，包括5个二级元素、20条考评指标，共145分（其中"★★★"一、二、三级企业必备条件的指标项4条，"★★"一、二级企业必备条件的指标项1条），规定了危险货物码头企业作业管理的考核要求。

第一节 现场作业管理

【依据】

《中华人民共和国港口法》。

《中华人民共和国内河交通安全管理条例》（国务院令〔2002〕第355号）。

《港口经营管理规定》（交通运输部令2009年第13号）。

《港口危险货物管理规定》。

《中华人民共和国港口设施保安规则》（交通部2007年第10号令）。

《交通行业职业技能要求港口》（JT/T 29—2004）。

《船舶载运散装油类安全与防污染监督管理办法》（海船舶字〔1999〕122号）第十三条，第十五条。

《油船码头安全作业规程》（GB 18434—2001）9.7。

《港口码头劳动定员》（JT/T 331—2006）。

一、严格执行操作规程和安全生产作业规定，严禁违章指挥、违章操作、违反劳动纪律。

【释义】

本条是关于港口企业执行操作规程和安全生产作业的规定考评要求。

对于严格执行操作规程和安全生产作业的规定，在考评设置上最终落到了"严禁违章指挥、违章操作、违反劳动纪律"，即反"三违"。反"三违"是遏制事故的重要措施，经过多年的尝试，反"三违"形成了一些比较成熟的工作模式。企业可根据自身的实际情况开展，既可融入日常安全生产管理中实施，也可开展反"三违"专项活动。专项活动一般分为制定方案，开展舆论宣传和教育培训、隐患排查治理、制定整改措施和总结提高几个工作阶段。在每个工作阶段均应做好记录或工作总结，以备检查。

【要点】

检查企业岗位安全操作规程制定情况，是否制定了覆盖全部员工的岗位安全操作规程；全部员工严格执行操作规程和安全生产作业规定的客观依据，作业现场有无违章指挥、违章操作、违反劳动纪律的情况。查看企业"三违"档案、相关工作记录。

二、具有与经营规模、范围相适应的专业技术人员、管理人员和操作人员，按规定持证上岗。（★★★）

【释义】

本条是关于港口企业配备与经营规模和范围相适应的专业技术人员、管理人员和操作人员，并按规定持证上岗的考评要求。

在行业内，港口规模是按照吞吐量来确定的，分为特大型港口（年吞吐量>3000万吨）、大型港口（年吞吐量1000万~3000万吨）、中型港口（年吞吐量100万~1000万吨）及小型港口（年吞吐量<100万吨）。同样的，港口企业也是根据吞吐量来确定的，一般与港口的规模对应。在实际考评中，可参照港口企业（或所在港口）上年度的吞吐量来确定。对于上年度没有投产的港口企业，如新建、试运行阶段的港口企业，如按照吞吐量无法确定时，在实际考评中可根据《中小企业划型标准规定》（工信部联企业〔2011〕300号）的规定，从营业收入的数量和从业人员的数量来划分规模。

经营范围则是根据港口经营许可来确定，在考评工作中，可根据港口行政管理部门核发的《港口经营许可证》来明确。

明确了规模和经营范围后，企业依据《交通行业职业技能要求　港口》（JT/T 29—2004）和《港口码头劳动定员》（JT/T 331—2006）的要求，对配置专业技术人员、管理人员和操作人员列表进行检查。其参考格式如表＊＊-＊＊、＊＊-＊＊和＊＊-＊＊。

专业技术人员配置情况表　　表＊＊-＊＊

序　号	专业技术人员岗位	规　定	实际配置数量	符合情况	备　注

管理人员配置情况表　　表＊＊-＊＊

序　号	管理人员岗位	规　定	实际配置数量	符合情况	备　注

操作人员配置情况表　　表＊＊-＊＊

序　号	操作人员岗位	规　定	实际配置数量	符合情况	备　注

安全管理人员应考虑文化层次、年龄和知识结构以及思想素质、业务能力，以适应工作需要。专职安全管理人员应按规定接受培训考核合格，取得资格证书，持证上岗。

关于持证上岗，在危险货物码头，按规定需要持证上岗的有企业主要负责人、安全管理人员（安全管理人员资格证书）、现场作业人员、船员、特种设备操作人员等，持证人员应按照相关规定定期进行复训。其中，船员，包括趸船、交通船、拖轮等船舶上的船员，应持有海事管理机构颁发的合格有效的船员服务簿，担任相应的职务时，需要持有相应的适任证书；港口装卸机械属于特种设备的，操作人员应持有特种设备人员操作证书。

【要点】

核实企业的经营规模、范围,查看企业是否按照《交通行业职业技能要求 港口》(JT/T 29—2004)和《港口码头劳动定员》(JT/T 331—2006)的要求配备专业技术人员、管理人员和操作人员,列表检查持证上岗情况。

需要注意的是,本项目为一、二、三级标准化达标企业否决项,本条标准不合格的企业,标准化不达标。

三、在下达生产任务的同时,布置安全生产工作要求。

【释义】

本条是港口生产任务与安全工作关系的考核要求。

在港口企业,完成生产任务是最终目的。从理论上讲,安全是生产的保障,生产必须安全,两者并没有什么矛盾,两者在宗旨上也是完全一致的。安全工作与生产工作的矛盾,表现为采取安全措施时会影响生产,增加成本。这些矛盾只是暂时,从长远看,矛盾解决后,很快就会促进生产,提高劳动生产率。另外,这种矛盾只是一种表面的浅层次的矛盾,而从本质上看,安全与生产是统一的。严格执行安全规定,表面上降低劳动生产率,但如果从深层次看,一旦发生事故,将会损失更多工时,将会造成生命和财产损失。而且,事故的发生将会影响企业生产和形象,给企业带来不可估量的损失。因此,本条规定了下达生产任务的同时,布置安全工作要求,布置安全工作可以以作业指导书下达。

【要点】

检查港口企业下达生产任务的书面文件,是否布置了安全,安全措施是否符合相关规定和要求。

四、作业前向港口主管机关进行申报。

【释义】

本条是关于港口危险货物作业申报的评估规定。

作业前向港口主管机关进行申报是港口企业的应尽义务,相关法律法规均进行了明确的规定。

港口法第三十五条规定,在港口内进行危险货物的装卸、过驳作业,应当按照国务院交通主管部门的规定将危险货物的名称、特性、包装和作业的时间、地点报告港口行政管理部门。港口行政管理部门接到报告后,应当在国务院交通主管部门规定的时间内作出是否同意的决定,通知报告人,并通报海事管理机构。

《港口危险货物管理规定》(交通部令2003年第9号)在港口法的基础上进一步的细化,第十七条规定,从事危险货物港口作业的企业,在危险货物港口装卸、过驳、储存、包装、集装箱装拆箱等作业开始24小时前,应当将作业委托人,以 及危险货物品名、数量、理化性质、作业地点和时间、安全防范措施等事项向所在地港口行政管理部门报告。港口行政管理部门应当在接到报告后24小时内作出是否同意作业的决定,通知报告人,并及时将有关信息通报海事管理机构。未经港口行政管理部门同意,不得进行危险货物港口作业。第二十九条第三款规定,违反本规定,有违反《危险化学品安全管理条例》下列行为之一,由港口行政管理部门按照《危险化学品安全管理条例》第六十六条的规定处罚；在经营活动中有下列行为但不属于违反《危险化学品安全管理条例》规定行为的，由港口行政管理部门处以3万元以下的罚款，并责令改正：作业委托人未向港口危险货物作业人提供危险货物名称、国家或联合国编号、适用包装、危害、应急措施等资料或上述资料申报不实。

【要点】

企业应备齐进行港口危险货物作业的作业单、港口行政管理部门作业前申报的清单，两者应能吻合。必要时，可根据船舶向海事管理机构报告的资料进行核对。

五、内部及外来从事危险作业人员须具备相应资质，并取得相关资格证书。

【释义】

本条是关于港口危险货物作业人员资质的要求。

对于从事港口危险货物的作业人员资质，相关法律法规的规定如下：

《港口危险货物管理规定》（交通部令2003年第9号）第九条三、四、五款规定，从事危险货物港口作业的港口经营人，应当具备以下条件：

（三）具有健全的安全管理制度和操作规程。

（四）至少有一名企业主要负责人应当具备与本单位所从事的危险货物港口作业相关的安全生产知识和管理技能。

（五）配备足够的具有上岗资格证书的管理、作业人员。

第十三条规定，从事危险货物港口作业的企业，应当对从事危险货物港口作业的人员进行有关安全作业知识培训。从事危险货物港口作业的管理、作业人员，必须接受有关法律、法规、规章和安全知识、专业技术、职业卫生防护和应急救援知识的培训，并经交通部或其授权的机构组织考核。考核合格，取得上岗资格证后，方可上岗作业。

《危险化学品安全管理条例》第四条规定，危险化学品安全管理，应当坚持安全第一、预防为主、综合治理的方针，强化和落实企业的主体责任。生产、储存、使用、经营、运输危险化学品的单位（以下统称危险化学品单位）的主要负责人对本单位的危险化学品安全管理工作全面负责。危险化学品单位应当具备法律、行政法规规定和国家标准、行业标准要求的安全条件，建立、健全安全管理规章制度和岗位安全责任制度，对从业人员进行安全 教育、法制教育和岗位技术培训。从业人员应当接受教育和培训，考核合格后上岗作业；对有资格要求的岗位，应当配备依法取得相应资格的人员。

【要点】

查证书，检查企业主要负责人和从事危险货物作业的人员是否持有证书，证书是否合格有效。

六、制定至少包括下列危险作业的安全监督管理制度，明确责任部门、人员、许可范围、审批程序、许可签发人员等：危险区域动火作业、进入受限空间作业、高处作业、装卸危险品货物作业，其他危险生产作业。

【释义】

本条规定了危险作业、临水作业、高处作业、进入受限空间、生产现场动火、临时用电等审批制度，明确责任部门、人员、许可范围、审批程序的考评要求。

下面摘录部分港口企业的相关管理制度供参考。某公司危险作业制度实例：

动火用火管理规定

一、认真贯彻执行国家颁布的消防法规、法令，并在实际工作中贯彻执行。

二、自觉遵守公司各项安全防火制度和安全操作规定。

三、公司生产作业现场、危险品区域禁止一切动火、用火作业。

四、若遇特殊情况必须进行动火、用火作业时，必须向公司安全、消防部门请示。

五、消防、安全部门要对动火、用火现场进行检查，采取防范措施，派人进行监护，确保安全的情况下方能作业。

六、动火、用火作业完毕后，对现场余火进行清除，同时安排人员对现场进行监控。特别要注意对在隔热层上进行作业后的监控，其监控由使用部门负责。

七、对违反防火制度和安全操作规定，造成火灾事故者或虽未造成事故，违反规定不听劝阻者，给予罚款或行政处分。

防止高空作业人员坠落事故发生的规定

为保障公司作业人员的人身安全，预防高空作业过程中人员坠落事故的发生，依据安全生产高空作业的有关规定，特制定本规定。

高空作业是指作业人员的工作面(点)悬空垂直于地面高度2米以上的作业。本规定禁止患高血压、心脏病、恐高症人员进行高空作业；严禁作业中穿硬底鞋和带钉鞋作业；严禁恶劣气候下安排高空作业。

本规定将公司内高空作业人员分为五类：(1)装卸类。(2)维修类。(3)司机类。(4)水手类。(5)其他类。

(1)装卸类。装卸作业现场进行高空作业时，领班(控制员)在布置安排作业任务的同时，必须交代高空作业的安全事项，督促作业人员做好高空作业的防范措施。用简易吊架作业集装箱装卸工必须站进安全栏并挂上安全链；在用空钩作业集装箱时装卸工必须将保险绳套上钢丝绳。司机必须在经过仔细观察后才能够作业。装卸工遇上高度超过2米的货物要上高作业时必须使用楼梯，楼梯下边要有人控制。上下缆车时注意观察防止跌伤。

(2)维修类。进行高空设备设施修理或维护保养前，设备设施修理项目主管(或维修组长)在安排维修的同时，必须布置高空作业的安全事项，督促作业人员做好高空作业的防范措施。进行高空作业时，作业人员必须按规定穿戴好劳动保护用品，拴套牢安全保险绳，特别危险有条件的作业面应设置安全防护围栏，维修现场应设立安全监护人。高空修理维修时对搁置于修理设备、材料、配件要进行固定或搁置于安全地点。维修工管理好随身携带的修理工具防止坠落。严禁安排重叠作业面，严禁随意抛丢更换件，废材料和垃圾。高空(6米以上)高空吊运配件、材料、修理设备时要捆套牢，并打好浪风绳，做到上喊下应。协助维修作业的装卸工也要遵照执行。

(3)司机类。司机(门机、桥吊、行车、浮吊)对作业场所通道、栏杆进行检查,发现问题及时汇报,分管维修的负责人应及时解决。在对高度超过2米处进行设备检查时必须拴套保险绳。人员上下时注意观察防止跌伤。保持环境清洁,及时清除油污。

(4)水手类。水手在为船舶保养作业时凡超过2米时,要拴套保险绳或设置安全围栏,设专人负责作业时防止高空坠物伤人。

(5)其他类。公司内其他员工凡是涉及高空作业要遵照执行。

各单位行政负责人对本单位安全生产管理负全面领导责任。各单位分管安全工作的领导对本单位安全生产负领导责任。班组长对所在班组的安全生产负全面责任,安全员负监督责任,职工对自己的违章违纪行为负直接责任。

凡违反此规定按照公司《安全质量奖惩条例》予以处理,酿成事故者照损失的大小予以赔偿。安保部对此规定监督执行。

危险品作业流程

一、操作部按规定受理客户危险货物在港区装卸箱作业的申请后,向生产部汇报。

二、生产部接到危险货物在港区作业的信息后,根据实际情况,编制作业计划,通知安保部(消防人员)和医务室(医务人员)到现场监护。

三、安保部消防人员和医务人员接到通知后做好相关准备工作,由生产部安排车辆送到现场进行监护。

四、安保部消防人员到现场后,应对环境、消防设施进行检查,核对所作业危险货物性质及应急措施。医务人员在规定的地点,对现场进行监护,直到作业完毕。

五、接到危险货物进行作业的通知后,参加危险货物作业的人员(领班、理货、装卸、监护人员等)应及时赶到现场。由领班主持召开工前会,安排具体的作业任务,交代注意事项,提出安全作业要求,布置安全作业措施,以确保危险货物作业安全。

六、参加危险货物装卸作业的人员应按规定穿戴好防护用品,不得携带火种和穿铁钉鞋进入作业现场;凡身体不适或有异常反应的人员,皮肤有伤口的人员不得参加危险货物装卸作业;无关人员不得进入危险货物装卸作业区域。

七、在对危险货物进行装卸作业前,理货人员应对其包装进行检查(凡包装破损、渗漏、受到污染或不符合有关规定,不得安排作业),在作业中进行监装监卸,确保危险货物装卸质量。

八、对参加危险货物装卸作业的机械、设备、工属具进行认真检查,确保其安全有效,处于良好的工作状态;装卸作业机械应安置有火星熄灭装置,应按额定负荷降低25%使用。

九、不得在高温下对危险货物进行装卸作业,如遇有雷鸣、闪电或附近发生火灾,应立即停止作业,并将危险货物妥善处理;雨、雪天气禁止作业遇湿易燃易爆的危险货物。

十、对危险货物进行装卸作业时,要稳拿轻放,严禁撞击、滑落、摔跌;堆码要整齐、稳固、规范;桶盖、瓶口、标志朝上;严禁倒置、倒放。

十一、对危险货物进行装卸作业时,严禁手摸、鼻嗅、口尝。离开作业现场必须洗手、洗脸,作业完毕应全身冲洗,更换衣物。

十二、作业完毕后，监护人员向生产部汇报，由生产部派车辆将人员接回。

十三、每周对消防车进行两次动车作业，车队负责检查机械性能完好状态，安保部消防队负责检查消防设施的完好状态。消防人员作业危险货物时，车队应留有司机处于应急待令状态，确保随时出动。

大件作业的有关规定

一、负责现场作业的部门在接到客户的有关大件作业装卸信息和计划后，应及时报告负责生产组织的部门，由负责生产组织的部门根据实际情况编制大件装卸作业计划。

二、负责现场作业的部门在报告装卸作业计划时，应报货物的品名、单件质量、货物流向、件数、有无附(配)件、接卸载船(驳)名等内容。

三、负责生产组织的部门接到负责现场作业的部门装卸作业计划后，应及时编制生产作业计划，将作业时间、船(驳)到达等情况及时通报负责现场作业的部门，并督促有关单位、部门作好作业前的一切准备工作。

四、铁路运输大件车到达后，由负责线路管理的班组对大件运输车所经驶线路进行检查，确认线路情况良好后通知交接室，交接室下达取车作业计划，由运行室领导负责领车执行取车对位作业，机车运行速度控制在5km/h以内运行。

五、进行大件作业时，由负责生产组织的部门通知负责安全管理的部门人员到场；作业单件货重达150吨以上大件时，通知负责安全管理的部门、工程部(PLC相关人员)到现场进行监护作业，以确保大件作业安全。

六、负责生产组织的部门负责大件作业前和作业过程中的相关调度安排工作，以及作业完毕后协调相关部门做好后续工作。

七、在进行特殊大件作业时，由负责生产组织的部门根据实际情况及相关规定，另行通知公司领导、相关部门及人员到现场进行指挥和监护作业。

【要点】

查制度。是否建立危险作业、临水作业、高处作业、进入受限空间、生产现场动火、临时用电等审批制度，查记录，责任部门、人员、许可范围、审批程序是否落实到位。

七、制定码头建筑、设备设施、电气线路、消防设施维护保养制度，按规定定期进行维护保养，特种设备定期进行检测检验。(★★★)

【释义】

本条是关于危险货物码头设施设备维护保养的评估要求。

在“设施”要素中，考评要点“第六章　第一节　设施”要求港口企业需“具备满足安全生产需要的建筑、场地和设施设备，并符合相关安全规范和技术要求”，本条是对这一要求在管理上的细化。表现在三个方面，一是建立码头建筑、设备设施、电气线路、消防设施维护保养制度；二是按规定定期进行维护保养；三是特种设备定期进行检测检验。本来港口设施设备包含码头建筑、消防设施和电气线路，但规定中却进行了单列，说明其重要。

【要点】

查制度，检查是否制定了码头建筑、设备设施、电气线路、消防设施维护保养制度。查记录，是否按规定定期进行维护保养，特种设备定期进行检测检验。

需要注意的是，本项目为所有达标企业（一、二、三级企业）否决项，本条标准不合格时终止考评，企业标准化不达标。

八、严格执行船岸检查制度，认真落实《船岸安全检查表》的要求，并按协商好的装卸程序进行作业。（★★★）

【释义】

本条是关于执行船岸检查制度的评估要求。

《船岸安全检查表》制度一是来源于海事管理机构颁发的《船舶载运散装油类安全与防污染监督管理办法》（海船舶字〔1999〕122 号）的第十三条、第十五条规定，二是《油船码头安全作业规程》（GB 18434—2001）9.7 的规定。

《船舶载运散装油类安全与防污染监督管理办法》（海船舶字〔1999〕122 号）规定：

第十三条规定，油船、油码头和装卸设施及其所有人、经营人均应配备《国际油船和油码头安全指南》以下简称《指南》，所有有关人员均应熟悉和掌握《指南》的全部内容。

第十五条规定，船岸双方应建立《船岸安全检查表》制度，并严格按《船岸安全检查表》、参照《指南》的内容要求进行检查和填写，同时应接受主管机关的监督检查。

《油船码头安全作业规程》（GB 18434—2001）：

9.7　船/岸安全检查表

9.7.1　船方负责人和油码头代表应共同完成船/岸安全检查表。船/岸安全检查表见附录 D（提示的附录），在每一个项目划上记号之前都应认真确认。

9.7.2　油船全体人员应理解船/岸安全检查表中的声明信。声明信由油码头代表交给船长或船方其他负责人，收信人应在该信的副本上签收然后交回油码头代表存执。

经过多年的实践，已经被证明是确保船舶载运散装油类安全与防污染行之有效的措施，船岸双方均应严格执行，并按照《油船码头安全作业规程》（GB 18434—2001）规定进行作业。

在检查中，特别注意以下几点：

一是在特殊气象条件下双方的约定，如大风、高温、暴雨等停止作业是否得到落实；

二是约定需定期进行复检的项目是否得到落实。

【要点】

查记录，检查码头存档的《船岸安全检查表》是否认真填写。

九、作业场所及设施设备应采用可靠的防雷和防静电接地措施。

【释义】

本条是关于危险货物码头防雷和防静电的评估要求。

危险货物码头防雷和防静电的要求较多，主要有《装卸油品码头防火设计规范》（JTJ 237—99）7.3，《危险货物集装箱港口作业安全规程》（JT 397—2007）6 拆、装箱作业，《散装液体化工产品港口装卸技术要求》（GBT 15626—1995）4.1.6，《油船油码头安全作业规程》（GB 18434—2001）11.4 等，其规定如下：

《装卸油品码头防火设计规范》（JTJ 237—99）：

7.3 防雷、防静电接地

7.3.1 油品码头的防雷、防静电接地设计应符合现行国家标准《建筑物防雷设计规范》(GB 50057)的有关规定。

7.3.2 油品码头的输油管道、装载臂和钢引桥等装卸设备及金属构件进行电气连接并应设置防静电、防雷接地装置。地上架空明敷或管沟敷设的输油管道的始末端、分支处及直线段每隔200~300m处应设置防静电、防雷的接地装置,接地点宜设在管道固定点处。接地装置的接地电阻不宜大于10Ω。

7.3.3 当油品码头采用装载臂装卸油品时,应在装载臂安装绝缘法兰;采用软管装卸油品时,应在每条软管管线上安装一根不导电短管,绝缘片和不导电短管的电阻值均应大于1MΩ。油品码头亦可采用其他有效的防静电和防杂散电流的装置。

7.3.4 当油品码头采用船、岸间跨接电缆防止静电及杂散电流时,码头应设置为油船跨接的防静电接地装置,并应在码头设置与地通连的防爆开关。此接地装置应与码头上装卸油品设备的静电接地装置相连接。

7.3.5 油品码头的入口处及有爆炸危险场所的入口处应设置消除人体静电的装置。

《危险货物集装箱港口作业安全规程》(JT 397—2007)6.1:

6.1 一般要求

6.1.2 作业人员要求:

b)拆、装易燃易爆危险货物集装箱时,禁止穿带铁掌、铁钉鞋和易产生静电的工作服。

《散装液体化工产品港口装卸技术要求》(GBT 15626—1995)4.1.6:

4.1.6 装卸人员在易燃液体作业前应消除人体静电,穿戴好防静电服装。作业时必须使用经国家有关部门鉴定认可的防爆工具及照明设备,接触钢铁设备时严禁敲打和撞击。

《油船油码头安全作业规程》(GB 18434—2001)11.4 静电储集性货油的装卸:

11.4.1 要求

当在装卸静电储集性的货油时,应采取措施预防静电。

11.4.2 静电储集性货油

11.4.2.1 白油类一般都属于静电储集性的,它包括汽油、煤油、石油溶剂油、车用和航空汽油、喷气发动机燃油、石脑油、燃料油、白柴油和润滑油等油类。

11.4.3 静电危险的预防措施

11.4.11 在装卸静电储集油类时,当油舱处于非惰化状态,安全流速和空距测量、取样和量舱操作应采取下列预防措施:

①油舱装入货油的初始阶段,该舱支管内的流速不应超过1m/s的线速度;在淹没舱底结构,且停止产生激溅和液面扰动后,可把速率提高到船岸管路与泵最大流量速率中的较小者,并与该作业的正常控制相协调,最大线流速宜低于7m/s。

②装油期间和装毕后30min以内,测深、空距测量或取样的金属器具,不应放入或保留于油舱内。

装毕后30min方可进行上述作业,但必须在将金属器具放入之前有效地跨接,并与船体妥善接地，并保持到将其取出油舱。不应使用合成材料制成的绳子或带子将器具吊入舱。

③测深管应是导电的，管子延伸至油舱的整个深度并在它的端点有效地跨接接地到油舱。管子应有槽孔避免管内与油舱之间有压力差，以保证能测到真实的液位指示。如测深设施没有伸到油舱整个深度则应采取①、②措施。

④当岸上管路系统中装有用纸、纤维或玻璃纤维制成的微孔过滤器时，应将装载速率调整到自货油流出过滤器时至进入货油舱时所经历的时间不少于30s。

还有一些其他的化工产品的防雷防静电要求散布在相关规范之中，需在评估中注意引用。从上述的规定中可以看出，散装液体化工产品港口装卸对防雷防静电的要求最高，在作业前、作业过程中和作业完后均有十分严格的规定，应特别重视。其他危险货物作业则是集中在作业环节上，考评中注意把握。

【要点】

评估人员在进入现场检查前，穿着的衣服如不能防静电，不得进入现场考评。

查文件，是否进行了防雷防静电检测，防雷防静电检测文件是否在有效期内；查现场，码头是否有防雷防静电设备，设备是否符合要求；对于油码头，是否列入《船岸安全检查表》并进行了检查。现场人员是否按规定进行了静电跨接。

十、指定专人对危险作业进行现场管理，严格执行巡回检查制度。（★★）

【释义】

本条是关于危险作业现场管理的评估要求。

从事港口危险货物作业的港口经营人应指定专人对危险作业进行现场管理，认真落实岗位责任制，严格执行港口和危化品安全操作规程，注意谨慎操作，做到万无一失；现场管理人员要强化现场巡回检查，及时发现问题，及时果断处置。

【要点】

查制度，是否制定了巡回检查制度

需要注意的是，本项目为所有达标企业（一、二级企业）必备条件，本条标准不合格时，标准化一、二级企业不达标。

第二节　安全值班

【依据】

《中华人民共和国港口法》；

《中华人民共和国突发事件应对法》（中华人民共和国主席令第69号）；

《港口经营管理规定》。

一、制定并落实安全生产值班计划和值班制度，重要时期实行领导到岗带班，有值班记录。

【释义】

安全值班是由航海人命救助值班演变而来的，经过多年的实践，安全值班制度成了安全

生产最为有效的制度之一,被各类企业广泛的应用,是企业安全生产和应对突发事件的重要保证。港口客运企业特别是从事水路旅客运输的港口客运企业最早运用该制度,经过多年的演变,已经十分成熟。港口客运企业安全值班涉及调度值班、船员(趸船,拖轮、交通船和带缆船等辅助船舶)值班。对于船员值班,交通运输部海事局已经制定了较为完善的值班制度,港口客运企业必须严格遵守。调度值班和领导到岗值班则需要各个企业根据自身的特点来制定,且满足企业安全生产的需要。如,对于全天24小时从事生产的,值班制度应充分考虑交接班问题。

需要注意的是,制定安全生产值班计划和值班制度较为容易,但是落实难。究其原因,一是由于近年来人工成本的大幅上升,部分企业的员工数量不足以保证安全值班。二是部分企业员工安全生产责任心不强,离岗串岗。因此,完善的值班制度应包括严格的问责和处罚条款。

除此之外,本考评指标中规定"重要时期实行领导到岗带班",一般来说,重要时期指的是主要节假日、特殊水情(洪峰过境、山洪暴发等)、特殊气象(暴雨、台风等)和承担特殊任务(军事运输和应急救灾物资、人员运输、承担接待任务)等。

【要点】

查看企业是否制定安全生产值班计划和值班制度,重要时期领导到岗带班制度。是否有值班记录,值班记录是否符合规定。

第三节　相关方管理

【依据】

《安全生产法》第四十条和四十一条。

《企业安全生产标准化基本规范》(AQ/T 9006—2010)第5.7.4条。

一、两个或两个以上单位共用同一设施设备进行生产经营的现场安全生产管理职责明确,并落实到位。

【释义】

本条是关于两个或两个以上单位共用同一设施设备进行生产经营现场安全的考评规定。

在港口,两个或两个以上单位共用同一设施设备进行生产经营较多,两个或两个以上单位共用同一设施设备进行生产经营管理又称第三方管理,目前在港口企业较为普遍。特别是普通货物码头,目前广泛地聘用第三方进行现场装卸作业,加强管理十分重要。

两个或两个以上单位共用同一设施设备进行生产经营的现场,涉及的各方之间应签订安全协议,明确各方的安全责任,并落实到位;各方应建立沟通协调机制,明确分工和责任,避免各方相互推诿,逃避安全责任。

企业在对外发包或出租生产经营项目、场所、设备时,或有外来施工单位时,应审查承包承租方资质,以及外来施工单位资质,并与之签订安全责任协议,明确双方各自的安全责任。

在有短期合同工、临时用工、实习人员、外来参观人员等进入作业现场时企业应制定相应的安全管理制度和措施。所有资料均应形成文件，并有相应的执行记录。

【要点】

查看企业是否存在两个或两个以上单位共用同一设施设备进行生产经营，若企业存在两个或两个以上单位共用同一设施设备进行生产经营的，查阅双方的是否签订安全责任书，是否明确各自的安全生产管理职责，约定的相关安全责任是否得到有效落实。

二、对外发包或出租生产经营项目、场所、设备，对承包承租方进行资质审查。

【释义】

本条是关于企业对外发包或出租生产经营项目、场所、设备，对承包承租方进行资质审查的考评要求。

外来施工（作业）方应有相应的安全资质、项目负责人和安全负责人，且建立了各级安全责任制和管理制度，具备安全生产的保障条件。外来施工（作业）方与企业签订安全协议，施工现场有可靠的安全防范措施。外来施工（作业）队伍进入企业，在签订工程项目承包协议书的同时，签订安全管理承包协议书，应明确双方的责任，以及安全管理、防火管理、设备使用、人员教育与培训、安全检查与监督等方面的管理要求，且必须符合《合同法》和《安全生产法》的要求，不能侵犯双方的合法权益。承包工程项目有新增或削减项目内容时，应重新办理相关手续。

对生产区域内的外来劳务人员应建立相应的安全管理制度和考核办法，且应符合当地政府的统一规定。对生产区域内的外来劳务人员应进行安全健康培训，规定其操作规程，告知作业场所的危险源和控制办法。对生产区域内的外来劳务人员应加强现场安全检查，杜绝违章作业。对港口内外来劳务人员应建立相应的安全管理制度和考核办法。

【要点】

查看企业的档案资料，企业是否制定了针对外来施工单位和外来劳务人员的安全管理制度和措施。

三、与外来施工（作业）方签订安全协议，明确双方各自的安全责任。

【释义】

本条是关于企业与外来施工（作业）方签订安全协议，明确双方各自的安全责任的考评要求。

外来施工（作业）方应有相应的安全资质、项目负责人和安全负责人，且建立了各级安全责任制和管理制度，具备安全生产的保障条件。外来施工（作业）方与企业签订安全协议，施工现场有可靠的安全防范措施。外来施工（作业）队伍进入企业，在签订工程项目承包协议书的同时，签订安全管理承包协议书，应明确双方的责任，以及安全管理、防火管理、设备使用、人员教育与培训、安全检查与监督等方面的管理要求，且必须符合《合同法》和《安全生产法》的要求，不能侵犯双方的合法权益。承包工程项目有新增或削减项目内容时，应重新办理相关手续。

对生产区域内的外来劳务人员应建立相应的安全管理制度和考核办法，且应符合当地政府的统一规定。对生产区域内的外来劳务人员应进行安全健康培训，规定其操作规程，告知作业场所的危险源和控制办法。对生产区域内的外来劳务人员应加强现场安全检查，杜绝违章作业。对港口内外来劳务人员应建立相应的安全管理制度和考核办法。

【要点】

查看企业的档案资料，企业是否制定了针对外来施工单位和外来劳务人员的安全管理制度和措施。

四、对短期合同工、临时用工、实习人员、外来参观人员、客户及其车辆等进入作业现场有相应的安全管理制度和措施。

【释义】

本条是关于港口企业对短期合同工、临时用工、实习人员、外来参观人员、客户及其车辆等进入作业现场安全管理的规定。

根据港口相关法律法规的规定，港口企业作业现场应实行封闭管理，特别是集装箱码头从事港口危险货物作业时。因此，应制定短期合同工、临时用工、实习人员、外来参观人员、客户及其车辆等进入作业现场有相应的安全管理制度和措施，确保安全。制度实例如下：

某公司外来参观人员、客户管理制度

1　管理职能

安全监察部是外来培训、参观人员进入公司生产现场安全管理的归口部门，负责外来培训、参观人员的安全教育管理。总经理工作部协助抓好外来培训、参观人员的安全管理。

2　管理内容和要求

2.1　外来培训人员的安全教育

2.1.1　外来培训人员由总经理工作部组织对其进行三级安全教育，经考试合格后，方可开始实习。

2.1.2　公司安全教育由总经理工作部、安全监察部共同负责。

2.1.3　部门的安全教育，在哪个部门实习，由哪个部门负责。

2.1.4　班组安全教育，由实习人员所在班组负责。

2.1.5　三级安全教育的内容，按照公司安全教育管理标准执行。

2.1.6　凡来公司培训实习的人员必须与总经理工作部签订培训合同，合同内必须明确安全责任。

2.1.7　在实习期间，由培训实习部门负责对实习人员的安全管理。

2.2　外来参观人员的安全教育

2.2.1　外来参观人员的安全教育由具体接待部门负责。

2.2.2　安全教育的主要内容是：进入生产现场有关的安全管理标准、制度。

2.2.3　公司陪同参观的人员负责对外来参观人员的安全管理。

2.3　接待部门必须保证外来培训、参观人员做到下述要求

2.3.1　所有外来人员都必须自觉遵守安全生产工作规定和本公司的各项规章制度。

2.3.2　所有外来人员在参观、实习、工作期间，必须服从本公司有关人员的安全监督。

2.3.3　所有外来人员不得擅自动用现场设备。

2.3.4　所有外来人员必须接受本公司安全监察部监察，并对提出的问题立即整改。

3　检查与考核

3.1　本标准的执行情况由安全监察部、总经理工作部组织检查与考核。

3.2　按公司考核标准进行检查与考核。

【要点】

查制度，检查港口企业是否制定了短期合同工、临时用工、实习人员、外来参观人员、客户及其车辆等进入作业现场安全管理的规定。查记录，短期合同工、临时用工、实习人员、外来参观人员、客户及其车辆等进入作业现场是否有记录，记录是否连续。

第四节　装卸作业管理

【依据】

《中华人民共和国港口法》。

《中华人民共和国内河交通安全管理条例》（国务院令〔2002〕第355号）。

《危险化学品安全管理条例》（国务院令第591号）。

《港口经营管理规定》（交通运输部令2009年第13号）。

《中华人民共和国港口设施保安规则》（交通部2007年第10号令）。

《港口货物作业规则》（交通部2000年第10号令）。

《港口危险货物管理规定》。

《烟花爆竹安全管理条例》（国务院令第455号）。

一、按装卸货物种类，制定作业指导书，作业指导书包含安全操作规程。

【释义】

本条是关于作业指导书的考评要求。

普通货物码头作业的货物种类众多，应根据工艺、货种和相关管理规定制定作业指导书。

岗位作业指导书就是结合传统安全管理方法和HSE管理方法发展而来的管理模式，其目的是使员工对有关该岗位的相关知识和工作有全面的了解，知道在该岗位上工作可能遇到的危害、风险和隐患，应当采取哪些防范措施。

港口企业要针对不同岗位编制的岗位作业指导书。比较齐全的包括十二个项目：岗位描述，岗位工作目标和要求，安全职责，岗位职责，巡回检查路线和检查标准，工作规范（内容），隐患分析及削减措施，系统内设备操作规程和参数，系统内工艺流程图，管理制度，应急预案，常用法律法规、标准目录及附录。这些内容可以根据岗位的实际增加或减少相关的项目和内容，便于增强可操作性，对基层的岗位工作有更好的指导性。

（1）岗位描述。这一部分是对一个岗位的基本情况进行描述，其作用是使在该岗位工作的员工能对这个岗位有比较全面的了解。这一项包括岗位名称、工作概述、岗位关系、特殊要求、工作权限、职业资格和工作考核七项内容。

(2)岗位工作目标和要求。这一部分描述了这个岗位各方面的工作目标是什么,有什么要求和标准。这是一个总体的概述,使岗位员工对这个岗位的工作要达到什么要求有清楚的认识。

(3)安全职责。这一部分使员工清楚该岗位在安全方面应当遵守的职责是什么,要做好哪些安全工作,要负什么样的责任。

(4)岗位职责。这一部分是介绍该岗位的岗位职责,岗位职责是多年来企业管理中好的管理做法。目前,有的企业流于形式,应当从实际出发,与时俱进,对其内容不断修订,增强可操作性和实效性,能量化的内容尽量量化,避免空洞的内容,既不起界定职责的作用,也无法考核。

(5)巡回检查路线和检查标准。顾名思义,这一部分是针对需定时巡回检查的岗位,明确规定巡回检查的路线、检查点和检查的标准,便于岗位员工能够正确检查,掌握正常与异常的差别,能够及时处理。

(6)工作规范(内容)。对一个岗位应做的具体工作,在此部分中要告诉员工遵守什么规范,执行什么程序。此项规定越细,越易于员工在工作中执行。

(7)隐患分析及削减措施。在危害(隐患)辨识分析的基础上,这一部分将该岗位员工参与的工作列出,按照标准危害(隐患)辨识分析卡的模式逐一编制,使员工在工作实施前清楚这项工作的危害和预防措施,所需的准备工作和工作步骤,达到的具体标准等。

(8)设备操作规程和参数。有的岗位在日常工作中须管理各种设备。因此,员工应当掌握这些设备的操作规程和基本参数。掌握了操作规程,才能做到正确的操作。所以,这一部分要将该岗位所有设备的操作规程和基本参数一一列出。

(9)工艺流程图。有的岗位负责工艺流程,所以,员工要对工艺流程一清二楚,否则,出现异常情况就会不知所措,不会处理。因此,这一部分主要把该岗位的工艺流程图附上,流程的操作标准、操作步骤和方法也应当一并列出。

(10)管理制度。每个岗位员工都应当遵守法律法规和企业的管理制度。一个员工在上岗工作前,企业首先应当告知这名员工应当遵守的管理制度有哪些,做到什么程度。否则,出了问题,就指责员工违反管理制度,是不合适的。这一项就应列出在岗位上应当遵守的制度及内容。有的企业制度比较多,可在此只列制度目录,具体内容查阅相关的制度汇编。

(11)应急预案。一般企业都有各种应急预案,用来应对各种突发情况。作为一名员工,在出现突发情况时,能够及时正确处理是至关重要的。所以,岗位员工应当清楚遇到意外或紧急情况如何处理。针对岗位的实际情况,可以把可能遇到的情况从应急预案中摘录出来,编入岗位作业指导书。

(12)常用法律法规、标准目录及附录。这一部分列出该岗位员工应当遵守的法律、法规和标准,供查阅的地点或来源,使员工能够了解到这些知识。附录.指根据岗位实际需要列出的内容,如岗位常用的安全知识等。

在实施过程中,对出现的问题或需要补充的地方,要及时补充完善。待每年全面修订时，该修订的修订，该补充的补充，做到持续改进，使岗位作业指导书一直有实效性。

【要点】

检查企业根据装卸货物种类制定的作业指导书。

二、现场作业各工种按作业指导书进行作业，严格遵守岗位操作规程。

【释义】

本条是关于现场作业执行作业指导书的考评要求。

本条是上一条的延续，制定了现场指导书不能仅仅是揣在包里，贴在墙上，而是需要在现场中执行和落实，否则再好的作业指导书都是一纸空文。

【要点】

检查港口企业采取的落实作业指导书的措施，检查港口企业承担安全管理的机构和人员的现场检查记录，是否有相关内容。检查现场，是否执行作业指导书。

三、货物堆放和存储符合相关安全规范和技术要求。

【释义】

本条是关于货物堆放和存储的考评要求。

各种不同的货物堆存有严格的要求，特别是集装箱码头存放的危险货物，存放不合理就有可能造成重大安全事故，造成人员和财产损失。

【要点】

查现场，检查货物堆放和存储情况。港口企业应在货物堆放和存储张贴标签，标明堆存货物的数量、适用的标准或规范，以及符合性。标签格式（推荐）见表＊ ＊-＊ ＊。

货物堆放和存储张贴标签 表＊ ＊-＊ ＊

堆存场所名称	货物的名称	数　量	适用的规定名称	规 定 条 文	符 合 性	备　注

四、建立并规范填写装卸工作台账。

【释义】

本条是关于装卸工作台账的考评要求。

港口企业应建立完善装卸工作台账，并督促现场工作人员认真做好记录。

【要点】

检查装卸工作台账。

第五节　警 示 标 志

【依据】

《内贸码头港口保安基本措施和程序》（交水发〔2008〕57 号）。

《工作场所职业病危害警示标识》（GBZ 158－2003）。

一、设置安全警示标志/识，采取措施，严禁无关人员进入作业场所。（★★★）

【释义】

本条是关于设置安全警示标志/识和现场作业安全管理的评估要求。

《内贸码头港口保安基本措施和程序》(交水发〔2008〕57 号)(六)标志。在港区重点部位和码头前沿,标注撤离方向。水运客运站内和码头前沿,应在明显位置张贴人员紧急撤离路线图,图中应标注撤离路线和集合点。

港区门口、危险路段设置限速标志、减速带、防撞隔离设施、指示标志及警示牌;港区道路有明显的人车分隔线。按相关规范要求设置安全通道提示标志,在危险区域设置醒目的安全警示标志、标识,码头边坡、临水一侧设置安全护栏(安全链、安全网),港区道路标志标线符合交通运输部关于港区道路安全管理的规定。

码头应在有较大危险因素的生产经营场所和有关设备、设施上设置明显的安全警示标志。

除此之外,在危险货物码头,还应按照《工作场所职业病危害警示标识》(GBZ 158—2003)的要求设置保证职业健康的标识。

【要点】

查看企业作业现场、设施设备,企业对存在危险因素的场所和设备设施,是否设置有明显的安全警示标志,是否警示、告知危险种类、后果及应急措施。

需要注意的是,本项目为所有企业(一、二、三级企业)必备条件,本条标准不合格时终止考评,企业标准化不达标。

第十章　危险源辨识与风险控制

本一级要素危险源辨识与风险控制包括 2 个二级要素、5 个考评指标，共 45 分（其中，"★★"一、二级必备条件指标项 1 条），本要素是对港口客运企业危险源辨识与风险控制工作的考核要求。

第一节　危险源辨识

【依据】

《安全生产法》第三十三条　生产经营单位对重大危险源应当登记建档，进行定期检测、评估、监控，并制定应急预案，告知从业人员和相关人员在紧急情况下应当采取的应急措施。生产经营单位应当按照国家有关规定将本单位重大危险源及有关安全措施、应急措施报有关地方人民政府负责安全生产监督管理的部门和有关部门备案。

《生产过程危险和有害因素分类与代码》（GB/T 13861—2009）。

《企业职工伤亡事故分类》（GB 6441—1986）。

一、开展本单位危险设施或场所危险源的辨识和确定工作。

【释义】

本条是关于企业危险源的辨识和确定的考核要求。

企业应建立风险管理的制度，对生产经营环节中的作业活动、设施设备、工艺过程、作业场所等方面进行危险、有害因素识别，展开风险评价工作，确定企业内可能导致人员伤害或财产损失事故的部位、区域、场所、空间、岗位、设备等，即危险源。

港口企业的主要危险源一般包括以下方面：

①毒害性、易燃易爆性、腐蚀性等危险货物的装卸、储存场所。

②起重机械、锅炉、压力容器（含气瓶）、压力管道、客运索道、场（厂）内专用机动车等特种设备及其作业区域。

③高电压或高电流、高速运动、高温作业、高空作业等非常态、静态、稳态装置或作业区域。

④船舶、汽车、火车等设备及其靠泊、行驶区域。

【要点】

查看企业是否建立隐患（风险控制、不安全因素等）制度，检查企业隐患（风险控制、不安全因素等）工作记录，是否对主要危险源进行辨识。

二、辨识重大危险源，采取有效防护措施，按规定报有关部门备案。（★★）

【释义】

本条是关于企业重大危险源的考核要求。

港口客运企业由于是从事旅客运输的，一般不存在重大危险源。但是，由于部分港口码头建设的年代较早，使用时间长，或者是所处的环境较为复杂，故仍需进行重大危险源辨识，以确保安全。

【要点】

查看企业是否对重大危险源进行辨识，存在重大危险源的单位是否采取有效防护措施，是否按规定报有关部门备案。

需要注意的是，本项目为一、二级标准化达标企业必备条件，本条标准不合格的企业，不能评为一、二级标准化达标企业。

第二节　风险控制

【依据】

《安全生产法》第三十六条规定，生产经营单位应当教育和督促从业人员严格执行本单位的安全生产规章制度和安全操作规程；并向从业人员如实告知作业场所和工作岗位存在的危险因素、防范措施以及事故应急措施。

《生产过程危险和有害因素分类与代码》（GB/T 13861—2009）。

一、及时对作业活动和设备设施进行危险、有害因素识别。

【释义】

本条是关于企业作业活动和设备设施进行危险、有害因素识别的考核要求。

企业应对生产经营环节中的作业活动、设施设备、工艺过程、作业场所等方面进行危险、有害因素识别，展开风险评价工作，根据风险评价结果及生产经营运行情况等，确定不可接受的风险，制定并落实控制措施，将风险尤其是重大风险控制在可以接受的程度。

企业在选择风险控制措施时应包括：工程技术措施；管理措施；培训教育措施；个体防护措施。企业在选择风险控制措施时应考虑：可行性、安全性、可靠性。

【要点】

查看企业是否及时对作业活动和设备设施进行危险、有害因素识别。

二、向从业人员如实告知作业场所和工作岗位存在的危险因素、防范措施以及事故应急措施。

【释义】

本条是关于企业作业场所和工作岗位存在的危险因素、防范措施以及事故应急措施告知的考核要求。

企业应将风险评价的结果，特别是作业场所和工作岗位存在的危险因素、防范措施以及事故应急措施对从业人员进行宣传、培训，使其熟悉工作岗位和作业环境中存在的危险、有害因素，掌握、落实应采取的控制措施和事故应急措施，从而保护从业人员的生命安全，保证安全生产。

【要点】

查看企业作业现场,企业是否在存在危险有害的岗位场所悬挂或张贴危害告知牌,查阅企业培训记录资料,企业是否向从业人员如实告知作业场所和工作岗位存在的危险因素、防范措施以及事故应急措施。

三、对危险源进行建档,重大危险源单独建档管理。

【释义】

本条是关于企业危险源、重大危险源建档管理的考核要求。

企业应对辨识出的危险源进行建档,若有重大危险源应单独建档管理。

【要点】

查看企业的是否建立危险源档案,建立的危险源档案资料是否齐全。企业是否涉及大危险源,涉及的是否单独建档。

第十一章　隐患排查与治理

本一级要素隐患排查与治理包括2个二级要素、8个考评指标，共70分（其中，“★★★”一、二、三级必备条件指标项1条，“★★”一、二级必备条件指标项1条），本要素是对港口客运企业隐患排查与治理的考核要求。

第一节　隐 患 排 查

【依据】

《中华人民共和国突发事件应对法》（中华人民共和国主席令第六十九号）第二十二条规定，所有单位应当建立健全安全管理制度，定期检查本单位各项安全防范措施的落实情况，及时消除事故隐患；掌握并及时处理本单位存在的可能引发社会安全事件的问题，防止矛盾激化和事态扩大；对本单位可能发生的突发事件和采取安全防范措施的情况，应当按照规定及时向所在地人民政府或者人民政府有关部门报告。

国务院办公厅《关于在重点行业和领域开展安全生产隐患排查治理专项行动的通知》（国办发明电〔2007〕16号），该文是国务院办公厅2007年5月12日下发的。交通部发出《关于开展水运交通基础设施安全隐患排查工作的通知》（交水明电〔2007〕0902号）的要求。其目的是要通过开展隐患排查治理专项行动，进一步落实企业的安全生产主体责任和地方人民政府的安全监管主体责任，全面排查治理事故隐患和薄弱环节，认真解决存在的突出问题，建立重大危险源监控机制和重大隐患排查治理机制及分级管理制度，有效防范和遏制重特大事故的发生，促进全国安全生产状况进一步稳定好转。

一、制定隐患排查工作方案，明确排查的目的、范围，选择合适的排查方法。

【释义】

本条是关于企业隐患排查的考核要求。

企业应结合本企业的实际制定相应的工作方案，明确排查的目的、范围，选择合适的排查方法。

隐患排查的目的是认真贯彻落实“安全第一、预防为主、综合治理”的方针，全面查找企业安全生产上存在的问题，深入治理可能引发事故的各种隐患，防范一般事故，杜绝重特大事故。

隐患排查的范围是港口（码头）企业安全生产的基本条件、基础设施、技术装备、作业环境以及思想认识、工作作风、规章制度、劳动纪律、从业人员培训资质、现场管理等方面。

港口（码头）企业作业一般涉及范围较广，因此隐患排查必须成立一个适应工作需要的排查组，配备适当的力量，深入港口现场排查。排查方法分定期检查和专项检查。

定期检查为日常综合检查，危险货物码头、滚装码头、客运码头、集装箱码头及其他重点码头每月不得少于两次，其他码头每月不得少于一次，在检查中发现安全隐患的，应当责令被检查人立即排除或限期排除。专项检查指重大节假日、汛期、地灾等特殊情况时段，专项检查。

【要点】

查看企业是否制定隐患排查工作方案，是否明确排查的目的、范围，选择合适的排查方法。

二、每月至少开展一次安全自查自纠工作，及时发现安全管理缺陷和漏洞，消除安全隐患。检查及处理情况应当记录在案。（★★★）

【释义】

本条是关于企业隐患排查周期的考核要求。

针对隐患排查范围每月至少开展一次安全自查自纠工作。

安全自查自纠工作由港口（码头）单位负责活动开展日常管理工作，在检查中发现的安全隐患，应有处理意见。检查及处理情况应当记录，并归档保存。

【要点】

查阅企业的隐患排查记录，查看企业是否至少每月开展一次安全自查自纠工作，是否对发现安全隐患、安全管理缺陷和漏洞，进行及时的消除。检查及处理情况是否记录在案。

需要注意的是，本项目为所有达标企业（一、二、三级企业）必备条件，本条标准不合格时终止考评，企业标准化不达标。

三、对各种安全检查所查出的隐患进行原因分析，制定针对性控制对策。

【释义】

本条是关于企业排查出隐患原因分析和控制措施的考核要求。

隐患的原因分析包括直接原因分析、间接原因（包括管理原因）分析，查出隐患的原因后，应有针对性的控制措施，即治理方案。

【要点】

查看企业是否对各种安全检查所查出的隐患进行原因分析，是否制定针对性控制对策。

第二节　隐 患 治 理

【依据】

《安全生产法》第十七条规定，生产经营单位的主要负责人对本单位安全生产工作负有下列职责：（四）督促、检查本单位的安全生产工作，及时消除生产安全事故隐患。

第五十一条规定，从业人员发现事故隐患或者其他不安全因素，应当立即向现场安全生产管理人员或者本单位负责人报告；接到报告的人员应当及时予以处理。

第五十三条规定，县级以上地方各级人民政府应当根据本行政区域内的安全生产状况，组织有关部门按照职责分工，对本行政区域内容易发生重大生产安全事故的生产经营单位进行严格检查；发现事故隐患，应当及时处理。

第五十六条规定，负有安全生产监督管理职责的部门依法对生产经营单位执行有关安全生产的法律、法规和国家标准或者行业标准的情况进行监督检查，行使以下职权：(三)对检查中发现的事故隐患，应当责令立即排除；重大事故隐患排除前或者排除过程中无法保证安全的，应当责令从危险区域内撤出作业人员，责令暂时停产停业或者停止使用；重大事故隐患排除后，经审查同意，方可恢复生产经营和使用。

《中华人民共和国港口法》第三十六条规定，港口行政管理部门应当依法对港口安全生产情况实施监督检查，对旅客上下集中、货物装卸量较大或者有特殊用途的码头进行重点巡查；检查中发现安全隐患的，应当责令被检查人立即排除或者限期排除。

《港口经营管理规定》第三十三条规定，港口行政管理部门应当依法对港口安全生产情况和本规定执行情况实施监督检查，并将检查的结果向社会公布。港口行政管理部门应当对旅客集中、货物装卸量较大或者特殊用途的码头进行重点巡查。检查中发现安全隐患的，应当责令被检查人立即排除或者限期排除。

一、制定隐患治理方案，包括目标和任务、方法和措施、经费和物资、机构和人员、时限和要求。

【释义】

本条是关于企业隐患治理方案制定的考核要求。

企业应制定隐患治理方案，隐患治理方案包括目标和任务、方法和措施、经费和物资、机构和人员、时限和要求。

隐患治理方案目标要明确，任务要下到具体的班级和人员。隐患治理方案可操作性强，方法恰当，有针对性措施。发现隐患应立即排除或限期排除。

【要点】

查看企业是否制定隐患治理方案，企业制定的隐患治理方案是否包括目标和任务、方法和措施、经费和物资、机构和人员、时限和要求。

二、对上级检查指出或自我检查发现的一般安全隐患，严格落实防范和整改措施，并组织整改到位。

【释义】

本条是关于企业检查发现的一般安全隐患整改要求的考核要求。

上级行政主管部门下达的执法文书或上级企业部门安全检查意见，以及自查的一般安全隐患，应进行立即落实整改。采取的防范和整改措施，应有执行人和检查人及相关的人员签字的记录，记录应归档保存。

【要点】

查看企业是否对上级检查指出或自我检查发现的一般安全隐患，严格落实防范和整改措施，并组织整改到位。

三、重大安全隐患报相关部门备案，做到整改措施、责任、资金、时限和预案“五到位”。(★★)

【释义】

本条是关于企业重大安全隐患隐的考核要求。

重大安全隐患是指可能导致重大人身伤亡或者重大经济损失的事故隐患。

重大安全隐患需报相关部门备案，一般性安全隐患由企业处理后存档。相关部门指交通运输（港口）主管部门和港口行政管理部门或者其他依法负有安全生产监督管理职责的部门。

“五到位”是指重大安全隐患，必须有整改措施、层层落实责任、保障资金投入、在规定的时限内整改结束，并结合实际编制应急处理预案。整改措施应具体明确，层层落实责任到人。

隐患治理结束后及时组织验收。对无力整改的隐患，一方面采取各种措施，一方面给上级部门打报告。

【要点】

查看企业隐患排查记录，是否存在重大安全隐患，企业存在的重大安全隐患是否报相关部门备案，企业是否做到整改措施、责任、资金、时限和预案“五到位”。

需要注意的是，本项目为一、二级标准化达标企业必备条件，本条标准不合格的企业，不能评为一、二级标准化达标企业。

四、建立隐患治理台账和档案，有相关的记录。

【释义】

本条是关于企业隐患治理台账和档案的考核要求。

企业应建立健全隐患治理制度，建立隐患治理记录，建立事故隐患治理档案，评估报告书、治理方案和验收报告、各种控制措施方案应归档保存。

【要点】

查看企业是否建立隐患治理台账和档案，是否有相关的记录。

五、按规定对隐患排查和治理情况进行统计分析，并向有关部门报送。

【释义】

本条是关于企业隐患排查和治理情况的考核要求。

企业应按规定对隐患排查和治理情况进行统计分析，并向有关部门报送书面统计分析表，统计分析表（包括原始资料）应存档。隐患排查和治理情况的统计、分析，研究制定相应的防范措施。

【要点】

查看企业按规定对隐患排查和治理情况进行统计分析，并向有关部门报送书面统计分析表。

第十二章 职业健康

本一级要素职业健康,包括4个二级要素、5个考评指标,共25分,本要素规定了对港口客运企业职业健康的考核要求。

第一节 健康管理

【依据】

《安全生产法》第四十四条。

《中华人民共和国职业病防治法》第五条、第十九条。

《中华人民共和国职业病防治法》第五条规定,用人单位应当建立、健全职业病防治责任制,加强对职业病防治的管理,提高职业病防治水平,对本单位产生的职业病危害承担责任。

第十九条规定,用人单位应当采取下列职业病防治管理措施:

(一)设置或者指定职业卫生管理机构或者组织,配备专职或者兼职的职业卫生专业人员,负责本单位的职业病防治工作。

(二)制定职业病防治计划和实施方案。

(三)建立、健全职业卫生管理制度和操作规程。

(四)建立、健全职业卫生档案和劳动者健康监护档案。

(五)建立、健全工作场所职业病危害因素监测及评价制度。

(六)建立、健全职业病危害事故应急救援预案。

《职业健康监护技术规范》(GBZ 188—2007)4.2.1。

一、设置或指定职业健康管理机构,配备专(兼)职管理人员。

【释义】

本条是关于企业职业健康管理机构的考核要求。

《安全生产法》第四十四条规定生产经营单位与从业人员订立的劳动合同,应当载明有关保障从业人员劳动安全、防止职业危害的事项,以及依法为从业人员办理工伤社会保险的事项。

《中华人民共和国职业病防治法》第五条规定,用人单位应当建立、健全职业病防治责任制,加强对职业病防治的管理,提高职业病防治水平,对本单位产生的职业病危害承担责任。

第十九条第一款规定,"用人单位应当采取下列职业病防治管理措施:(一)设置或者指定职业卫生管理机构或者组织,配备专职或者兼职的职业卫生专业人员,负责本单位的职业病防治工作"。

近年来，随着经济社会的发展，职业健康受到广泛的关注和重视。在港口客运码头，存在职业危害的主要有辐射（使用放射源的安检设施）、振动、噪声和饮用水等。为做好这项工作，港口客运企业应设置或者指定职业卫生管理机构或者组织，配备专职或者兼职的职业卫生专业人员，负责本单位的职业病防治工作。其中，专职安全管理人员必须在职业健康安全主管部门经相关培训考核合格后取得职业健康管理人员资格证，兼职职业健康管理人员需有书面聘用文件或任命文件、个人资质文件和专业档案。

【要点】

查阅企业的文件，查看企业是否设置或指定职业健康管理机构，是否配备专（兼）职管理人员。

二、按规定对员工进行职业健康检查。

【释义】

本条是关于企业职业健康检查的考核要求。

企业应定期对员工进行职业健康体检，这里的规定有以下几层含义，一是进行职业健康检查的频次应符合规定；二是覆盖的范围要符合规定，三是对职工进行职业健康检查的机构应符合规定。职业健康检查还应为员工建立健全职业卫生档案和员工健康监护档案。

【要点】

查看企业员工职业健康档案，企业是否按规定对员工进行职业健康检查。

第二节　工 伤 保 险

【依据】

《安全生产法》第四十三条。

《中华人民共和国职业病防治法》第六条。

《工伤保险条例》第二条。

一、为从事危险作业人员投保工伤保险。

【释义】

本条是关于企业工伤保险的考核要求。

《安全生产法》第四十三条　生产经营单位必须依法参加工伤社会保险，为从业人员缴纳保险费。

《中华人民共和国职业病防治法》第六条　用人单位必须依法参加工伤社会保险。

《工伤保险条例》第二条　中华人民共和国境内的企业、事业单位、社会团体、民办非企业单位、基金会、律师事务所、会计师事务所等组织和有雇工的个体工商户（以下称用人单位）应当依照本条例规定参加工伤保险，为本单位全部职工或者雇工（以下称职工）缴纳工伤保险费。用人单位必须依法参加工伤社会保险。国务院和县级以上地方人民政府劳动保障行政部门应当加强对工伤社会保险的监督管理，确保劳动者依法享受工伤社会保险待遇。

所有从业人员均参加工伤社会保险企业所有从业人员均参加工伤社会保险。工伤保险费由生产经营单位按照职工工资总额的一定比例缴纳。工伤保险基金存入银行开设的工伤保险基金专户,专款专用。

【要点】

查阅企业的工伤保险缴费凭证资料,查看企业是否按规定为员工参加工伤保险。

第三节 危害告知

【依据】

《安全生产法》第三十六条规定,生产经营单位应当教育和督促从业人员严格执行本单位的安全生产规章制度和安全操作规程;并向从业人员如实告知作业场所和工作岗位存在的危险因素、防范措施以及事故应急措施。

《中华人民共和国职业病防治法》第三十条规定,公司应当将工作过程中可能产生的职业病危害及其后果、职业病防护措施和待遇等如实告知员工,并在劳动合同中写明,不得隐瞒或者欺骗。

一、对从业人员进行职业健康宣传培训。使其了解其作业场所和工作岗位存在的危险因素和职业危害、防范措施和应急处理措施。

【释义】

本条是关于企业职业健康宣传培训的考核要求。

企业应当对劳动者进行上岗前的职业卫生培训和在岗期间的定期职业卫生培训,普及职业卫生知识,督促劳动者遵守职业病防治法律、法规、规章和操作规程,指导劳动者正确使用职业病防护设备和个人使用的职业病防护用品。劳动者应当学习和掌握相关的职业卫生知识,遵守职业病防治法律、法规、规章和操作规程,正确使用、维护职业病防护设备和个人使用的职业病防护用品,发现职业病危害事故隐患应当及时报告。

劳动者享有下列职业卫生保护权利:

①获得职业卫生教育、培训。

②获得职业健康检查、职业病诊疗、康复等职业病防治服务。

③对违反职业病防治法律、法规以及危及生命健康的行为提出批评、检举和控告。

④拒绝违章指挥和强令进行没有职业病防护措施的作业。

企业应在具有职业危害的岗位、部位设置职业危害告知牌。

【要点】

查阅企业的培训档案记录,查看企业是否对从业人员进行职业健康宣传培训。通过现场抽查询问员工是否了解其作业场所和工作岗位存在的危险因素和职业危害、防范措施和应急处理措施,降低或消除危害后果的事项。

第四节　环境与条件

【依据】

《安全生产法》第三十七条规定，生产经营单位必须为从业人员提供符合国家标准或者行业标准的劳动防护用品，并监督、教育从业人员按照使用规则佩戴、使用。

第三十九条规定，生产经营单位应当安排用于配备劳动防护用品、进行安全生产培训的经费。

《中华人民共和国劳动法》第十九条规定，劳动合同应当以书面形式订立，并具备以下条款：(三)劳动保护和劳动条件。

第九十二条规定，用人单位的劳动安全设施和劳动卫生条件不符合国家规定或者未向劳动者提供必要的劳动防护用品和劳动保护设施的，由劳动行政部门或者有关部门责令改正，可以处以罚款；情节严重的，提请县级以上人民政府决定责令停产整顿；对事故隐患不采取措施，致使发生重大事故，造成劳动者生命和财产损失的，对责任人员比照刑法第一百八十七条的规定追究刑事责任。

一、为从业人员提供符合职业健康要求的工作环境和条件，配备与职业健康保护相适应的设施、工具。

【释义】

本条是关于企业职业健康防护的考核要求。

企业应分析掌握工作场所产生或者可能产生的职业病危害因素、危害后果和制定相应的职业病防护措施。

企业应为员工提供符合防治职业病要求的职业病防护设施和个人使用的职业病防护用品，改善工作条件。

企业应当加强作业场所的职业危害防治工作，为从业人员提供符合法律、法规、规章和国家标准、行业标准的工作环境和条件，采取有效措施，保障从业人员的职业健康。

【要点】

查看企业现场，检查企业是否为从业人员提供符合职业健康要求的工作环境和条件，是否配备与职业健康保护相适应的设施、工具。

第十三章　安全文化

本一级要素安全文化，包括2个二级要素、7个考评指标，共35分（其中，“★”一级必备条件指标项1条），本要素是对港口客运企业安全文化建设情况的考核要求。

第一节　安全环境

【依据】

《企业安全文化建设评价准则》（AQ/T 9005—2008）。

在安全生产的实践中，人们发现，对于预防事故的发生，仅有安全技术手段和安全管理手段是不够的，还需要一种安全环境。目前的科技手段还达不到物的本质安全化，设施设备的危险不能根本避免，员工在作业工程中为了某些利益或好处，例如省时、省力、多挣钱等，会在缺乏管理监督的情况下，无视安全规章制度，“冒险”采取不安全行为。然而并不是每一次不安全行为都会导致事故的发生，这会进一步强化这种不安全行为，并可能“传染”给其他人，大量不安全行为的结果必然是发生事故。企业营造良好的安全环境，人人重视安全，真正把安全放在第一位，对企业的安全生产十分必要。

一、设立安全文化廊、安全角、黑板报、宣传栏等员工安全文化阵地，每月至少更换一次内容。

【释义】

本条是关于企业按文化建设的考核要求。

安全文化的内容和形式有多种多样，企业可以采取不同的形式进行安全文化教育，比如通过设立安全文化廊、安全角、黑板报、宣传栏等方式进行安全文化知识的宣传，宣传知识每月应至少更换一次内容。

【要点】

查看企业是否设立安全文化廊、安全角、黑板报、宣传栏等员工安全文化阵地，内容每月是否至少更换一次。

二、公开安全生产举报电话号码、通信地址或者电子邮件信箱。对接到的安全生产举报和投诉及时予以调查和处理。

【释义】

本条是关于企业安全监督的考核要求。

企业应当向员工公开安全生产的举报联系方式，并对员工的举报和投诉情况要及时地作出反应。

【要点】

查看企业是否公开安全生产举报电话号码、通信地址或者电子邮件信箱。企业是否对接到的安全生产举报和投诉及时予以调查和处理。

第二节　安全行为

【依据】

对不安全行为的研究发现，许多伤害事故是由于员工的不安全行为所导致，而不安全的行为则是由安全管理系统存在缺陷所引发。为此加强员工安全行为的管理尤为重要。

一、开展安全承诺活动。(★)

【释义】

本条是关于企业安全承诺活动的考核要求。

企业应当组织开展安全承诺活动，并签订承诺责任书。

【要点】

查看企业是否开展安全承诺活动。

需要注意的是，本项目为一级标准化达标企业必备条件，本条标准不合格的企业，不能评为一级标准化达标企业。

二、编制安全知识手册，并发放到职工。

【释义】

本条是关于企业安全知识手册的考核要求。

港口企业应进行安全知识的宣传，编制安全手册，发并放到职工手中。

【要点】

查看企业是否编制安全知识手册，是否发放到职工手中。

三、组织开展安全生产月活动、安全生产竞赛活动，有方案、有总结。

【释义】

本条是关于企业安全生产月活动的考核要求。

企业应组织开展各种形式的安全活动，并且每次活动应有方案和总结。

【要点】

查看企业是否组织开展安全生产月活动、安全生产竞赛活动，活动是否有方案和总结。

四、对在安全工作中做出显著成绩的集体、个人给予表彰、奖励，并与其经济利益挂钩。

【释义】

本条是关于企业安全激励机制的考核要求。

企业应当对在安全工作中作出了显著成绩的集体和个人进行表彰和奖励，要以经济形式进行表现。

【要点】

查看企业是否对在安全工作中做出显著成绩的集体、个人给予表彰、奖励，企业的安全工作是否与其经济利益挂钩。

五、对安全生产进行检查、评比、考核，总结和交流经验，推广安全生产先进管理方法。

【释义】

本条是关于企业安全生产先进管理方法的考核要求。

企业在安全生产工作中，应该进行检查、评比、考核，总结和交流经验，使先进的安全生产管理方法得到推广。

【要点】

查看企业是否对安全生产进行检查、评比、考核，是否总结和交流经验，是否推广安全生产先进管理方法。

第十四章　应急救援

本一级要素应急救援，包括5个二级要素、13个考评指标，共85分（其中，“★★★”一、二、三级必备条件指标项3条，“★★”一、二级必备条件指标项1条，“★”一级必备条件指标项1条），本要素规定了港口客运企业应急救援的考核要求。

第一节　预案制订

【依据】

《安全生产法》第十七条、第三十三条。

《中华人民共和国港口法》第三十二条第二款。

《中华人民共和国突发事件应对法》（中华人民共和国主席令第69号）第二十四条第一款。

《港口经营管理规定》第二十六条。

一、制定相应的突发事件应急预案，有相应的应急保障措施。（★★★）

【释义】

本条是关于企业应急预案制定的考核要求。

《安全生产法》第十七条第五款规定，生产经营单位的主要负责人对本单位安全生产工作负有下列职责：（五）组织制定并实施本单位的生产安全事故应急救援预案。

第三十三条规定，生产经营单位对重大危险源应当登记建档，进行定期检测、评估、监控，并制定应急预案，告知从业人员和相关人员在紧急情况下应当采取的应急措施。

《中华人民共和国港口法》第三十二条第二款规定，港口经营人应当依法制定本单位的危险货物事故应急预案、重大生产安全事故的旅客紧急疏散和救援预案以及预防自然灾害预案，保障组织实施。

《港口经营管理规定》第二十六条规定，港口经营人应当依法制定本单位的危险货物事故应急预案、重大生产安全事故的旅客紧急疏散和救援预案以及预防自然灾害预案，并保障组织实施。

港口经营人按照前款规定制定的各项预案应当报送港口行政管理部门和港口所在地海事管理机构备案。

《中华人民共和国突发事件应对法》（中华人民共和国主席令第69号）第二十四条规定，公共交通工具、公共场所和其他人员密集场所的经营单位或者管理单位应当制定具体应急预案，为交通工具和有关场所配备报警装置和必要的应急救援设备、设施，注明其使用方法，并显著标明安全撤离的通道、路线，保证安全通道、出口的畅通。

上述法律法规明确规定港口企业应当制定应急预案，特别是《中华人民共和国港口法》第三十二条和《港口经营管理规定》第二十六条规定，制定重大生产安全事故的旅客紧急疏散预案。

应急预案是指港口经营人针对本单位所从事港口作业的特点，针对可能发生的各种恶性突发事件及其后果，预先制定的抢险、救援方案或计划。应急预案应当具体、明确，应当使每一参与抢险应急的人都明白如何应对各种可能的突发事件。这些规定同样适用于港口经营人。

突发事件应急救援预案要按《生产经营单位安全生产事故应急救援预案编制导则》（AQ/T 9002）要求编写，基本情况、事故发生后应采取的处理的措施，人员紧急疏散撤离不能遗漏。

这里的保障措施指的是应急救援预案中要体现应急指挥系统，应急救援队伍，明确各级应急指挥系统和救援队伍的职责，企业应储备必备的应急物资，并妥善保管。应急预案不能仅仅写在纸上，重要的是落实。应急预案的演练、专兼职应急管理人员、应急物资、与相关单位的衔接等。

【要点】

查看企业是否制定相应的突发事件应急预案，是否有相应的应急保障措施和必备的应急物资。

需要注意的是，本项目为所有达标企业（一、二、三级企业）必备条件，本条标准不合格时终止考评，企业标准化不达标。

二、结合实际将应急预案分为综合应急预案、专项应急预案和现场处置方案。（★★）

【释义】

本条是关于企业综合预案与专项预案制定的考核要求。

本考评要点规定了港口客运企业的应急预案体系的基本框架，即由综合应急预案、专项应急预案和现场处置方案组成。

综合应急预案是从总体上阐述处理事故的应急方针、政策，应急组织结构及相关应急职责，应急行动、措施和保障等基本要求和程序，是应对各类事故的综合性文件。

专项应急预案是针对具体的事故类别、危险源和应急保障而制定的计划或方案，是综合应急预案的组成部分，应按照综合应急预案的程序和要求组织制定，并作为综合应急预案的附件。专项应急预案应制定明确的救援程序和具体的应急救援措施。专项预案通常作为总体预案的组成部分，有时也称为分预案。结合港口、码头企业实际，专项应急预案主要包括：淹溺事故、触电事故、火灾和爆炸事故、中暑事故、起重伤害事故、高处坠落事故、船舶溢油事故、食物中毒事故、船舶交通事故、车辆交通事故、防风防雷等应急救援预案。

现场处置方案是针对具体的装置、场所或设施、岗位所制定的应急处置措施。现场处置方案应具体、简单、针对性强。现场处置方案应根据风险评估及危险性控制措施逐一编制，做到事故相关人员应知应会，熟练掌握，并通过应急演练，做到迅速反应、正确处置。

【要点】

查看企业制定的应急预案，是否将应急预案分为综合应急预案、专项应急预案和现场处

置方案。

需要注意的是，本项目为一、二级标准化达标企业必备条件，本条标准不合格的企业，不能评为一、二级标准化达标企业。

三、应急预案与当地政府预案保持衔接，报当地有关部门备案，通报有关协作单位。

【释义】

本条是关于企业应急预案衔接的考核要求。

制定本单位的应急预案是各单位安全生产工作的重要组成部分，应急预案本身是本单位安全生产制度的一部分。港口经营人不仅要制定有关应急预案，还要定期按照预案进行演习，告知从业人员和相关人员在紧急情况下应当采取的应急措施，在发生突发事件时应当及时组织实施。

企业应急预案应与当地政府及有关管理部门应急预案保持高度衔接性，做到快速反应，正确应对，统一部署，启动相应级别的应急预案。

港口经营人制定的本单位应急预案是整个港口应急体系的有机组成部分，应当与港口行政主管部门的有关应急预案相衔接。按照《安全生产法》、《海洋环境保护法》和《突发事件应对法》等法律、法规的规定，港口经营人编制的应急预案，应当分别报港口行政管理部门、当地负责安全生产的综合管理部门以及其他相关部门备案。应急预案与当地政府应急预案衔接，并根据预案的类别分别报当地有关部门备案。特别应当指出的是，港口法是2004年发布的，在第三十二条第二款中要求的是“保障组织实施”，而2009年发布的《港口经营管理规定》对此进行了进一步细化，明确规定“港口经营人按照前款规定制定的各项预案应当报送港口行政管理部门和港口所在地海事管理机构备案”。

【要点】

查看企业制定的应急预案是否与当地政府预案保持衔接，查备案文件，各项预案是否报送港口行政管理部门和港口所在地海事管理机构备案，是否通报有关协作单位。

四、定期评审应急预案，并根据评审结果或实际情况的变化进行修订和完善。

【释义】

本条是关于企业应急预案评审的考核要求。

企业应急预案应定期进行评审，评审应有应急救援体系范围的人员参加，由应急救援领导小组长或分管安全的负责人主持评审。

根据评审结果或实际情况发生变化，进行针对的内容修改，完善应急救援预案内容。

修改后的应急救援预案，应经审批后，发放到各个部门，组织各部门和各岗位人员学习，提高各级人员的应急应变能力。

【要点】

查看企业是否定期评审应急预案，企业是否根据评审结果或实际情况的变化对应急预案进行修订和完善。

第二节 预案实施

【依据】

《中华人民共和国突发事件应对法》(中华人民共和国主席令第69号)。

《中华人民共和国港口法》第三十二条规定,港口经营人应当依法制定本单位的危险货物事故应急预案、重大生产安全事故的旅客紧急疏散和救援预案以及预防自然灾害预案,保障组织实施。

《港口经营管理规定》第二十六条规定,港口经营人应当依法制定本单位的危险货物事故应急预案、重大生产安全事故的旅客紧急疏散和救援预案以及预防自然灾害预案,并保障组织实施。

一、开展应急预案的宣传教育,普及生产安全事故预防、避险、自救和互救知识。

【释义】

本条是关于企业应急预案宣传教育的考核要求。

应急救援预案宣传教育,应达到提高增强安全意识和应急处置技能的目的。应急救援培训内容主要为事故预防、避险、自救和互救等知识。

【要点】

查看企业是否开展应急预案的宣传教育,是否普及生产安全事故预防、避险、自救和互救知识。

二、开展应急预案培训活动,使有关人员了解应急预案内容,熟悉应急职责、应急程序和应急处置方案。(★★★)

【释义】

本条是关于企业应急预案培训活动的考核要求。

应急预案培训活动,应使岗位人员了解预案的内容。通过开展应急预案培训活动,岗位人员应熟悉应急职责、应急程序和应急处置方案。

【要点】

查看企业是否开展应急预案培训活动,现场询问相关人员是否了解应急预案内容,是否熟悉应急职责、应急程序和应急处置方案。

需要注意的是,本评估要点为所有达标企业(一、二、三级企业)必备条件,本条标准不合格时终止考评,企业标准化不达标。

三、发生事故后,及时启动应急预案,组织有关力量进行救援,并按照规定将事故信息及应急预案启动情况报告有关部门。

【释义】

本条是关于企业应急预案应急响应的考核要求。

发生事故后,现场人员和应急救援指挥人员,应能正确启动应急预案的响应程序,迅速地组织人力、物力进行抢险救灾,减少事故损失和人员伤亡。

按规定将事故信息和应急预案启动情况，向当地港口管理部门和安监或其他负责安全监督的部门报告。

【要点】

查看企业是否发生事故，若发生事故企业能否及时启动应急预案，组织有关力量进行救援，能否按照规定将事故信息及应急预案启动情况报告有关部门。

第三节　应急队伍

【依据】

应急救援队伍建设是企业应急救援指挥体系建设的重要组成部分，是防范和应对突发事件的重要举措。突发事故时，应急救援队伍能最大度限度减少突发事故带来的损失。

《生产经营单位安全生产事故应急预案编制导则》（AQ/T 9002—2006）5.8.2。

5.8.2　应急队伍保障，明确各类应急响应的人力资源，包括专业应急队伍、兼职应急队伍的组织与保障方案。

一、建立与本单位安全生产特点相适应的专兼职应急救援队伍，或指定专兼职应急救援人员。

【释义】

本条是关于企业应急救援队伍的考核要求。

企业针对本单位安全生产特点建立应急救援队伍，企业规模小，不具备建立专职或兼职应急救援队伍者，应指定专职或兼职应急救援人员。人员配备应符合本单位应急救援预案中涉及的部门人员和专业技术人员，并以文件形式明确职责分工。

【要点】

查看企业是否建立与本单位安全生产特点相适应的专兼职应急救援队伍，是否指定专兼职应急救援人员。

二、组织应急救援人员日常训练。

【释义】

本条是关于企业应急救援队伍演练的考核要求。

企业应组织应急救援人员日常训练和演练，人员培训内容和方式，可采取理论知识培训和现场演练，队员自学，企业自培或外培。

【要点】

查看企业是否组织应急救援人员进行日常训练和演练，应急演练是否有字纸或影像的资料。

第四节　应急装备

【依据】

《中华人民共和国突发事件应对法》（中华人民共和国主席令第六十九号）第二十四条

第二款;

《生产经营单位安全生产事故应急预案编制导则》(AQ/T 9002—2006)5.8.3。

一、按照应急预案的要求配备相应的应急物资及装备。

【释义】

本条是关于企业应急物资及装备配备的考核要求。

企业应按国家有关规定,配备足够的应急物资及装备。

应急救援装备是应急救援的有力武器与重要保障,在应急救援工作中发挥着极为重要的作用。在事故发生时,面对各种复杂的危险性,必须使用大量种类不一的应急救援装备。如发生火灾,需要使用空气呼吸器、防毒面具;发生停电事故,要使用应急照明等。如果没有专业的应急救援装备,低下的应急救援能力将使事故不断升级恶化,造成难以估量的损失。

应急物资及装备应制定保管和使用管理制度。

【要点】

查看企业是否按照应急预案的要求配备相应的应急物资及装备。

二、建立应急装备使用状况档案,定期进行检测和维护,使其处于良好状态。

【释义】

本条是关于企业应急装备维护保养的考核要求。

《生产经营单位安全生产事故应急预案编制导则》(AQ/T 9002—2006)5.8.3 规定,应急物资装备保障,明确应急救援需要使用的应急物资和装备的类型、数量、性能、存放位置、管理责任人及其联系方式等内容。企业应急物资及装备应建立档案,明确应急救援需要使用的应急物资和装备的类型、数量、性能、存放位置、管理责任人及其联系方式等内容。应急物资及装备应定期检测和维护,并记录。

【要点】

查看企业是否建立应急装备使用状况档案,是否对应急装备定期进行检测和维护,使其处于良好状态。

第五节 应急演练

【依据】

《中华人民共和国突发事件应对法》(中华人民共和国主席令第 69 号)第二十九条第二款。

一、按照有关规定制定应急预案演练计划,按照计划组织开展应急预案演练。(★★★)

【释义】

本条是关于企业应急预案演练计划的考核要求。

本评估要点是对港口客运企业应急演练的规定。

《中华人民共和国突发事件应对法》(中华人民共和国主席令第 69 号)第二十九条第二款规定,居民委员会、村民委员会、企业事业单位应当根据所在地人民政府的要求,结合各自的实际情况，开展有关突发事件应急知识的宣传普及活动和必要的应急演练。但由于各港口客运企业，特别是大型港口企业建立的是预案体系，涉及多个突发事件类型，为确保在一定的周期内使所有的突发事件应对工作得到检验，这就需要制定演练计划。演练计划是指在一定周期内，开展应急演练的频次和类别。这里所指的周期各单位可根据自身的情况确定，但一般和总体应急预案相衔接，应在发布新的总体应急预案前完成覆盖的所有科目。应急预案演练计划，明确应急演练的规模、方式、范围、内容、组织、评估、总结等内容。

企业根据演练计划组织开展应急预案演练。

具体的演练步骤如下：

①年初安全计划应有演练内容。

②演练前制定方案：目的、方法、人员、时间、安全措施。

③演练记录、参战人员、观摩人员。

④总结：安全部门起草，对演练的组织过程、应急反应能力等方面的检验。

⑤评审：通过演练对预案的评审。

【要点】

查看企业是否制定应急预案演练计划，是否按照有关规定组织开展应急预案演练。

需要注意的是，本项目为所有达标企业（一、二、三级企业）必备条件，本条标准不合格时终止考评，企业标准化不达标。

二、应急预案演练结束后，对应急预案演练效果进行评审，撰写应急预案演练评审报告，分析存在的问题，并对应急预案提出修订意见。（★）

【释义】

本条是关于企业应急预案演练效果评审的考核要求。

企业在应急预案演练结束后，应对应急预案演练效果进行评审，分析存在的问题，对演练的组织过程、应急反应能力、资源配备、后勤保障等方面进行分析，找出存在的问题，撰写应急预案演练评审报告，提出对应急预案的修订方案。

【要点】

查看企业是否在应急预案演练结束后，对应急预案演练效果进行评审，撰写应急预案演练评审报告，分析存在的问题，并对应急预案提出修订意见。

需要注意的是，本项目为一级标准化达标企业必备条件，本条标准不合格的企业，不能评为一级标准化达标企业。

第十五章　事故报告调查处理

本级要素事故报告调查处理，包括2个二级要素、7个考评指标，共50分（其中，"★★★"一、二、三级必备条件指标项1条，"★"一级必备条件指标项1条），本要素是对港口客运企业事故报告调查处理的考核要求。

第一节　事故报告

【依据】

《安全生产法》。

《中华人民共和国突发事件应对法》（中华人民共和国主席令第69号）。

《生产安全事故报告和调查处理条例》（国务院令第493号）第九条、十四条。

《港口生产事故统计报表制度》（厅水字〔2010〕247号）。

一、发生事故及时进行事故现场处置，按相关规定及时、准确、如实向有关部门报告，没有瞒报、谎报、迟报情况。（★★★）

【释义】

本条是关于企业事故现场处置和上报的考核要求。

本评估要点是关于事故现场处置和报告的规定。

发生事故及时进行事故现场处置。《生产安全事故报告和调查处理条例》（国务院令第493号）第十四条规定，事故发生单位负责人接到事故报告后，应当立即启动事故应急预案，或者采取有效措施，组织抢救，防止事故扩大，减少人员伤亡和财产损失。事故发生后，港口客运企业应当立即启动相关应急预案，采取有效处置措施，开展先期应急工作，控制事态发展，并按规定向有关部门报告。对危及旅客生命安全的，标明危险区域，组织、协助应急救援队伍和工作人员救助受害人员，疏散、撤离、安置受到威胁的人员，并采取必要措施防止发生次生、衍生事故。

规范事故报告的法律法规主要有《安全生产法》、《生产安全事故报告和调查处理条例》（国务院令第493号），行业管理部门的有《港口生产事故统计报表制度》（厅水字〔2010〕247号）。

《安全生产法》第十七条规定，生产经营单位的主要负责人对本单位安全生产工作负有下列职责：（六）及时、如实报告生产安全事故。

《生产安全事故报告和调查处理条例》（国务院令第493号）第九条规定，事故发生后，事故现场有关人员应当立即向本单位负责人报告；单位负责人接到报告后，应当于1小时内向事故发生地县级以上人民政府安全生产监督管理部门和负有安全生产监督管理职责的有关部门报告。情况紧急时，事故现场有关人员可以直接向事故发生地县级以上人民政府安全生产监督管理部门和负有安全生产监督管理职责的有关部门报告。

《港口生产事故统计报表制度》(厅水字〔2010〕247 号)。

事故报告应当及时、准确、完整，任何单位和个人对事故不得迟报、漏报、谎报或者瞒报，这一规定是根据实践中事故报告存在的主要问题作出的，具有很强的现实针对性。由于港口客运码头是人员聚集场所，事故发生后，及时、准确、完整地报告事故，对于及时、有效地组织事故救援，减少事故损失，顺利开展事故调查具有非常重要的意义。

【要点】

查看企业是否建立事故报告的相关制度，企业在发生事故后能否按相关规定及时、如实向有关部门报告，企业是否及时进行事故现场处置。

需要注意的是，本项目为所有达标企业(一、二、三级企业)必备条件，本条标准不合格时终止考评，企业标准化不达标。

二、跟踪事故发展情况，及时续报事故信息，建立事故档案和事故管理台账。

【释义】

本条是关于企业事故档案和事故管理台账的考核要求。

企业应跟踪事故发展情况，及时向上级部门续报事故信息。企业应建立事故档案和事故管理台账。

【要点】

查看企业事故档案资料，企业是否建立事故档案和事故管理台账。企业发生事故后，是否及时将事故的发展变化情况向上级部门汇报。

第二节　事 故 处 理

【依据】

《安全生产法》第七十条规定，生产经营单位发生生产安全事故后，事故现场有关人员应当立即报告本单位负责人。

单位负责人接到事故报告后，应当迅速采取有效措施，组织抢救，防止事故扩大，减少人员伤亡和财产损失，并按照国家有关规定立即如实报告当地负有安全生产监督管理职责的部门，不得隐瞒不报、谎报或者拖延不报，不得故意破坏事故现场、毁灭有关证据。

第七十三条规定，事故调查处理应当按照实事求是、尊重科学的原则，及时、准确地查清事故原因，查明事故性质和责任，总结事故教训，提出整改措施，并对事故责任者提出处理意见。事故调查和处理的具体办法由国务院制定。

第七十四条规定，生产经营单位发生生产安全事故，经调查确定为责任事故的，除了应当查明事故单位的责任并依法予以追究外，还应当查明对安全生产的有关事项负有审查批准和监督职责的行政部门的责任，对有失职、渎职行为的，依照本法第七十七条的规定追究法律责任。

第七十五条规定,任何单位和个人不得阻挠和干涉对事故的依法调查处理。

《生产安全事故报告和调查处理条例》(国务院令第493号)。

一、接到事故报告后,迅速采取有效措施,组织抢救,防止事故扩大,减少人员伤亡和财产损失。

【释义】

本条是关于企业发生事故后应急处置的考核要求。

事故发生单位负责人接到事故报告后,应当立即启动事故相应应急预案,或者采取有效措施,组织抢救,防止事故扩大,减少人员伤亡和财产损失。

【要点】

查看企业的事故档案资料,企业在接到事故报告后,是否迅速采取有效措施,组织抢救,防止事故扩大,减少人员伤亡和财产损失。

二、发生事故后,按规定成立事故调查组,积极配合各级人民政府组织的事故调查,随时接受事故调查组的询问,如实提供有关情况。

【释义】

本条是关于企业发生事故后事故调查的考核要求。

企业发生事故后,按规定成立事故调查组,积极配合各级人民政府组织的事故调查,随时接受事故调查组的询问,如实提供有关情况。企业不得阻挠和干涉对事故的依法调查处理。

【要点】

查看企业事故档案资料,企业在发生事故后,是否按规定成立事故调查组,是否积极配合各级人民政府组织的事故调查,是否随时接受事故调查组的询问,是否如实提供有关情况。

三、按时提交事故调查报告,分析事故原因,落实整改措施。

【释义】

本条是关于企业法发生事故后事故报告的考核要求。

企业发生事故后,事故调查组应剖析事故原因,企业应落实整改措施,按时提交事故调查报告。

(1)事故调查组履行下列职责:

①查明事故发生的经过、原因、人员伤亡情况及直接经济损失。

②认定事故的性质和事故责任。

③提出对事故责任者的处理建议。

④总结事故教训,提出防范和整改措施。

⑤提交事故调查报告。

(2)事故调查报告应当包括下列内容:

①事故发生单位概况。

②事故发生经过和事故救援情况。

③事故造成的人员伤亡和直接经济损失。

④事故发生的原因和事故性质。

⑤事故责任的认定以及对事故责任者的处理建议。

⑥事故防范和整改措施。

(3)事故发生单位应当认真吸取事故教训，落实防范和整改措施，防止事故再次发生。防范和整改措施的落实情况应当接受工会和职工的监督。

【要点】

查看企业事故档案资料，查看企业是否按时提交事故调查报告，剖析事故原因，落实整改措施。

四、发生事故后，及时召开安全生产分析通报会，对事故当事人的聘用、培训、考核、上岗以及安全管理等情况进行责任倒查。

【释义】

本条是关于企业发生事故后事故责任追查的考核要求。

有关机关应当按照人民政府的批复，依照法律、行政法规规定的权限和程序，对事故发生单位和有关人员进行行政处罚，对负有事故责任的国家工作人员进行处分。

事故发生单位应当按照负责事故调查的人民政府的批复，对本单位负有事故责任的人员进行处理。负有事故责任的人员涉嫌犯罪的，依法追究刑事责任。

【要点】

查看企业事故档案资料，企业发生事故后是否及时召开安全生产分析通报会，对事故当事人的聘用、培训、考核、上岗以及安全管理等情况进行责任倒查。

五、按"四不放过"原则严肃查处事故，严格追究责任领导和相关责任人。处理结果报有关部门备案。(★)

【释义】

本条是关于企业发生事故后事故处理的考核要求。

事故发生单位主要负责人有下列行为之一的，处上一年年收入40%至80%的罚款；属于国家工作人员的，并依法给予处分；构成犯罪的，依法追究刑事责任：

①不立即组织事故抢救的。

②迟报或者漏报事故的。

③在事故调查处理期间擅离职守的。

事故发生单位主要负责人未依法履行安全生产管理职责，导致事故发生的，依照下列规定处以罚款；属于国家工作人员的，并依法给予处分；构成犯罪的，依法追究刑事责任：

①发生一般事故的，处上一年年收入30%的罚款。

②发生较大事故的，处上一年年收入40%的罚款。

③发生重大事故的，处上一年年收入60%的罚款。

④发生特别重大事故的，处上一年年收入80%的罚款。

事故发生单位对事故发生负有责任的，由有关部门依法暂扣或者吊销其有关证照；对事故发生单位负有事故责任的有关人员，依法暂停或者撤销其与安全生产有关的执业资格、岗位证书；事故发生单位主要负责人受到刑事处罚或者撤职处分的，自刑罚执行完毕或者受处分之日起，5 年内不得担任任何生产经营单位的主要负责人。

【要点】

查看企业事故档案资料，企业是否按“四不放过”原则严肃查处事故，严肃查处安全生产事故，是否严格追究责任领导和相关责任人。处理结果报有关部门备案。

需要注意的是，本项目为一级标准化达标企业必备条件，本条标准不合格的企业，不能评为一企业。

第十六章　绩效考核与持续改进

本一级要素绩效考核与持续改进，包括3个二级要素、3个考评指标，共35分（其中，“★”一级必备条件指标项1条），本要素规定了港口客运企业绩效考核与持续改进的考核要求。

第一节　绩效评定

【依据】

《企业安全生产标准化基本规范》（AQ/T 9006—2010）。

一、每年至少一次对本单位安全生产标准化的实施情况进行评定，对安全生产工作目标、指标的完成情况进行综合考评。

【释义】

本条是关于企业标准化评定的考核要求。

港口客运企业应每年至少对本单位安全生产标准化的实施情况进行一次评定，验证各项安全生产制度措施的适宜性、充分性和有效性，检查安全生产工作目标、指标的完成情况。这里的评定可以理解为内部审核，检查标准化的实施情况，为完善安全生产标准化和进行综合考核提供依据。

企业主要负责人应对绩效评定工作全面负责。评定工作应形成正式文件，并将结果向所有部门、所属单位和从业人员通报，作为年度考评的重要依据。

本规定是“至少一次”，那么在什么情况下需要增加评定的次数呢？通常，在下列情况下应考虑进行评定，一是发生安全生产事故，特别是发生死亡事故后应重新进行评定；二是国家法律法规，相关管理规范、标准发生变化时；三是主要生产设施设备、工艺发生变化时；四是人员发生重大变化时。

【要点】

查看企业档案资料，企业对本单位安全生产标准化的实施情况进行评定的次数，对安全生产工作目标、指标的完成情况进行综合考核的客观依据，如奖惩记录、文件等。

第二节　持续改进

【依据】

《企业安全生产标准化基本规范》（AQ/T 9006—2010）。

一、提出进一步完善安全标准化的计划和措施，对安全生产目标、指标、管理制度、操作规程等进行修改完善。

【释义】

本条是关于企业标准化计划和措施，规章制度完善的考核要求。

持续改进又叫 PDCA 循环，其目的是把安全管理工作分成循环过程，通过循环不断地提高安全管理工作质量，促使安全管理工作规范化和条理化。实行安全绩效管理的关键在于持续改进，包括对于安全绩效管理体系的持续改进。因为，一个绩效考核体系的真正成功同时需要在实施过程中不断改进，成功公司安全绩效管理的成功经验认为，绩效考核体系在实施中经历几年后才能真正完善起来，相应的安全文化和氛围才能成熟。

企业应根据安全生产标准化的评定结果和安全生产预警指数系统所反映的趋势，对安全生产目标、指标、规章制度、操作规程等进行修改完善，持续改进，不断提高安全绩效。

【要点】

查看企业档案资料，企业是否提出进一步完善安全标准化的计划和措施，是否对安全生产目标、指标、管理制度、操作规程等进行修改完善。

第三节　安全管理体系建设

【依据】

企业安全管理体系是指企业全部管理体系中专门管理安全工作的部分，包括为制定、实施、实现、评审和保持安全方针、目标所需的组织机构、规划活动、职责、惯例、程序、过程和资源。安全管理体系是一个事前的、动态循环的、控制人的不安全行为和物的不安全状态的系统化的管理过程；是以持续改进的思想指导企业系统地实现其既定的安全管理目标，它和企业的质量管理体系、环境管理体系等一起，构成企业的全面管理体系。企业对影响职工的安全危险因素有害因素进行分析、评价，确定企业安全管理的目标和管理方案，消除或控制危险因素，确保职工安全。

一、根据企业生产经营实际，建立相应的安全管理体系，规范安全生产管理，形成长效机制。(★)

【释义】

本条是关于企业安全管理体系的考核要求。

企业应建立安全管理体系，并根据企业的运行情况，不断对安全体系进行修改完善，对安全体系的运行情况进行如下的评估改进，以形成长效机制。

①系统运行效果。

②系统运行中出现的问题和缺陷，所采取的改进措施。

③统计技术、信息技术等在系统中的使用情况和效果。

④系统各种资源的使用效果。

⑤绩效监测系统的适宜性以及结果的准确性。

⑥与相关方的关系。

【要点】

查看企业档案资料，企业是否根据企业生产经营实际，建立相应的安全管理体系，规范安全生产管理，形成长效机制。

需要注意的是，本项目为一级标准化达标企业必备条件，本条标准不合格的企业，不能评为一级标准化达标企业。